李彬文集

传播符号论

李彬 著

清华大学出版社
北京

版权所有，侵权必究。举报：010-62782989，beiqinquan@tup.tsinghua.edu.cn。

图书在版编目（CIP）数据

传播符号论 / 李彬著. —北京：清华大学出版社，2023.11
（李彬文集）
ISBN 978-7-302-64774-4

Ⅰ.①传… Ⅱ.①李… Ⅲ.①传播学—符号学 Ⅳ.① G206

中国国家版本馆 CIP 数据核字（2023）第 204745 号

责任编辑：纪海虹
封面设计：刘　派
责任校对：王荣静
责任印制：杨　艳

出版发行：清华大学出版社
网　　址：https://www.tup.com.cn，https://www.wqxuetang.com
地　　址：北京清华大学学研大厦 A 座　　邮　编：100084
社 总 机：010-83470000　　邮　购：010-62786544
投稿与读者服务：010-62776969，c-service@tup.tsinghua.edu.cn
质量反馈：010-62772015，zhiliang@tup.tsinghua.edu.cn
印 装 者：涿州汇美亿浓印刷有限公司
经　　销：全国新华书店
开　　本：170mm×240mm　　印　张：140.75　　插页：10　　字　数：2165 千字
版　　次：2023 年 12 月第 1 版　　印　次：2023 年 12 月第 1 次印刷
定　　价：700.00 元（全五册）

产品编号：099950-01

文集自序

四十年来家国，八千里路云和月——两句古诗名句，道尽了这套文集的"因缘"。

作为"七七级"大学生，2022年是我毕业四十年，耕耘新闻教育新闻学近四十年。承蒙清华大学出版社及编辑纪海虹的美意与中国人民大学出版社及编辑翟江虹的支持，五部拙著得以汇编成为文集，按照第一版出版时间，有《传播学引论》（1993）、《唐代文明与新闻传播》（1999）、《传播符号论》（2002）、《全球新闻传播史》（2005）、《中国新闻社会史》（2007）。由于读者勖勉，书稿一版再版，一印再印。其中，修订四版的《传播学引论》获得教育部人文社科优秀成果三等奖；第二版《唐代文明与新闻传播》获得北京市人文社科优秀成果二等奖，并入选中华学术外译项目，2021年由麦克米伦公司发行英文版；第三版《中国新闻社会史》是清华大学、北京市和国家精品课"中国新闻传播史"配套教材，并获评清华大学优秀教材一等奖与北京市高等教育精品教材；第一版《全球新闻传播史》获评国家精品教材。版次有别，初心依旧。2003年《传播学引论》增补版后记中有句感言：不变的仍是书生本色，坚守的还是人间正道。这也是四十年来家国的况味。

犹记四十年前，我的本科毕业论文题为《八千里路云和月》。如果说四十年来家国是志业，那么八千里路云月则如人生：从天山脚下的少年，到淮河岸边的知青，从边陲干警到高校教师，读博人大，落脚清华。自愧阅历单薄，常叹百无一用，不由神往驾长车的风云气象。也因此，格外向往"我民族独立之精神，自由之思想"（陈寅恪）。

检讨半生新闻阅历，无非读书、教书、写书，并追求真知，追求真理。文集文字早晚风飘云散，但薪火相传的学术情怀终将与长天大地同在。

目 录

引 言 ··· 1

第一章 导 论 ·· 5
  第一节 符号定义 ·· 7
  第二节 符号分类 ·· 11
    一、听觉与视觉 ·· 11
    二、信号与符号 ·· 13
    三、语言与非语言 ··· 16
  第三节 符号研究 ·· 27
    一、早期的思想片断 ·· 27
    二、现代符号学的形成 ··· 31
    三、当代符号学的研究 ··· 34

第二章 语言与符号 ·· 39
  第一节 现代语言学之父——索绪尔 ······························ 41
    一、语言与言语 ·· 41
    二、共时态与历时态 ·· 43
    三、能指与所指 ·· 47
    四、横组合与纵组合 ·· 50
  第二节 布拉格学派与雅各布森 ···································· 54

一、俄国形式主义　　54
　　二、布拉格学派　　57
　　三、雅各布森　　61
第三节　乔姆斯基及其转换生成理论　　69
　　一、美国结构主义学派　　69
　　二、萨丕尔－沃尔夫假说　　72
　　三、转换生成理论　　78

第三章　结构与符号　　**83**
第一节　列维－斯特劳斯及其神话学　　85
　　一、结构主义　　85
　　二、列维－斯特劳斯　　95
第二节　罗兰·巴尔特　　104
　　一、生平与著述　　104
　　二、符号学研究　　109
　　三、"换挡加速"　　113
　　四、衣食住行　　116
第三节　德里达及其文字学　　118
　　一、解构主义　　118
　　二、异延　　122
　　三、文字学　　126

第四章　符号与意义　　**132**
第一节　弗雷格与胡塞尔　　133
　　一、意义问题　　133
　　二、弗雷格的意义理论　　136
　　三、胡塞尔的意义理论　　144

第二节　维特根斯坦 ·· 149
　　一、《逻辑哲学论》与《哲学研究》······················· 149
　　二、"指示论" ··· 151
　　三、"用法论" ··· 153

第三节　意义的行为理论 ·· 158
　　一、日常语言学派 ··· 158
　　二、言语行为论 ·· 160

第四节　语义与语用 ·· 167
　　一、哈贝马斯及其"普通语用学" ·························· 167
　　二、莫里斯及其行为主义语用学 ·························· 179
　　三、普通语义学 ·· 183

第五章　文本与诠释 ·· **197**

第一节　文本世界 ·· 199
　　一、何谓文本 ·· 199
　　二、羊皮纸上的历史 ··· 200
　　三、"超真实"与"超文本" ·································· 202

第二节　诠释与诠释学 ·· 206
　　一、诠释三维 ·· 206
　　二、理解、前理解及误解 ······································· 208
　　三、语言问题 ·· 212

第三节　伽达默尔及其哲学解释学 ························ 215
　　一、客观诉求 ·· 215
　　二、视域融合 ·· 219
　　三、符号论的语言与本体论的语言 ······················· 224

第四节　重建文本的客观性 ···································· 226
　　一、赫希 ·· 227

二、利科 ··· 229
　　三、艾柯 ··· 233

第六章　话语与权力　　237

第一节　巴赫金：交往与对话　　238
　　一、生平与著述 ··· 238
　　二、超语言学 ·· 241
　　三、话语与意识形态 ·· 246

第二节　意识形态话语观　　248
　　一、葛兰西的文化霸权 ··· 249
　　二、阿尔都塞的意识形态观 ·· 257

第三节　福柯：话语理论　　262
　　一、思想概览 ·· 262
　　二、知识考古学 ··· 266
　　三、知识／权力 ··· 270

第四节　话语分析举隅　　280
　　一、批判学派 ·· 280
　　二、冯·戴伊克：新闻话语分析 ··· 286

结语　从方法论到本体论　　292
参考文献　　327
后记　　331

引 言

本书的主题是传播符号，主体自然也是传播符号。那么，什么是传播符号呢？懂点传播学常识的人或许会说，传播符号就是传播学里那些比较"玄妙"的东西。所谓玄妙，意思无非两点，一是听着不懂，二是听完没用。果真如此？显然不是。其实，传播符号不仅是人类传播的"生命基因"——想想看什么样的传播离得开符号，而且也是人类文明的"精神细胞"——想想看"黄河"一词在中华民族心目中的分量。所以，我们不妨先以《老子》的名言来理解传播符号的总体意义："玄之又玄，众妙之门。"至于传播符号到底都有什么名堂，弄清这些名堂究竟有什么用途，恐怕得到本书最后才能获得一些初步的答案。这里不妨列举几例，以窥一斑：

——按照符号学先驱索绪尔的"语言/言语"论，任何具体的、形态各异的传播活动——"言语"，归根结底都无不受制于一种内在的结构与机制——"语言"。换言之，言语是"用"，语言是"体"。这是结构主义符号学的基本原理。按照这个原理，任何新闻报道在"言语"层面上不管怎样表现，在"语言"层面上都无不受制于由特定的历史传统与现实条件所构成的活动平台，就像一个人说什么话可以自主决定，但怎么说话即发什么音用什么词等却不能不受制于他的语言。化用索绪尔的比喻，你下的是国际象棋，我下的是中国象棋，国际象棋有国际象棋的规则，中国象棋有中国象棋的招数。所以，不管每盘具体的棋怎么走，怎么千变万化，都不得不遵循各自的走法，而走法就是规定"言语"的"语言"。

——意义理论中的用法论以严谨细密的论述表明，任何言说行为都不仅仅是"说事",如通报情况、传播信息、报道新闻什么的,"说事"其实也是"做事"。比如,众所周知,摇唇鼓舌搬弄是非者并非只是满足口舌之快,这种"说事"本身就是在"做事"——做见不得人的事。同样的道理,西方媒体特别是美国媒体,在一系列国际危机以及其他问题上也是"说"了不少,而这些滔滔不绝的"说法"显然不是说说而已,说的过程就是做的过程,如逼人就范、顺我者昌逆我者亡等。在这个过程中,所谓"客观""真实""新闻自由""负面报道"等,既是各种"说法",同时也是有利于自己大说特说的道道。

——颇负盛誉的法国思想家福柯以其著名的"知识考古学",揭示了西方近代以来各种看似纯然客观的知识或话语实际上都与各种社会阶层或利益集团具有共生与互动关系。也就是说,知识并不是自足的东西,没有也不大可能有什么超然物外的纯净话语,它们都是各个阶级、各种集团为了自己的生存与发展而纵横捭阖的言说过程及其产物。说白了,话语权就是统治权,知识的意志就是权力的意志。知识与话语的表现形态可能有所不同,如"自由"与"专制""独裁"与"民主"等(按照他的理论,这些话语本身也是"争权夺利"的产物),但这一本质却一脉相通。

——党八股或洋八股问题,是新闻传播领域的痼疾,对此人们无不深恶痛绝。然而,从"五四"到现在,这个顽症不仅未见根治,反而时时弥漫扩散。虽说这个问题牵连广泛,如社会、政治、媒体、文化等,但首先离不开语言符号。所以,如何把握与遏制党八股,自然先得由此入手,极而言之,社会变革必得先从语言变革入手。中央党校李书磊教授曾发表一篇文章《再造语言》,下面权且摘录一二:

> 对于我辈来说,汉语乃是安身立命之基,是喜悦、幸福与痛苦之所在,是人生的寄托,是灵魂的家园。我们就是汉语的热爱者、操练者与——说得大言不惭一些——监护者,母语与祖国在我们心中有同样的分量。我们今天对作为先辈的"文人毛泽东"(陈晋语)为捍卫汉语的丰富性与生命力所作的非凡努力特别表示钦佩。
>
> 或许,正因为毛泽东是一个过人的政治家他才会那样迫切地关

注文风与语言。语言从来就不仅仅映射现实，它还塑造现实，塑造社会，塑造我们群体乃至多个个人的生存。语言本身就是一种政治，不仅是政治工具，还是政治本身。我们依靠语言建立秩序，借助语言定义世界与自我，根据语言展开我们最重要的行动。二十世纪的语言哲学揭示了语言的本体意义，揭示了人作为语言存在的实质，修正了我们从前对于语言的浅薄认识。对于一个人、一个政党、一个政权、一个民族来说，语言特别能体现他的质量、品格、气象与气数，你一张口就暴露了你是谁，想瞒都瞒不住。修改政治、改善生存必得从改善语言开始。毛泽东并没有念过语言哲学但他却朦胧而强烈地意识到了语言的重要，因而他于战争环境、紧要关头设心改造语言。重读《反对党八股》，念及此文发表后数十年间的情形变化，我们对毛泽东想到的与做到的、做到的与未做到的都多了几分会心。

新鲜、深刻、真实的话语代表了执政党的正心诚意，代表了执政党理解世界、领导国家的能力，也是它团结社会、动员人民的力量源泉。如果一个执政党因党八股之困而减弱了其文化影响力并进而危及到自身与民族生存，那就应是它奋起从思想上与体制上反对党八股的时候了。（《战略与管理》2001年第2期）

关于传播符号，许多学科如哲学、美学、语言学、逻辑学、符号学、心理学、人类学、考古学、信息科学、系统科学等，都从不同视角或不同层面做过勾连繁复的探究，形成层出不穷的学说。在令人目眩神迷的符号理论中，可以大略区分三个透视层面：一是涉及符号构成的形式层面；二是涉及符号内涵的意义层面；三是涉及符号理解的解释层面。在当代的研究中，形式层面以结构主义为代表，意义层面以分析哲学和语言哲学为典型，解释层面则以现象学和阐释学为主干。当然，这只是一种大致的概括，实际情形远为复杂。1986年，美国符号学家J.迪利（J. Deely）在《符号学前沿》（*Frontiers in Semiotics*）里，曾勾画了一个符号学图，由此也可略见符号以及符号研究领域的层峦叠嶂和云遮雾绕：

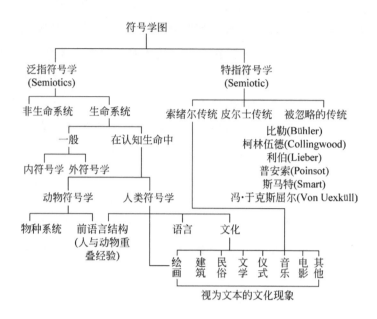

这张关系图上显示的各种探索及理论不管属于什么学科,最终都为传播研究提供了丰赡的学术资源,而对注重宏观结构、历史背景和深度模式的批判性传播研究即传播学批判学派来讲,研究符号问题与研究传播问题甚至往往就是一回事。比如,符号学家、意大利波洛尼亚大学教授艾柯,最早在意大利设立符号学系时就取名为"传播理论研究系"。本书即围绕这些与传播研究密切相关的符号理论而逐次展开。

本书一共六章,犹如交响曲的四个乐章:第一乐章是"导论";第二乐章包括"语言与符号"和"结构与符号",涉及前述三个层面的符号构成问题;第三乐章是"符号与意义",论述符号的意义问题;第四乐章包括"文本与诠释"和"话语与权力",围绕符号的解释而展开。

第一章 导 论

符号，汉语里又称记号、指号、符码、代码等。在日常用语里，符号一般指代表事物的标记，如俗话讲"人过留名，雁过留声"，其中的"名"和"声"就是一种符号。而在学术话语里，看似寻常的符号却包含着深刻或深奥的内容。一位研究者在阐述符号学理论的先驱、美国现代哲学家莫里斯（C.W.Morris）的思想时说过："像'符号'、'象征'、'意义'、'指称'、'指示'、'内涵'和'表达'之类的词，几乎有多少作者使用它们就有多少种用法。几乎没有证据证明这些作者本质上是在考察同一个问题。"① 而莫里斯本人在其代表作《指号、语言和行为》（*Sign, Language and Behavior*, 1946）里，开篇也写道：

> 对语言和其他指号的理解和有效应用，今天已成为我们的一个迫切的任务。下面这些问题的讨论：语言的性质，人的指号和动物的指号的区别，科学的论域和出现在文学、宗教和哲学等学科中的其他类型的论域之间的区别，指号的恰当的应用或不恰当的应用对个人的和社会的调整所造成的后果，在通俗的和专门的文献中到处都是。
>
> 这些讨论是从许多种观点和为着各种目的进行的。语言学家、心理学家和社会科学家，对出现在他们自己的特殊题材中的那些特殊种类的指号的研究感到兴趣；哲学家竭力辩护某一种哲学体系比另一种哲学体系优越；逻辑学家和数学家从事阐述适用于他们自己的特殊学科的符号体系；艺术家和宗教家迫切地想要证明在一个科学的时代他们自己的特殊的符号有存在的理由；教育家想要在他们从事教育的过程中改进语言的应用；精神病学家企图揭示指号在他们的病人的个性混乱中所起的作用；政治家设法维护或改进那些支持社会结构的基本符号；宣传家试图找出语言可以用来指导社会变化的途径。②

总之，正如法国当代哲学家罗兰·巴尔特在《符号学原理》（*Elements de Semiologie*, 1964）中所言："记号这个词出现在（从神学到医学）各种

---

① 〔美〕F.N.麦吉尔主编：《世界哲学宝库——世界225篇哲学名著述评》，《世界哲学宝库》编委会译，1199页，北京，中国广播电视出版社，1991。

② 〔美〕莫里斯：《指号、语言和行为》，罗兰等译，1页，上海，上海人民出版社，1989。（按：这里的指号实即符号，下同，不赘。）

不同的词汇系统中,它的历史也极其丰富(从福音书到控制论),不过这个词本身涵义却很模糊。"①

英语用来指称符号的词语主要有sign和symbol,前者为普通意义的符号如语言文字,后者为象征意义的符号——以具体指代抽象的符号如象征光明的火光。从语源上考察,sign系来自古法语slgne,而后者则来自拉丁语slgnum;至于symbol则直接源于拉丁语symbolum,而拉丁语的symbolum又是出自德语sumbolon(意为符号),德语的sumbolon则从动词sumballein而来,sumballein有"使偶然相遇"的(to throw together)意思②,这与符号之能指和所指的偶遇关系恰相一致。

那么,究竟什么是符号呢?符号有哪些种类呢?在传播活动中,符号处在什么位置,发挥什么作用呢?这些都是本章所要揭示的事项。

第一节 符号定义

几乎任何重要的学科或研究领域,其核心的概念及范畴总是人言言殊最难界定,符号自然也不例外。于是,经常看到的情形就是人们索性对此存而不论,或者视之为不言自明的公设。别的不说,以皇皇三卷《符号形式的哲学》而知名的卡西尔,虽然明确地从符号角度给人下了定义——人与其说是"理性的动物",不如说是"符号的动物"(animal symbolicum),并对人类文化的各种符号现象如神话、宗教、语言、艺术、历史、科学等进行了阐释,但对符号本身并未进行明确界定。其实,早在半个世纪前,莫里斯在思考符号问题时就已经发现:

> 关于在什么条件下某物是指号,人们的看法很不一致。有些人会毫不犹豫地说脸红是指号,另外有一些人会说脸红不是指号。有一些机械的狗,如果有人在它们面前大声地拍手,它们就会走出它们的狗窝。

---

① 〔法〕罗兰·巴尔特:《符号学原理》,李幼蒸译,131页,北京,生活·读书·新知三联书店,1988。
② 详见陆谷孙主编:《英汉大词典》,上海,上海译文出版社,1993。

这样的拍手是不是指号呢？衣服是不是那些穿着衣服的人的个性的指号呢？音乐是什么东西的指号吗？"走"这样一个词语，同交叉路口的绿灯，是不是同一个意义下的指号呢？标点符号是不是指号？梦是不是指号？巴特农神殿是不是希腊文化的指号？人们的看法是很不相同的；这些不同的看法，说明了指号这个术语是既模糊而又含混的。①

这种"既模糊而又含混的"状况，至今并没有根本改观。

不过，正所谓人同此情事同此理，尽管各人对符号的界定见仁见智，但在基本的思路和核心的理念上还是"英雄所见略同"的。大略说来，符号首先是一种有机体能够感受到的非实在刺激或刺激物，如烟火、气味、声响、语言、文字、绘画等。这里说的刺激可以是直接的，即巴甫洛夫所言"第一信号系统"，也可以是间接的，即他所说的"第二信号系统"，但由刺激而反应则为符号所共有。强调"非实在"，意在将符号与那些实在的刺激区别开来。"例如，一种药物会影响一个机体对稍后会影响它的那些刺激所作的反应的方式，然而把这样一种药物叫做指号，是离开通常的用法太远了。"②

其次，符号是两者之间的"代表"，是个"第三者"，用莫里斯不无学究气的话来说：

> 如果某个东西 A 是用这样一个方式控制了指向某个目标的行为，而这种方式类似于（但不必等同于）另一个东西乃在它被观察到的情况下用以控制指向这个目标的行为的那种方式，那么，A 就是一个指号。③

举例来说，训练一条狗，让它在蜂鸣器响起的时候就去一个能看到或闻到食物的地方，后来蜂鸣器一响，即使看不到或闻不到食物，它也会去那个地方。再如，一个人开车沿着一条公路走，另一个人拦住他，告诉他前方道路被塌方所阻塞，这时驾驶员会绕道去目的地。在这两种

---

① 〔美〕莫里斯：《指号、语言和行为》，罗兰等译，3~4页，上海，上海人民出版社，1989。
② 〔美〕莫里斯：《指号、语言和行为》，罗兰等译，8页，上海，上海人民出版社，1989。
③ 〔美〕莫里斯：《指号、语言和行为》，罗兰等译，9页，上海，上海人民出版社，1989。

情形中，某种东西（蜂鸣器、路人的话）在对一种需要（饥饿、达到目的地的欲望）的满足中控制着有机体的行为，其方式大致类似于对象（实际的食物、实际的塌方）限制他的行为的方式。在这些过程中，任何实行这类控制的行为就是一个符号，由此而显示的行为就是符号行为。说简单点，在你和商品之间，广告就是一种控制个体行为的符号，它只是"代表"商品来同顾客打交道——顾客总不能把"黄油"这个语言符号涂在面包上。

最后也是最重要的一点，无论有意还是无意，符号总显示着某种意义（meaning），总与意义形影不离。换言之，没有无意义的符号，也没有不寓于符号的意义。正因如此，传播学研究通常都把符号视为传播的基元或要素，如施拉姆等所言："无论人们怎样称谓符号，符号总归是传播的元素（elements in communication）——能够释读出'意义'的元素。"①

迄今为止，在人们从不同角度、不同层面和不同学科而为符号所下的诸多定义里，美国哲学家、符号学先驱皮尔士对符号的解说看来更具有概括性和穿透力，从而成为常被征引的一个经典定义："一个符号（sign），或者说象征（representation）是某人用来从某一方面或关系上代表某物的某种东西。"②在他看来，构成符号的要素有三：一是代表事物的符号（形式），二是被符号指涉的对象（指称），三是对符号的解释（意义）。换言之，符号是代表性、指涉性与解释性的三位一体。对此，有的学者分别表述为媒介关联物、对象关联物和解释关联物。如下所示：

符号—形式—媒介关联物
对象—指称—对象关联物
解释—意义—解释关联物

概而言之，"从他的观点出发，任何事物只要它独立存在，并和另一种

---

① Schramm, Wilbur and Porter, William E., *Men, Women, Messages, and Media: Understanding Human Communication*. New York: Happer & Row, Publishers, Inc. 1982, p.57.
② 《皮尔士文集》，第2卷，第228节，转引自袁溦涓主编：《现代西方著名哲学家评传》，下卷，485页，成都，四川人民出版社，1988。

事物有联系，而且可以被'解释'，那么它的功能就是符号"。①用皮尔士那种公认的晦涩语言来说：

> 我所说的"指号学"，是描写这样一种活动或影响，它是（或者包含）三个主体如指号、指号的对象和指号的解释之间的合作；这种三项关系的影响，是决不能分解为两项之间的活动的……我的定义给予任何具有这样的活动的东西以"指号"的名称。②

也许，《马桥词典·晕街》里说到的一种奇异现象，可使我们更直观地理解符号及其意义。按照韩少功的描绘，马桥人有"晕街"的毛病，就像"晕船""晕车""晕机"一样。"晕街"与晕船相仿，只在街市里发生，伴有面色发青、耳目昏花、食欲不振、失眠多梦、乏力气虚、胸闷呕吐等，妇女患此病，更有月经不调和产后缺奶的情况。这种毛病完全是由人类语言系统造成的，或者说同传播符号直接相关：

> 狗没有语言，因此狗从不晕街。人类一旦成为语言生类，就有了其他动物完全不具备的可能，就可以用语言的魔力，一语成谶，众口铄金，无中生有，造出一个又一个事实奇迹。想到这一点以后，我在女儿身上做过实验。我带她坐汽车事先断定她不会晕车，一路上她果然活蹦乱跳没有任何不适。待下一次坐汽车，我预告她会晕车，结果，她情绪十分紧张，坐立不安，终于脸色发白紧锁眉头倒在我的怀里，车还没动就先晕了一半。这一类实验，我不能说屡试不爽，但这已经足够证明语言是一种不可小视的东西，是必须小心提防和恭敬以待的危险品。语言差不多就是神咒，一本词典差不多就是可能放出十万神魔的盒子。就像"晕街"一词的发明者，一个我不知道的人，竟造就了马桥一代代人特殊的生理，造就了他们对城市长久的远避。

---

① 〔英〕特伦斯·霍克斯：《结构主义和符号学》，瞿铁鹏译，132页，上海，上海译文出版社，1987。
② 《皮尔士文集》，第5卷，第484节，转引自〔美〕莫里斯《指号、语言和行为》，罗兰等译，300页，上海，上海人民出版社，1989。

那么"革命"呢,"知识"呢,"故乡"呢,"局长"呢,"劳改犯"呢,"上帝"呢,"代沟"呢……在相关的条件下,这些词已经造就过什么?还会造就什么?

第二节 符号分类

一、听觉与视觉

依据不同的标准,可以对符号进行不同的分类。其中最简洁明了的,就是按照感觉方式而将符号分为听觉符号和视觉符号两大类。语言学方面布拉格学派的代表人物雅各布森,就曾明确说过:"人类社会中最社会化、最丰富和最贴切的符号系统显然以视觉和听觉为基础。"①德国人类学家利普斯也认为,"最简单的交际媒介当然是语言,传播消息的其他听觉方法是由语言发展出来的。与听觉方法相对照的是传播消息的视觉方法,它的发展导致了文字的发明……这两项原则从很早时期起即服务于同样的目的。"②我国传播学者吴文虎教授,在其《广告的符号世界》里就此写道:

> 听觉符号稍纵即逝,卢过无迹,是以时间作为主要的结构力量。各种听觉符号的发展,在艺术上产生了民间说唱、戏曲清唱、歌曲和器乐等……视觉符号占据的是空间位置,不论是平面的图片、文字、数字、公式,还是三维立体的实物、人体、建筑物等,都离不开它(他)们所依托的空间,并在一定的空间展示出不同的符号形式。视觉符号在艺术上产生了绘画、雕塑、工艺品、建筑等……③

在传播学看来,视觉符号体现于纵向的时间维度,旨在久远;而听觉符号展示于横向的空间维度,旨在广远。据此,麦克卢汉的老师、思想深

---

① 〔英〕特伦斯·霍克斯:《结构主义和符号学》,瞿铁鹏译,139页,上海,上海译文出版社,1987。
② 吴文虎:《广告的符号世界》,32页,广州,广州出版社,1997。
③ 吴文虎:《广告的符号世界》,32页,广州,广州出版社,1997。

邃的加拿大传播学家英尼斯,曾提出一对颇富启迪意味的范畴——时间媒介和空间媒介。依据英尼斯的理论,"刻在石头、金属上的文字、图画,刻在黏土板上的楔形文字和印章,刻在龟甲、兽骨上的卜文,还有金字塔、石雕、羊皮纸文书等,为典型的从古代到中世纪的时间媒介"①。时间媒介有耐久性,但不适于搬运。为了解决这个矛盾,"为克服距离障碍,必须用交通、运输手段运载人和符号物,或用光、音等具有高度空间传播性的符号体系"②。最早的空间媒介是古埃及的纸草,"纸草把人从石头的重量里解放出来。用手就能写在纸草上的文字,比起那神圣的石头文字来,自然轻快得多,而且世俗化了"③。同样,古代中国的竹简、木简、丝帛以及纸笔等,也都属于这一轻便易携的空间媒介。另外,在人类扩大传播空间和提高传播速度的不懈进程中,"自古以来,就有种种空间媒介被设计出来。如火炬、烽火、狼烟、呼声、笛、鼓、手语、旗子等。这些信号,多借助转播系统,能迅速地进行远距离传送。其中,不乏能传播相当复杂的内容的符号体系"④。与时间媒介相比,空间媒介虽然轻便,可又没有持久性。英尼斯认为,正是由于这两大符号体系的差异,决定了传播的性质和社会的形态。他指出,意在时间绵延的符号或媒介,制造出地方割据的等级制社会组织;而重在空间拓展的符号或媒介,则形成大规模中央集权的政治组织——"拥有广大版图的古代帝国,之所以能实现中央集权式的政治统一,原因就在于空间媒介的发达"⑤。

这是从听觉和视觉两大感觉上,从时间和空间两大坐标上,对符号所做的分类。而将二者统一起来,就是美国语言学家霍基特对语言符号实际上也是所有符号的特征所做的概括——"时空位移性"⑥。

---

① 〔日〕竹内郁郎:《大众传播社会学》,张国良译,20页,上海,复旦大学出版社,1989。
② 〔日〕竹内郁郎:《大众传播社会学》,张国良译,21页,上海,复旦大学出版社,1989。
③ 〔日〕竹内郁郎:《大众传播社会学》,张国良译,21页,上海,复旦大学出版社,1989。
④ 〔日〕竹内郁郎:《大众传播社会学》,张国良译,22页,上海,复旦大学出版社,1989。
⑤ 〔日〕竹内郁郎:《大众传播社会学》,张国良译,21页,上海,复旦大学出版社,1989。
⑥ 〔苏〕潘诺夫:《信号·符号·语言》,王仲宣等译,54页,北京,生活·读书·新知三联书店,1991。

二、信号与符号

动物所面对的信号和人类所面对的符号，属于又一基本的符号分类。从相似的角度看，二者均为传播的基元或信息的载体；从相异的方面讲，二者又的确不可同日而语。对信号而言，动物只是本能地、被动地、直接地作出反应，亦即巴甫罗夫"第一信号系统"所说的状况；对符号而言，人类则是理性地、主动地、间接地进行呼应，亦即巴甫罗夫"第二信号系统"所说的情形。

由于信号和符号这种既相似又相异、既有联系又有区别的特点，各种观点便显出截然相反的两类取向。一类立足于相似的一面，以美国哲学家、符号学家莫里斯为代表，他以其解释动物对感觉暗示的反应方式来解释人类对语言的使用，并以只能符合于人类的方式来思考非人类。另外苏联学者叶·潘诺夫在《信号·符号·语言》一书中，也是从动物交际和人类语言统一的角度阐述信号与符号的。对此，不断有人提出辩驳。如约翰·怀尔德（John Wild）在《符号现象学导论》里指出，尽管存在着某些动物可以以人的方式对之反应的符号（如动物的咆哮），但不能说动物可以以人的方式来解释这些符号。他认为，动物对之反应的"符号"和人对之反应的符号之间有质的差别。因为，动物对之反应的"符号"只是特殊事物的符号。尽管一个动物可以对另一个动物的呻吟作出反应，但这种呻吟只是一种特殊的疼痛，即导致呻吟的疼痛的符号。即使两个动物以同样的方式对另一个动物的呻吟作出反应，也不能认为对这些动物来说"呻吟"具有一种普遍意义。他指出，这种呻吟不会像英语中的一个词那样具有一种普遍的意义。相反，人对之作出反应的符号如词语则具有普遍的意义，例如，"疼痛"一词的意义超出了一个人可以用这个词语所意指的任何特殊感觉。人们之所以能对相同的符号作出一致的反应，正是因为词语代表着普遍的概念[1]。

与之相对的另一类思路，则着眼于动物信号与人类符号相异的一面。

---

[1] 〔美〕F.N.麦吉尔主编：《世界哲学宝库——世界225篇哲学名著述评》，《世界哲学宝库》编委会译，1203页，北京，中国广播电视出版社，1991。

这方面以德国哲学家、符号学家恩斯特·卡西尔为典型。在他看来,人与动物的本质不同便体现在动物只对信号做出条件反射,只有人才能把信号改造成有意义的符号。他在《人论》中曾写道:

> 在动物的行为中可以看到相当复杂的信号和信号系统,这似乎是确定不疑的事实。我们甚至可以说,有些动物尤其是驯化动物,对于信号是极其敏感的。一条狗会对其主人的行为的最轻微变化作出反应,甚至能区分出人的面部表情或人的声音的抑扬顿挫。但是,这些现象远远不是对符号和人类语言的理解。巴甫罗夫的著名实验仅仅证明了,动物可以被训练成不仅对直接刺激作出反应,而且能对各种间接刺激即替代刺激作出反应……所有那些通常被称为条件反射的现象,不仅是远离人类符号化思想的基本特征,而且甚至还与后者恰恰相反。符号,就这个词的本来意义而言,是不可能被还原为单纯的信号的。信号和符号属于两个不同的论域:信号是物理的存在世界之一部分;符号则是人类的意义世界之一部分。信号是"操作者"(operators),而符号则是"指称者"(designators)。信号即使在被这样理解和运用时,也仍然有着某种物理的或实体性的存在;而符号则仅有功能性的价值。①

就传播研究而言,所谓符号一般都针对着人类的符号而非动物的信号。在人类所面对的符号世界里,按照莫里斯的观点又需区分两个基本类型:一为他所说的信号(signal),一为他所说的象征符号(symbol),而二者又都统摄于符号(sign)。在他看来:

> 象征符号和信号具有下面的区别:如果机体给它自己提供了这样一个指号,这个指号在控制它的行为方面代替了另一个指号,意谓那个被替代的指号所意谓的东西,那么,这个指号就是一个象征符号,这个指号—过程就是一个象征符号—过程;如果情况不是这样,那么,它就是一个信号,这个指号—过程就是一个信号—过程。

---

① 〔德〕卡西尔:《人论》,甘阳译,40~41页,上海,上海译文出版社,1985。

说得简单一点，象征符号就是象征符号的解释者所产生的、作为一个与它同义的指号的替代物而起作用的那种指号；所有不是象征符号的指号都是信号。①

举例来说，有路人告诉司机在前面第三个十字路口往右拐，如果司机跷起三个手指一直到他抵达第三个十字路口，那么司机的这个手势对他来说就是一个象征符号，因为它意味着原来路人说的话里所意谓的东西。简言之，"象征符号要求机体有这样一个行动或状态，这个行动或状态提供一个与另一个指号同义的替代指号"②。为什么在人类的符号中还要区分象征符号和信号呢？按照莫里斯的解释，这是因为人的"所有作为符号或产生符号的状态或行动并不全都是符号"。比如：

> 一个人可以把他的脉搏解释为他的心脏状态的一个指号，或者把某些感觉解释为他需要事物的一个指号；这样的一些指号只是信号而已；但是，他因此而说出的话——当这些话作为这样一些信号的替代物的时候——却是象征符号。一个人或其他的人所发出的声音，甚至在这些声音是指号的情形下，也不全都是象征符号；声音也可以只是信号而已。③

也就是说，这里的象征符号不仅从形式上讲是一种替代物即皮尔士所谓的"代表者"（represent men），而且从内涵上讲由于具有"意义"（meaning）而获致一种解释。一句话，象征符号是"一种由其解释者产生的符号，作为它与之同义的某个别的符号的替代品"（莫里斯），不是这样产生的符号均为信号。

以上两类基本的符号分类——从动物的信号到人类的符号、再从无意义的信号到有意义的符号，既属哲学或符号学层面的运思，又为传播学的有关探索设定了论域，这就是对人类传播（human communication）而言有意义的符号。

---

① 〔美〕莫里斯：《指号、语言和行为》，罗兰等译，31页，上海，上海人民出版社，1989。（按：这里的"象征符号"在译文里作"符号"。）
② 〔美〕莫里斯：《指号、语言和行为》，罗兰等译，32页，上海，上海人民出版社，1989。
③ 〔美〕莫里斯：《指号、语言和行为》，罗兰等译，32页，上海，上海人民出版社，1989。

三、语言与非语言

1. 语言符号

传播学对符号的分类,最常见的当属语言符号(verbal)与非语言符号(nonverbal)的双峰并峙。关于语言符号,美国学者萨姆瓦(Larry A.Samovar)等人在其《跨文化传通》(*Understanding Intercultural Communication*)一书里有一段简明扼要的表述:

> 从最基本的意义上说,语言是一种有组织结构的、约定俗成的习得符号系统,用以表达一定地域社群和文化社群的经验。各种文化都给词语符号打上了自己本身的和独特的印记。事物、经验和感情之所以都有着某种特定的说法和名称,只是因为一定的群体任意地予以命名。这样,由于语言是一种代表客观实在的非精确的符号系统,因而词语的含义受各种各样不同解释的影响和制约。实际上,常有人指出,词语的意义在于人而不在于词语本身。[①]

举例来说,北美普韦布落印第安语言中就没有迟到或等待这类词,英语里代表雪的词只有一个snow,而因纽特人则用不同的词表达"正在下的雪"(falling snow)、"半融化的雪"(slushy snow)等意思,至于阿拉伯语中与骆驼有关的词汇更是多达6千余个。另外,即使相同的语言符号,在不同文化背景的人那里也会产生不同的意象。例如,秘鲁的盖丘亚语(Quechua)关于过去和将来的时间概念,就和现代汉语感觉相反。在盖丘亚语里,过去形象化为前面的东西,因为那是能够看到的;而未来却形象化为后面的东西,因为那是看不到的。也许如美国传播学者所言,在传播中人们"分享"的只是符号(sign)而不是意义(meaning),意义总是属于个人的(individual)[②]。举例来说:

[①] 〔美〕萨姆瓦等:《跨文化传通》,陈南等译,63页,北京,生活·读书·新知三联书店,1988。

[②] Schramm, Wilbur and Porter, William E., *Men, Women, Messages, and Media: Understanding Human Communication*. New York: Happer & Row, Publishers, Inc. 1982, p.60.

假设一位妇女一生都是在北极圈里度过的，除了西伯利亚爱斯基摩狗（husky），其他什么样的狗都没有见过。再假设有一位妇女在中美洲住了一辈子，除了娇小的奇瓦瓦狗（Chihuahua，一种毛色光滑的圆头小狗，原产墨西哥的奇瓦瓦州），也是什么样的狗都没有见过。然后让两人到一起。如果她们都学过英语，她们要共同使用狗（dog）这个字肯定有很大的困难。当那位北方妇女讲到狗拉着雪橇在雪地走时，南方的妇女简直难以相信；而当南方的妇女讲到把狗抱到膝盖上时，北方妇女则会大为惊奇。①

倘嫌此例尚属虚构而不足为凭，那么坎帕（A. L. Campa）根据其教授语言的经历而记述的一个真实故事当更说明问题，故事的主人是位西班牙裔的美国学生，名叫胡安：

> 他有点"amorproprio"（自尊），这个词被错译为"骄傲"（pride），由于它与英语的骄傲涵义不同，于是胡安被说成是有"虚荣心"（false pride）。一天，他和同学佩德罗发生纠纷，无论在他们的语言词汇中还是在他们的文化背景里都没有"妥协"（compromise）一语，结果他们动起武来。老师坚持让胡安为他所干的事向佩德罗"道歉"（apologize）。她一再说："去向他道歉。"胡安还是不知道该怎么说，因为西班牙语里没有表示道歉的词，也没有道歉的习惯。老师以为，正如词语可以通过语言进行翻译，文化模式也能翻译。她接着说："跟他说对不起。"胡安拒不执行，因为他是一个现实存在的文化传统的产物，不愿意仅用词语的手段改变其传统的图景。于是，放学以后他就因为执拗、不听话和一般常说的恶习难改而被留在学校。然而胡安还是不知道"道歉"是什么意思。但是，如果他有求知欲的话，他可以在一部委拉斯开兹字典（a Velasquez dictionary）里查到这个词，他会发现它被错译为"apologia"（辩护）。不知此词何意，他再去查学术字典（the Academy dictionary），结果吃惊地发现如下的解释："Discurso

---

① 〔美〕施拉姆等：《传播学概论》，陈亮等译，71页，北京，新华出版社，1984。译文参照原著略有改动。

en alabanza de una persona"（赞扬某人的一种表达）。这一下他可被老师气疯了！①

基于诸如此类的语言符号的传播特性，语言学家E.萨丕尔和B.沃尔夫通过对美洲印第安诸语言的研究，提出了有名的萨丕尔-沃尔夫假说（Sapir-Whorf Hypothesis）：所谓"现实世界"，其实在相当程度上取决于人们所使用的语言。按照这一假说，人们都是按照母语所设定的方向来透视现实把握世界，其间，语言犹如一面透镜，映照出不同的景观。于是，问题就不单纯是"现实如何语言如何"，同时也是"语言如何现实如何"。换言之，语言符号不仅是传播信息的媒介，同样也是认识世界的途径，而且更是建构现实的基石。正如萨丕尔在一段经典性的话里所总结的：

> 人类并不是孤立地生活在客观世界上，也不是像人们通常理解的那样孤立地生活在社会活动的世界上，相反，他们完全受已成为表达他们的社会之媒介的特定语言所支配。想象一个人不用语言就可以适应现实并且把语言仅仅看成是解决交往或思考中的特殊问题的一种附属手段，这纯属幻想。事实上，"现实世界"在很大程度上是建立在团体的语言习惯之上的。决没有两种语言在表现同一个社会现实时是被视为完全相同的。不同的社会所生活于其中的世界是不同的世界，不只是贴上不同的标签的同一个世界……我们确实可以看到、听到和体验到许许多多的东西，但这是因为我们这个社团的语言习惯预先给了我们解释世界的一些选择。②

从这个意义上不妨说，有什么样的"语言"，就有什么样的"存在"，就像自称其思想直接派生于沃尔夫和萨丕尔著作的列维-斯特劳斯，在其名著《忧郁的热带》（1955年）一书里所说的："谁要谈论人，谁就要谈到语言，而谈到语言，就要谈到社会。"

---

① 〔美〕施拉姆等：《传播学概论》，陈亮等译，65页，北京，新华出版社，1984。译文参照原著略有改动。
② 〔美〕萨丕尔：《关于语言、文化和个性的论文选》，转引自〔英〕霍克斯《结构主义和符号学》中译本，瞿铁鹏译，23页，上海，上海译文出版社，1987。

2. 非语言符号

关于非语言符号以及相互关联的非语言传播（nonverbal communication），萨姆瓦等人的《跨文化传通》（此处所谓传通实即传播——communication）一书也给出了一个简洁的定义：

> 非语言传通包括传通情境中除却言语刺激之外的一切由人类和环境所产生的刺激，这些刺激对于信息发出者和信息接受者具有潜在的信息价值。①

至于E.萨丕尔的概括则又别具一格，他说非语言符号是"一种精微的代码——一种不曾写在什么地方、也不为什么人所知而又人人皆晓的代码"（an elaborate code that is written nowhere, known by none, and understood by all）②。如果我们把语言符号比作人的意识，那么非语言符号就恰似人的潜意识——一为露在海面的冰山一角，一为隐于海中的冰山主体。事实上，语言符号也正是同人们清醒的、自觉的意识相关联，而非语言符号通常都与模糊的、不自觉的潜意识打交道。换言之，意识的外化形式常常表现为语言符号，而潜意识的外化形式通常都显示为非语言符号。不过，作为一种符号系统，非语言符号和语言符号一样，都是使用某一符号来代表其他事物。用施拉姆的话说："传播不是全部（甚至大部分不是）通过言辞进行的。一个姿势、一种面部表情、声调类型、响亮程度、一个强调语气、一次接吻、把手搭在肩上、理发或不理发、八角星的停车标志牌，这一切都携带着信息。"③

在人类的传播活动中，非语言符号的功能绝不亚于语言符号。据研究体态传播现象并将此类研究称为"身势学"（kinesics）的伯德惠斯特尔（Ray Birdwhistell）估计，在两人会话的情境中，有65%的"社会意义"（social

---

① 〔美〕萨姆瓦等：《跨文化传通》，陈南等译，203页，北京，生活·读书·新知三联书店，1988。

② Schramm, Wilbur and Porter, William E., *Men, Women, Messages, and Media: Understanding Human Communication*. New York: Happer & Row, Publishers, Inc., 1982, p.63.

③ 〔美〕施拉姆等：《传播学概论》，陈亮等译，4页，北京，新华出版社，1984。译文参照原著略有改动。

meaning）是通过非语言符号传播的①。不管这一比例是否恰当，事实确如有的学者所指出的："人类情境中所产生许多的，有时是大部分的意义是在借助或不借助言语的情况下，通过触摸、目光、发音的细微差别或面部表情来表达的。人们从认识到分手，同时使用各种感官：不但注意斟酌词句，也注意话语的停顿和语调、服饰和仪表、目光的流盼和面部表情。"②

尽管对于构成非语言符号的领域或范围人们看法不一，但一般都认为下列种种皆可囊括在非语言符号之内：鼓声、烽火、标志、图像、手势、眼神、表情、姿势、体态、装束、语调、气味等，其中大多都与人体有关。北京大学跨文化传播研究的学者关世杰先生，曾对非语言符号进行了如下直观而详尽的分类③：

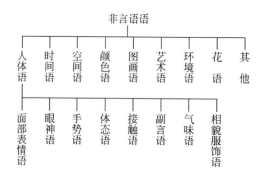

在各种非语言符号里，身势语或曰人体语占据首屈一指的地位。身势语（body language），是由人体发出的或与人体有关的非语言符号，由眼神、表情、手势、姿态、气味、服饰、副语言等构成。

眼神

眼神应该算是最具表现力的身势语，所谓"眉目传情""暗送秋波""会说话的眼睛""执手相看泪眼，竟无语凝噎"（柳永）等，都是就此而言。无论在艺术作品里还是在现实生活中，眼睛总是被当作心声流泻的渠道。我们用眼睛看人，看到的首先也是眼睛。德国哲学家、社会学家西梅尔曾

---

① Schramm, Wilbur and Porter, William E., *Men, Women, Messages, and Media: Understanding Human Communication*. New York: Happer & Row, Publishers, Inc., 1982, p.63.
② 〔美〕萨姆瓦等：《跨文化传通》，陈南等译，201页，北京，生活·读书·新知三联书店，1988。
③ 关世杰：《跨文化交流学》，261页，北京，北京大学出版社，1995。

指出，当你想要观察对方的时候，也就等于把自己置于被观察的境地。他说："眼睛不可能在探询（take）对方的同时而不显露（give）自己。"① 大量的实证研究早已证明，在人体的各种器官中，眼睛能够传达的无声信息最多。对此，《国语·邵公谏厉王弭谤》里说的"道路以目"，可谓提供了一个生动的例子。史载，周厉王暴虐无道，严禁百姓议论朝政，违者格杀勿论，于是大家噤若寒蝉，路上见面互相只能用眼神表情达意，此即所谓"道路以目"。

表情

身势语里与眼神关系密切并仅次于眼神的，当属人的面部表情。有学者甚至把面部表情视为理解人际传播的关键。达尔文在《人类和动物的表情》一书里曾指出，面部表情在很大程度上是普遍的、先天的，它是人类非语言传播的重要手段。美国名记者约翰·根室在回忆富兰克林·罗斯福总统时曾写道："在20分钟的时间里，罗斯福先生的脸上表示出诧异、好奇、故作吃惊、真正的兴趣、焦急、卖弄辞藻以示担心、同情、决断、幽默、尊严和无比的魅力。然而，他几乎什么话都没有说。"② 身势语的先驱伯德惠斯特在1970年说过，"光人的脸，就能做出大约250 000种不同的表情"。尽管此说不免有夸大之嫌，但是面部表情的层出不穷变幻多端却是有目共睹不待多言的，诸如大惊失色、面红耳赤、脸色铁青、面不改色、面目可憎、面有难色、面面相觑等就已略显一斑。

不过，面部表情并不总是流露真情实感，毋宁说更多的情况下它只是一副面具。如果说眼睛是心灵之窗，透过此窗可以看到人的内心深处，那么面部表情则常似窗帘，或深或浅地遮住了窗内的一切。萨姆瓦等人说得好：

> 从某种意义上说，我们大家都是演员，都戴着各种各样的面具。援引诗人T.S.艾略特的话来说，我们"装扮出一副面孔去跟我们相遇

---

① G. Simmel, "*Sociology of the Senses: Visual Interaction*", In R. Parl and E. Burgess, (ed.), Introduction to the Science of Sociology. Chicago: University of Chicago Press, 1921, p. 358.
② 〔美〕施拉姆等：《传播学概论》，陈亮等译，78页，北京，新华出版社，1984。译文参照原著略有改动。

的嘴脸照面"。……如果你愿意的话,每个人都需要一副面孔——一副面具。面孔是我们人体的一部分;我们走到哪,它也跟到哪。然而,在我们心情不爽的时候,它却能露出一副笑颜;当我们并不忧伤的时候,它却现出一副凄戚的神情。①

面部表情的符号形式是人所公认的,然而其符号内蕴却是难以估量的。这里,学界一直存在着一个悬而未决的问题,即有没有普适的面部表情:

> 大多数人的观点认为:有着许多通用的面部表情——全世界的人在高兴或要显示愉快的时候都会浮出笑容,愤怒的时候都会紧蹙眉头。另一种观点认为,每个人都会产生出解剖学上相似的表情来,但是人们给出含意却因文化的不同而有差异。②

手势

美国哲学家、心理学家威廉·詹姆斯曾指出,从非语言行为中所流露出的无意识冲动,经常显示在手的动作、位置和紧张程度上。许多人也认为,手是人体里仅次于面部表情的最富表现力的部分③。虽说手势的"名次"排在眼神和表情之后,但从另一方面讲,手势又具有眼神和表情所无法比拟的优势。作为符号,眼神和表情重在笼统意味的流露,而手势则长于具体意思的传达;前者往往受无意识的支配,而后者常常受有意识的驱遣。对此,只需举出聋哑人所用的手势语(sign language),就足以说明问题了。假如真像有人说的人体能发出700 000个非语言符号④,那么其中多半应为手势语。不过,这里应当区别通用的手势和专用的手势语即所谓"符号语"(Sign Language)。通用的手势与上述眼神和表情一样,均属非语言符号,在传播活动里一般只起辅助作用。正如1世纪罗马的一位演说家所言:

---

① 〔美〕萨姆瓦等:《跨文化传通》,陈南等译,223页,北京,生活·读书·新知三联书店,1988。
② 〔美〕萨姆瓦等:《跨文化传通》,陈南等译,224页,北京,生活·读书·新知三联书店,1988。
③ Schramm, Wilbur and Porter, William E., *Men, Women, Messages, and Media: Understanding Human Communication*.New York: Happer & Row, Publishers, Inc., 1982, p.67.
④ 〔美〕萨姆瓦等:《跨文化传通》,陈南等译,218页,北京,生活·读书·新知三联书店,1988。

全身的动作都能帮助演说家，而双手就能讲话（我们几乎不相信这一点）。难道我们不是借助双手来表示我们的要求、恳请、威胁、祈祷，表示我们的反感和恐惧、疑问和否定吗？不正是它们传达出我们的欢乐、悲伤、疑问、负疚和悔恨，描绘出大小、数量、质量和时间吗？不正是它们指出某个方向或某个人，表示着赞许、请求、抑制欲望、斥责、兴奋和要求同情吗？不正是它们使我们摆脱使用副词和代词的必要性吗？①

而符号语如同旗语（flag-signal），严格说来都是看似属于非语言符号而实为语言符号。例如"美国符号语"（American Sign Language），就是由55个符号组成的语言表达系统。再如，"法国新符号语表示同意的手势是拇指与食指接成环形，上下摇动两次。实际上手指表示的是字母O，即法语'同意'oui一词的第一个字母"。②至于旗语就更为典型了（见图）③：

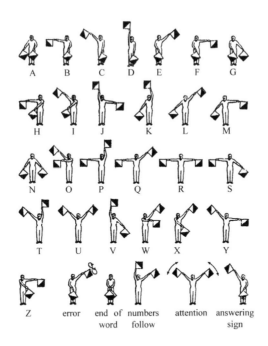

---

① 〔苏〕潘诺夫：《信号·符号·语言》，王仲宣等译，142页，北京，生活·读书·新知三联书店，1991。
② 〔苏〕潘诺夫：《信号·符号·语言》，王仲宣等译，133页，北京，生活·读书·新知三联书店，1991。
③ *The New Encyclopdia Britannica*，1986，Vol. 29，p.630.

这里的前26个动作代表英语的26个字母，后面的5个动作依次表示"错误重来"（error）、"本词结束"（end of word）、"下为数字"（numbers follow）、"提请注意"（attention）、"回复信号"（answering sign）。另外前九个字母还依次分别代表从1到9的数字，字母J则代表数字0。这样，要想告诉对方什么数字，只需打出"下为数字"的动作，然后再打相应的数字动作就可以了。

姿态

如果说上述的眼神、表情与手势只涉及人体的局部，那么所谓姿态就关乎人体的全部了。大略说来，姿态包括静态的"姿势"和动态的"举止"。前者如坐、立、躺、蹲、靠等，它们不管是本能的还是蓄意的，都可视为蕴涵着某种意味的符号。以坐为例，古人的踞坐、寺僧的打坐、沉思时的静坐、孤寂时的枯坐、庄重场合的正襟危坐、放松随意的席地而坐等，无不流露出或隐或显的特殊意味。再如，在墨西哥的有些乡村地区蹲姿比坐姿常见，而美国人很少蹲着，于是美国边境巡逻队便以此作为一种识别非法入境的墨西哥人的方法。他们的飞机常常低低地飞掠南加州的群山上空，观察哪些野营的群体是坐着的，哪些是蹲着的，从而推断谁是非法入境者。这里，蹲姿几乎成为墨西哥人身份的象征即符号。无怪乎有人说，我们的身体每一瞬间都在同外部世界"讲话"[①]。

从人的心理感受上讲，动态的事物比静态的事物更容易引起关注。就像青蛙看不见近在眼前的纹丝不动的猎物却能捕捉到倏忽飞过的昆虫。所以，对人类的非语言传播而言，动态的"举止"作为表情达意的符号就更能引人注目。类似耸肩、摇头、拍打、拥抱、接吻、握手等动作所流露的"情意"，既不一而足，又不言而喻。就拿握手来说，形式化的轻轻一碰与双手紧握上下晃动，其差别可谓显而易见。

服饰

在与人体有关或相关的非语言符号里，服饰也是常被提及的。服饰虽属人体的附属物，但绝非可有可无，相反除了实际的功能如保暖御寒，服饰也是重要的身势语。在现实中特别是在初次见面中，人们免不了会以貌

[①]〔美〕萨姆瓦等：《跨文化传通》，陈南等译，218页，北京，生活·读书·新知三联书店，1988。

取人,这个貌既指"面"貌,更指"衣"貌,而所谓"取"从特定角度看正是解读符号的行为。因为,作为一种非语言符号,衣帽服饰不仅体现着亦即符号所谓代表着(stand for)时代气息、民族传统、文化背景,而且更是个人的身份、职业、情趣、品位、性情、爱好的表征。对每个人来说,穿着打扮其实就是一种无声的语言,在向他人讲述自己,展示自己。关于这个问题,结构主义的代表人物罗兰·巴尔特,在建构其符号学理论时还专门写过一部《流行体系——符号学与服饰符码》。这里,不妨先看看美国文学艺术院第一任女院长巴巴拉·W.塔奇曼,在其力作《八月炮火》中所记述的一段涉及服饰的趣事:

> 英国人在布尔战争过后便已采用黄卡其军服,德国人正在打算把普鲁士蓝改成土灰色。但是1912年的法国兵却仍然是1830年的穿戴,蓝色军上装、红军帽、红军裤,1830年的步枪火力只有二百步射程,军队都在近距离交战,根本用不到隐蔽。梅西安(时任法国陆军部长——引者注)曾在1912年前往巴尔干前线观战,看到保加利亚人因为他们的军装颜色暗淡而获益匪浅,所以他回国后便决心使法国兵不再穿戴得那么显眼。他提出一个方案,要把军服改成蓝灰色或青灰色,但立即惹起了一阵来势汹汹的抗议……《法国回声报》写文章说,取消掉"一切鲜明的色彩,一切使士兵仪容生气勃勃的条件,是违背法国人的爱美观念和军队职能的"。梅西安指出,这两者未必具有同等意义,但是他的反对派表明决不动摇。一位前任陆军部长艾蒂安先生在议会意见听取会上便以法兰西的名义说话。
>
> "取消红裤子?"他大声疾呼,"绝对不行。红裤子便是法兰西!"①

这里的红裤子已经不仅仅是具有某种颜色的下装,它简直被当成了法兰西的象征。

其他

人体的气味,包括呼吸、汗液以及人工香气如除臭剂、香料、香水

---

① 〔美〕巴巴拉·W.塔奇曼:《八月炮火》,上海外国语学院英语系翻译组译,50页,上海,上海译文出版社,1981。

等,也是作用独特的身势语。另外,所谓副语言(paralanguage)更是不容忽略。在英语里,副语言是由前缀para加上语言language构成的。para有"外""超""接近""相似""辅助""从属"之义,由此可知副语言处在语言之外,超乎语言之上,而又接近语言,从属语言。按照有的学者所下的定义,副语言"是随着言语而瞬息发生的声学行为"[①]。除了哭声、笑声、呼唤、叹息、呻吟,副语言主要涉及语调的变化以及应答性、习惯性的"噢""哎""啊""嗯哼""哎哟"等声音。

需要特别指出的是,身势语一般都不是单一而孤立地发挥作用,它是一个综合的符号系统。尽管在论述上我们可以把它分解为不同的类型,可事实上它们总是浑然一体的。比如欢乐的身势语,便可能同时体现为眉开眼笑、笑容满面、喜形于色、手舞足蹈、嘻嘻哈哈等。再如,德国总理勃兰特1970年在华沙那次举世瞩目的下跪举动,不仅包含一系列身势语,而且以其触目惊心的符号寓意留给世人难忘的印象,借用诺贝尔文学奖获得者、德国作家格拉斯的描述:

不可能是突然的举动。是精心策划的……纯粹是在表演。但是,确实是头条标题,纯粹从新闻角度来看,是一件轰动的事。就像一颗炸弹。完全偏离了礼仪规定。所有的人事先都以为,就跟通常一样:放下丁香花圈,整理饰带,后退两步,低下头,再抬起头,凝视远方。马上就要警车开道去维拉诺夫宫了,那是一家豪华宾馆,酒瓶和白兰地大肚杯已经准备就绪。但是他却选择了一个特别的方式:不是在几乎没有任何风险的第一个台阶上,而是直接在潮湿的花岗岩上,既没有用这一只手也没有用另一只手支撑,完全只靠膝盖跪了下来,双手合抱在腹部,一副耶稣受难的表情,就好像他比教皇更教皇,在摄影记者们喊哩喀嚓一阵拍照之后,又耐心地跪了足足一分钟,然后又是没有选择安全的方式——先直起一条腿,再直起另一条腿,而是猛地一下站了起来,仿佛事先已经在镜子前面训练了好多天,迅速起立,站在那里,看上去就像是圣灵亲自到场,飘浮在我们大家头上,就好

[①] 〔美〕萨姆瓦等:《跨文化传通》,陈南等译,235页,北京,生活·读书·新知三联书店,1988。

像他不仅必须向波兰人,而且还要向全世界证明,赔罪道歉可以搞得多么适合拍照似的。(《我的世纪·一九七〇年》)

第三节　符号研究

一、早期的思想片断

人们对符号问题的关注与兴趣源远流长,可以一直上溯到文明之光显露之际,至少也在雅斯贝斯所揭示的"轴心时代"或帕森斯所谓"哲学的突破"发生之际。所谓"哲学的突破"(philosophic break-through)或曰"超验的突破"(transcendent breakthrough),按照帕森斯的说法乃指:

> 在公元前第一个一千年中的希腊、以色列、印度和中国,至少是部分各自独立地和以非常不同的形式,作为人类环境的宇宙性质的明确的概念化,达到了一个新的水平。伴随着这一过程,也产生对人类自身及其更大意义的解释。①

也就是说,世界几大文明体系的思想传统均在这1000年里定型,由此形成各自把握自然、社会及历史的系统理念,并凝聚在一整套独特的思想话语之中。这一突破性事件的标志,便是圣哲人物的出现,如中国的老子、孔子、庄子,古希腊的苏格拉底、柏拉图、亚里士多德,印度的释迦牟尼以及以色列的先知等。

以符号方面的思考而论,我国先秦诸子中的公孙龙就曾提出著名的"白马非马"命题,其中除了哲学层面的意义之外,实际上也在语言学和逻辑学的层面蕴涵着符号学的思想。早期对符号问题的探究,也往往混杂在语言学、修辞学、逻辑学之中,即莫里斯所说的符号学原初的"一些片段,

---

① 〔美〕帕森斯:《"知识分子":一个社会角色范畴》,阎步克译,见《文化:中国与世界》第三辑,355页,北京,生活·读书·新知三联书店,1987。

可以在语言学—修辞学和逻辑学的历史中找到"①。

西方文化传统里的符号学思想更是连绵不断,形成上迄希腊下逮当代的一脉汩汩滔滔的思想之流。莫里斯甚至认为,整个古希腊哲学都是围绕着符号学而展开:

> "指号学"这个术语可以追溯到希腊的医学传统,希腊的医学传统把指号学(包括通过指号来对疾病作出诊断和预测)看作医学的三个部分之一。斯多葛学派给予指号学一个光荣的地位,把指号学看作哲学中的一个与物理学、伦理学并列的基本部分,并且把逻辑学和知识论包括在指号学中。整个的希腊哲学都是围绕着指号学的,特别是经验主义反对形而上学的问题被表述为指号意谓的界限的问题。斯多葛派认为,有一些指号(即"指示指号")能够超出观察的界限提供关于事物的必然知识;伊壁鸠鲁派(Epicureans)认为,指号固然从经验中获得它的意谓,但有些指号(如"原子"和"空无")能够——虽然只是或然地——表谓那些不能直接观察的东西;怀疑论者疑惑整个的形而上学体系,其理由为:指号只能表谓那些可以观察到的东西,指号(如"纪念指号")能够用来使人想起那些观察过的东西,虽然这些东西在表谓的时候不是可以直接观察到的。②

在古希腊的哲人中,对有关符号问题思索最多当属亚里士多德,他的研究从许多方面涉及符号问题:"在《工具论》中,他研究了科学语言的语义学和语形学;在《诗学》中,他研究了美学论域的许多不同方面;在《修辞学》中,他研究了语用学的一些问题。"③不过,他的思索更侧重于符号的形式方面如形式逻辑,而不是符号的语义内容。最早提出并精细解剖语义问题的,是芝诺及其创立的斯多葛学派。他们首次把符号的意义与实际的事物相剥离,指出"记号不是所论事件,而是表示所论事件的命题"(塞古斯都),从而在语义认识上实现了一次突破,对后世的意义理论产生了重大

---

① 〔美〕莫里斯:《指号、语言和行为》,罗兰等译,297页,上海,上海人民出版社,1989年。
② 〔美〕莫里斯:《指号、语言和行为》,罗兰等译,297页,上海,上海人民出版社,1989年。
③ 〔美〕莫里斯:《指号、语言和行为》,罗兰等译,298页,上海,上海人民出版社,1989年。

影响。另外，与斯多葛学派同时的伊壁鸠鲁学派也热心于符号研究，并与斯多葛学派展开争论。大致说来，斯多葛学派坚持唯理主义，而伊壁鸠鲁学派信奉经验主义，而这种争论同当代传播学领域中批判学派与经验学派的对立可谓一脉相承。

中世纪的天主教神学，在建构天堂地狱的永恒秩序时发展起一套内容丰富而细致入微的符号理论（时称scientia sermocinalis），包括语法、修辞和逻辑三部分，其中的代表人物有著名的教父圣·奥古斯丁——以《上帝之城》而开中世纪教会神学之先河、鲍依修斯（Anicius Manliua Severinua Boethius），以及经院哲学家里的罗吉尔·培根（Roger Bacon）、奥卡姆的威廉（William of Ockham）和托马斯·阿奎那——以《神学大全》而集中世纪教会神学之大成。奥古斯丁在符号学历史上占有显赫的地位，他继承斯多葛学派的传统，不仅从表层对符号与意义问题做了进一步的分析，而且从深层对理解和解释理论做了开拓性的探讨，因此也被奉为解释学的先驱。

在经院哲学家中，奥卡姆的威廉和托马斯·阿奎那分别是唯名论和实在论的代表，前者更是以其深刻的符号理论而为现代逻辑学家所推崇。他晚年专攻亚里士多德的逻辑学，将逻辑学和语义学统一起来，写下了《逻辑大全》一书。这位中世纪最后一位"大经院哲学家"（罗素语），在论述其逻辑学思想时曾区分了两类词：针对事物而说的词和仅指涵义而说的词。前者由于是对象作用于人们之后而自然产生的，故为自然的符号——他称之为"第一意向词"（terms of first intention），如科学中的词；后者由于是约定俗成地附着于特定的思想，故为约定的符号——他称之为"第二意向词"（terms of second intention），如逻辑中的词。关于这一区分的意义，罗素曾概括道：

> 我们必须把当作为一个事物而说的词，和作为具有涵义而使用的词，划分开来。不然我们势将陷入谬误，例如："人是一个种，苏格拉底是一个人，因而苏格拉底是一个种。"[1]

---

[1]〔英〕罗素：《西方哲学史》上卷，何兆武等译，574页，北京，商务印书馆，1963。

根据莫里斯的概括,从中世纪的符号学思想里可以分辨出两种倾向,而且两种倾向各有薪尽火传的后继之人:

> 一种显著的倾向,是要从柏拉图和亚里士多德的系统来解释指号—过程;与此相反的,就是一种不断增长的努力,想把指号学变为一门经验科学或哲学。第一种方向为莱布尼茨所继承,第二种方向则为英国经验主义者所继承。①

莱布尼茨一脉以数理逻辑为特征,形成现代由弗雷格、皮尔士、罗素、怀特海等人所推进的思想。英国经验主义一脉侧重于语义分析,在培根、霍布斯、洛克、休谟等人的著述里不绝如缕。特别是洛克,在其代表作《人类理解论》中不仅最早使用了"符号"一词,而且提出了独树一帜的意义观念论。按照这种理论,语词或语词的意义就是它们所代表或所引起的人心中的观念——一种感觉或精神的意象。洛克认为,人们的思想存在于内心之中,由属于自己的观念所构成,和语言毫无关系。为了交流思想,人们不得不使用可以彼此沟通的符号如语言,这些符号代表了说者心中的观念,同时引起听者心中相同的观念。于是,符号的意义就在于它们与观念之间的对应关系,用洛克的话来说:

> 人虽有各式各样的思想,而且他们自己或别人虽然可以由这些思想得到利益和快乐,可是他们的思想都是在胸中隐藏不露的,别人并不能看到它们,而且它们自身也不能显现出来。思想如不能传递,则社会便不能给人以安慰和利益,因此,人们必须找寻一些外界的明显标记,把自己思想中所含的不可见的观念表示于他人……语言所以有表示作用,乃是由于人们随意赋予它们一种意义,乃是由于人们随便来把一个字当作一个观念的标记。因此,字眼的功能就在于能明显的标记出各种观念,而且它们的固有的、直接的意义,就在于它们所标记的那些观念。②

---

① 〔美〕莫里斯:《指号、语言和行为》,罗兰等译,298~299页,上海,上海人民出版社,1989。
② 〔英〕洛克:《人类理解论》下册,关文运译,385~386页,北京,商务印书馆,1959。

这是一种经验主义的看法，与之相对的是唯理主义观点，如莱布尼茨就曾针对洛克的《人类理解论》而写了一部《人类理解新论》，逐章逐节逐段地与洛克展开辩驳。这种争论同此前的同类争论一样，都推动了符号研究，丰富了符号理论。

二、现代符号学的形成

人类对符号问题的不断探讨以及由此产生的诸多思想，到了20世纪终于形成一门相对独立的学科——符号学。符号学的产生，与20世纪以来各种思潮、各种学派、各种理论的交相碰撞异彩纷呈的背景密不可分，其中尤与现代语言学的异军突起沾溉群科关系密切。众所周知，西方哲学经历两次影响重大的"转向"：第一次是从古希腊的"本体论"转向近代的"认识论"，第二次又从"认识论"转向现代的"语言论"。在古希腊，哲学的核心问题是追问世界的本质，如泰勒斯认为万物由水构成，赫拉克利特相信火是原质，还有德谟克里特的原子、柏拉图的理念等均属此类。到17世纪，欧洲哲学经历了第一次重大转向，从此哲学由对世界本质的追问转向对认识本身的探询，笛卡儿的名言"我思故我在"可作为这一转向的象征，而由他所开创的"认识论"哲学此后两百多年一直是哲学的主流。进入20世纪，欧洲哲学又出现第二次转向，这就是如今常被提及的"语言论转向"（linguistic turn）。关于这两次转向的要旨，朱立元先生概括得尤为精当：

> 可以说，西方哲学的两次"转向"，使得它的立论基点与前大为不同。17世纪以前的哲学更多关注"世界的本质"是什么，似乎弄清了它，其他疑难都可迎刃而解；认识论的哲学关注"我们如何知道世界的本质"，它要求在对世界作出判断以前，应先对认识的可靠性和可能性作出回答；而语言论的哲学则关注"我们如何表述我们所知晓的世界的本质"，它对前两类问题并未简单否定，但强调要先在语言层面上检验命题的真伪。[1]

---

[1] 朱立元主编：《当代西方文艺理论》，7页，上海，华东师范大学出版社，1997。

对语言论转向这一影响深远的事件产生"第一推动"的人物，是瑞士杰出的语言学家索绪尔，而索绪尔与皮尔士正是现代符号学的两位创始人。索绪尔的代表作《普通语言学教程》，是他1913年去世后由他的学生根据同学们的笔记和他的手稿整理而成的，并于1916年在巴黎出版。在这部名作里，索绪尔曾这样论述他所构想的符号学：

> 我们可以设想有一门研究社会生活中符号生命的科学；它将构成社会心理学的一部分，因而也是普通心理学的一部分；我们管它叫符号学（semiologie，来自希腊语 sēmeîon "符号"）。它将告诉我们符号是由什么构成的，受什么规律支配。因为这门科学还不存在，我们说不出它将会是什么样子，但是它有存在的权利，它的地位是预先确定了的。语言学不过是这门一般科学的一部分，将来符号学发现的规律也可以应用于语言学，所以后者将属于全部人文事实中一个非常确定的领域。①

不仅如此，索绪尔在其语言学理论中，还提出了一系列对符号学同时也对整个20世纪哲学思潮影响甚剧的命题或范畴，其中有些早为学界中人耳熟能详，如语言和言语、能指与所指、纵组合轴与横组合轴等。

几乎与此同时在大西洋彼岸的美国，实用主义哲学的先驱皮尔士也在考虑有关符号学的问题。与索绪尔相似，皮尔士也是生前寂寞身后名扬，他的代表作也是在他1915年逝世后才由后人编辑出版的。其中最具权威的，是1933—1935年哈佛大学出版的、由哲学家哈特肖恩和维斯编辑的《皮尔士文集》六卷。另外，还有1953年出版的《皮尔士致维尔贝女士书信集》，这些写于1903—1911年的书信大部分都是论述符号学的，有的还被视为他在这方面的最好的论述。如今，在英语里有两个意思相同的词：semiology和semiotics。这两个词指的都是符号学，"它们惟一的区别在于，前者由索绪尔创造，欧洲人出于对他的尊敬，喜欢用这个名词；操英语的人喜欢使用后者，则出于他们对美国人皮尔士的尊敬"②。在《皮尔士文集》

---

① 〔瑞士〕费尔迪南·德·索绪尔：《普通语言学教程》，高名凯译，38页，北京，商务印书馆，1980。
② 〔英〕特伦斯·霍克斯：《结构主义和符号学》，瞿铁鹏译，127页，上海，上海译文出版社，1987。

第2卷第227节，有这么一段与上引索绪尔的论述主旨相通的文字：

> 逻辑学在一般意义上只是符号学的别名，是符号的带有必然性的或形式的学说。我用"带有必然性的"，或形式的来描述这个学说，我的意思是指我们以自己的知识来观察这种符号的特征，从这种观察出发，通过一个我并不反对将其命名为抽象的过程，我们被引向极易犯错误的、因此在某种意义上绝不是必然的陈述，这种陈述涉及的是，一种"科学的"才智，即通过经验而获得知识的才智所使用的全部符号的特征究竟是什么。①

对皮尔士和索绪尔在开创符号学中的地位与贡献、对这门新学科的出现与背景，法国当代哲学家保罗·利科在为联合国教科文组织的大型丛书《社会科学和人文科学研究主要趋向》主编的哲学卷《哲学主要趋向》里，做了如下评述：

> 早在索绪尔之前，C.S.皮尔士就遵照洛克的《人类理解论》中的建议构想出了一种一般记号理论，或符号学（semiotics）的观念，而语言学将只是符号学的一个部分，是对于一种特殊记号系统的研究。皮尔士是第一个企图运用种种标准对记号加以分类的人。其中最著名的一个标准所根据的是记号的三种主要功能（指示、肖似和象征）之间的可变比例……索绪尔不可能知道皮尔士的著作，因为它们是在皮尔士死后才出版的，但他也认为语言记号科学包括在更一般的记号科学之内，他把这门科学叫做符号学（semiology）：文字作品、信号、仪式、惯习，是非语言学系统的几个主要例子。但是皮尔士和索绪尔两人尽管使语言学从属于符号学，却都看出了二者之间关系的特殊性：因为语言学不只是一般记号科学的某一部分，它也是这门科学的模型。语言的确不只是最重要的符号学系统，而且语言学是最高级的符号学科学：一切其他记号系统都以某种方式归结于语言，虽然每个系统都有其个性。②

---

① 〔英〕特伦斯·霍克斯：《结构主义和符号学》，瞿铁鹏译，126页，上海，上海译文出版社，1987。
② 〔法〕保罗·利科：《哲学主要趋向》，李幼蒸等译，346页，北京，商务印书馆，1988。

三、当代符号学的研究

如果说20世纪上半叶符号学还初具雏形,那么到20世纪下半叶它已是蔚为大观了。符号学的兴盛,同分析哲学、语言哲学、现象学、解释学、西方马克思主义等学术思想的发展难分难解,特别是同结构主义思潮的涌动密不可分。援引《结构主义和符号学》一书的作者霍克斯的话说:"符号学的疆界(如果它有的话)和结构主义接壤:两个学科的兴趣基本上是相同的。"紧接此话他又说道:"从长远看来,两者都应被囊括在第三个容量很大的学科内。它简单地叫做传播学。"①无独有偶,结构主义的先驱雅各布森在前述教科文组织那套丛书的"语言学卷"里也明确写道:"如果符号学学科的圆周是包含语言学在内的最近的一个圆周,那么下一圈较大的同心圆就是通信学科的总体了。"②这里所谓的通信学科,显然也是指传播学科。

由于当代的符号学研究同哲学思潮关系密切,它的研究队伍里自然不乏哲学家、思想家,除了前面提到的皮尔士和索绪尔,像皮亚杰、雅各布森、巴赫金、莫里斯、列维-斯特劳斯、罗兰·巴尔特、恩斯特·卡西尔、格雷马斯等都是其中的佼佼者。不过,在这些与符号学的关系盘根错节的名家之中,对本源意义上的符号学理论贡献最大者还数雅各布森、莫里斯和巴尔特。

罗曼·雅各布森是俄国形式主义和布拉格学派这两个有着传承关系的思想流派的核心人物,而这两个流派在理论上和方法上都直接受到索绪尔的影响,盛极一时的结构主义思潮即发端于此。对于符号学研究,雅各布森首先考虑了某些一般原则:

> 每一个信息都是由符号构成的;因此,称之为符号学的符号科学研究那些作为一切符号结构的基础的一般原则,研究它们在信息中的应用,研究各种各样符号系统的特殊性,以及使用那些不同种类符号的各种信息的特殊性。③

---

① 〔英〕特伦斯·霍克斯:《结构主义和符号学》,瞿铁鹏译,127页,上海,上海译文出版社,1987。
② 〔法〕保罗·利科:《哲学主要趋向》,李幼蒸等译,348页,北京,商务印书馆,1988。
③ 〔英〕特伦斯·霍克斯:《结构主义和符号学》,瞿铁鹏译,129页,上海,上海译文出版社,1987。

在他看来，对符号系统的研究来自一种原始的感觉，这就是符号有两个方面："一个是可以直接感觉到的指符（signans），另一个是可以推知和理解的被指（signatum）。"① 很显然，这与索绪尔关于符号的能指与所指的思想一脉相承："两种因素都作为符号的'不可分解的统一体'的两个方面发挥作用，它们之间可能存在的各种各样的关系形成了符号学结构的基础。"② 在具体分析符号系统的结构时，雅各布森仍以索绪尔的理论为依据，提出了有名的"选择"和"组合"两个坐标轴理论："选择轴近似于索绪尔语言学的纵组合概念，即语句中排列的词是从众多能够替换的对等词语中选择出来的。组合轴则基本等于索绪尔语言学的横组合概念，也就是上下文之间的联系。"③ 举例来说，"李白写诗"这句话从头到尾就属于横组合，这一组合关系是固定的，既不能倒置，也不能重组，否则势必出现诸如"诗写白李"之类不知所云的符号。同时，"李白""写""诗"这三个单元可构成各自的纵组合系列，如"李白／李贺／李商隐……""写／读／背……""诗／书／信……"等等，于是通过不同的置换，就会出现与"李白写诗"同构的表达如"李贺写信""李商隐背书"等。这些符号学思想后经巴尔特的发展而更趋丰富。

说起符号学的奠基人不能不提皮尔士和索绪尔，而要论符号学系统理论的创始人就不能不讲莫里斯了。他在其1946年问世的代表作《指号、语言和行为》的前言里就曾说道："创建一门关于符号的科学，是本书追求的目标。"此书几乎包含了符号学的所有领域，尽管不无可堪商榷之处，但他力图把符号学理论建筑在经验科学之上的初衷应该值得肯定，特别是他将符号学理论全方位地提升到哲学层面，对符号学的发展无疑产生了积极作用。另外，他的一些见解至今仍颇有参考价值。比如，他把符号的功能概括为四个方面，即告知的（informative）、评价的（valuative）、激励的（incitative）和系统的（systemic）："在其告知的用法中起作用的符号可以说是说服性的，在其评价的用法上可以说是给人深刻印象的，在其激励的用法上可以说是劝诱性的，在其系统的用法上可以说是符合一般性准则

---

① 〔英〕特伦斯·霍克斯：《结构主义和符号学》，瞿铁鹏译，129页，上海，上海译文出版社，1987。
② 〔英〕特伦斯·霍克斯：《结构主义和符号学》，霍铁鹏译，129页，上海，上海译文出版社，1987。
③ 朱立元主编：《当代西方文艺理论》，51页，上海，华东师范大学出版社，1997。

的。"① 再如，他把符号学的研究分成三个方面：一是研究符号意义的语义学（Semantics），二是研究符号用法的语用学（Pragmatics），三是研究符号形式的句法学（Syntactics），也成为普遍采用的一种符号学分类方法。

在当代符号学研究领域，意大利波洛尼亚大学符号学教授艾柯（Umberto Eco）和法兰西学院文学符号学教授罗兰·巴尔特（Roland Barthes）最负盛名，尤其是后者更因其符号学上的造诣而曾被推为符号学学会的主席。巴尔特不仅秉承并发扬了索绪尔的符号学思想，诚如有人评价的"是索绪尔的一个最强有力的解释者"②；而且以其雄厚广博的学养和深邃绵密的思维，为符号学的研究开辟了全新的局面。如果说在他之前符号学的学科地位还有点"妾身未分明"的话，那么在他之后谁也不能再忽略符号及符号学的存在了，特别是以符号作为一项主要的研究内容并以符号学作为一门重要的所属学科的传播学，更是从中获益匪浅。当然，巴尔特并不是以所谓符号学家而称名，准确说他是作为结构主义代表人物之一的思想家或哲学家——与列维-斯特劳斯、福柯、阿尔都塞和拉康并称结构主义的"五巨头"，只不过他是从符号的角度切入当代广受关注的思想话题并作出独特阐释。令人惋惜的是，这位文坛巨擘1980年不幸死于车祸。巴尔特的符号学思想，集中体现在下列著作中：1957年的《神话集》(*Mythologies*)、1965年的《符号学原理》(*Elements of Semiology*) 和1978年的《恋人絮语》(*A Lover's Discourse: Fragments*)，其中《符号学原理》更是声誉卓著广为人知，被视为符号学历史上的又一里程碑，用我国符号学权威李幼蒸先生的话说："这本书由于论述整齐严密，简洁明了，已成为当前西方文学符号学研究的必读书和入门书了。"③

中国的符号研究，简单说来大致分为一般符号学和传播符号学。前者以语言学和文艺学为主，重在历史人文；后者以新闻学与传播学为主，重在社会传播。

---

① 〔美〕F.N.麦吉尔主编：《世界哲学宝库——世界225篇哲学名著述评》，《世界哲学宝库》编委会译，1201页，北京，中国广播电视出版社，1991。
② 〔英〕特伦斯·霍克斯：《结构主义和符号学》，瞿铁鹏译，134页，上海，上海译文出版社，1987。
③ 〔法〕罗兰·巴尔特：《符号学原理》，"译者前言"，8页，李幼蒸译，北京，生活·读书·新知三联书店，1988。

就符号学在中国的演化进程而言，赵毅衡先生在《四川大学学报》2012年第1期上发表的《中国符号学六十年》，对此进行了全面系统的梳理与分析。其中谈到"符号学"一词及其研究，最早是由清华国学院四大导师之一的语言学家赵元任先生于1926年提出的，而且是独立于索绪尔与皮尔士的欧美两大符号学传统。新中国成立后，虽然符号学研究在运动频仍之际依然不绝如缕，但真正引起关注和兴趣则在20世纪70年代末，并以外国哲学等学科为嚆矢，金克木先生1983年在《读书》杂志发表的文章《谈符号学》常被谈及。随着80年代中后期的"文化热"，国内学界对符号学的热度也不断升温。1988年，李幼蒸、赵毅衡等在北京召开的"京津地区符号学讨论会"，成为中国符号学界的第一次聚会。在此前后，第一批符号学专著陆续问世：何新的《艺术想象的符号——文化学阐释》（1987）、俞建章、叶舒宪的《符号：语言与艺术》（1988）、肖锋的《从哲学看符号》（1989）、赵毅衡的《文艺符号学》（1990）、李幼蒸的《理论符号学导论》（1994）等。同时，上海译文出版社1985年出版的卡西尔《人论》和1987年出版的霍克斯《结构主义和符号学》，辽宁人民出版社1987年出版的巴特（即巴尔特）《符号学美学》（即《符号学原理》），更是产生广泛影响。进入新世纪，"符号学在中国学界换挡加速"（赵毅衡）。据《中国符号学六十年》一文统计，20世纪80年代中国学界发表的符号学论文约两千篇，九十年代近六千篇，新世纪第一个十年则达到近万篇。2010年之后，符号学著作以平均每月三本的速度问世。目前，中国有两份尚无刊号的专业期刊，一是南京师范大学外国语学院"国际符号学研究所"的英文刊物 Chinese Semiotics，一是四川大学文学与新闻学院"符号学-传媒学研究中心"的《符号与传媒》。同时，还有三家学术团体：一是全国语言与符号学会，二是全国逻辑符号学学会，三是全国哲学符号学学会。另外，中国高校开设符号学课程大约一百门。所以，在赵毅衡看来："中国已经成为符号学运动最为活跃的国家，符号学在中国已经成为一门跨学科的显学。"

中国传播符号学从20世纪90年代起步，其中传播学者吴文虎的《广告的符号世界》（1997）和新闻学者刘智的《新闻文化与符号》均属筚路蓝缕的开拓之作。其后，以2003年"新世纪传播学研究丛书"之一《符号透视：传播内容的本体诠释》为标志，传播符号学开始进入乱花渐欲迷人眼的阶段。不算相关博士与硕士论文，正式出版的专著就有李思屈的《广告符号学》（2004）、徐建华的《电视符号·广告论》（2004）、曾庆香的《新闻叙事学》（2005）、黎明洁的《新闻写作与新闻叙述：视角·主体·结构》（2007）、胡春阳的《话语分析：传播研究的新路径》（2007）、余志鸿的《传播符号学》（2007）、崔林的《电视新闻语言：模式·符号·叙事》（2009）、胡易宪的《传播符号学：后麦克卢汉的理论转向》（2011）等。曾庆香博士在中国社会科学院研究生院新闻系完成的博士论文《试论新闻话语》，以及国家社科基金项目《大众传播符号研究》尤为引人注目。如果说，一般符号学在两个领域取得国际学界瞩目的成果：一是发掘中国符号思想，包括先秦诸子以及汉字文化等；一是探讨文化人类学内涵，包括台湾学者龚鹏程的《文化符号学：中国社会的肌理与文化法则》（2009），那么以曾庆香博士为代表的研究及其成果也体现了这种学术进路，即以中国问题为先导，深入中国社会文化的鲜活脉络，从而探求并揭示历史与逻辑有机统一的传播符号传统。相信随着中国社会的进步及新闻传播的繁荣，将会涌现更多体现文化自觉与学术自觉的新思想、新成果，借用《中国符号学研究回顾与展望》一文的概述：

> 我国的历史文化博大精深，我们拥有诸子百家的哲学、太极八卦、独特的象形文字、蕴意丰富的唐诗宋词、《史记》和《三国演义》等文学巨著，拥有丰富的哲学、文化与文学底蕴；其次，我国的传统文化本身就具有丰富的符号学内涵，半坡遗址、山东大汶口遗址、敦煌壁画、嘉峪关魏晋墓、麦积山雕塑、龙门石窟都曾发掘出先民的大量的符号实物；再次，我国古代文献中关于符号的论述俯拾即是，为我们开展符号学研究奠定了深厚的人文基础。总之，我国的灿烂文化和精深的哲学思想都蕴藏着极大的研究潜力，这一领域的符号学研究最具中国特色，必将会成为世界符号学研究中的一朵奇葩。（《光明日报》2005年11月9日）

本章对符号学研究史的描述充其量只能算是一幅"写意画"，绝非"工笔画"。换言之，我们只是大致勾勒了其间的发展主线，同时舍弃了大量充实性的内容，至于无数的细枝末节更是不遑他顾。

第二章　语言与符号

对人类传播而言，语言符号无疑是一切符号的基础。因此，语言方面的探究也就成为揭示符号之谜的首要途径，自古及今绵延不断。特别是由索绪尔所开启的现代语言学，更是现代符号学研究的范例。

人们对语言的兴趣，首先表现为对语言起源的追问。《荀子·正名篇》里这段话几成名言："名无固宜，约之以命。约定俗成谓之宜，异于约则谓之不宜。"主张语言源于人们的约定俗成。下面这个由西方"历史之父"、古希腊的希罗多德记述的故事，也是常被征引：

> 普撒美提科斯成为埃及人的国王的时候……把普通人的两个新生的婴儿在一生下时交给一个牧羊人，叫他把他们放在羊群当中哺育，哺育的办法是命令不许任何人在他们面前讲任何一句话……这样命令的目的，是要知道在婴儿的不清楚的牙牙学语的时期过去以后，他们第一次说出来的话是什么……一天当他打开他们屋里的门进去时，两个孩子都伸出双手向着他跑来，嘴里发着倍科斯……普撒美提科斯于是便……着手研究什么民族把什么东西称为倍科斯。结果他发现倍科斯在普里吉亚人那里是面包的意思……[①]

关心语言的起源问题，实际上是关心名称与事物的关系问题。而早期的语言研究，一般都是从注释经典文献开始的。公元前3世纪问世的《尔雅》一书，就是我国最早解释词义的著作。与此同时，在古希腊的亚历山大里亚也有一批学者在埋头校勘《荷马史诗》的各种版本，由此形成所谓的语文学（Phiology）。语文学包括词源、语音和语法三个方面，其中词源一项就涉及符号与意义问题。罗素说过，"一切支配着近代哲学的各种假说，差不多最初都是希腊人想到的"[②]。哲学如此，语言符号亦如此。希腊人曾为名称取决于事物还是习惯而争论了几个世纪，力主前说的称"本质派"或"自然派"（physis），以柏拉图为代表，倡言后论的为"习俗派"或"惯例派"（nomas），以亚里士多德为代表。这一争论的焦点在于：语词的意义和其形

---

① 〔古希腊〕希罗多德：《希罗多德历史——希腊波斯战争史》，上册，王以铸译，109~110页，北京，商务印书馆，1959。
② 〔英〕罗素：《西方哲学史》，上卷，何兆武等译，66页，北京，商务印书馆，1963。

式之间的关联是必然的还是任意的。这里尤需留意的是，希腊化时期的斯多葛学派对语言的三分法：一是语言的声音或材料；二是语言的内容或意义；三是语言的指涉或对象。这个语言符号的"三位一体"，直到今天依然是语言研究或符号研究关注的基本方面。

第一节 现代语言学之父——索绪尔

肇始于古希腊的西方语言学，发展到19世纪而形成三大分支，即历史语言学、比较语言学和普通语言学。作为语言学家，索绪尔的贡献主要在于普通语言学，其传世名作就是《普通语言学教程》（1916年）。在语言研究领域，索绪尔恰似一座拔地而起的高峰，他一方面把既往的语言学推向高远的境界；另一方面又为此后的研究展示了广阔的空间，同时更为许多相关的探讨如哲学、文学、符号学、人类学等提供了思想启发。具体来说，他的思想可概括为四组二元对立的范畴：语言与言语、共时态与历时态、能指与所指、横组合与纵组合等。

一、语言与言语

索绪尔先从整个语言现象中揭示了两种基本的表现形态，即他所说的"语言"（langue）和"言语"（parole）。他认为："语言和言语活动不能混为一谈……把语言和言语分开，我们一下子就把（1）什么是社会的，什么是个人的；（2）什么是主要的，什么是从属的和多少是偶然的分开来了。"[①] 按照他的这一辩证区分，语言是一套隐而不显的"准则"和必不可少的"规约"，是一套关系化的系统或整体性的结构，类似于英语里的language；而言语是个人在日常生活里对语言的具体使用，也就是按语言的通用规则说的一句句的话，相当于英语里的speech。关于语言和言语的区别，他这样写道：

[①]〔瑞士〕费尔迪南·德·索绪尔：《普通语言学教程》，高名凯译，30~35页，北京，商务印书馆，1980。

（语言）既是言语机能的社会产物，又是社会集团为了使个人有可能行使这机能所采用的一整套必不可少的规约……语言本身就是一个整体、一个分类的原则。我们一旦在言语活动的事实中给以首要的地位，就在一个不容许作其他任何分类的整体中引入一种自然的秩序……（语言）是言语活动的社会部分，个人以外的东西；个人独自不能创造语言，也不能改变语言；它只凭社会的成员间通过的一种契约而存在……一个人即使丧失了使用言语的能力，只要能理解所听到的声音符号，还算是保持着语言……我们虽已不再说死去的语言，但是完全能够掌握它们的语言结构……言语活动是异质的，而这样规定下来的语言却是同质的……①

概而言之，语言属于社会，言语属于个人；语言是抽象的，言语是具体的；语言是内在的，言语是外在的；语言是一元的，言语是多元的；语言是稳定的，言语是变化的。一句话，语言是潜能，言语是能力。或者用霍克斯的比喻来说："言语是露出水面的一小部分冰峰。语言则是支撑它的冰山。"②为了说明问题，索绪尔还用过一系列类似的比喻：语言是乐章，言语是一场场演奏；语言是莫尔斯电码，言语是一份份电报；语言是象棋的规则，言语是一盘盘的棋局。

诚如索绪尔所言，语言与言语虽然是"两种绝对不同的东西"，但是二者的关系却是"互相依存的"：

这两个对象是紧密相联而且互为前提的：要语言为人所理解，并产生它的一切效果，必须有语言；但是要使语言能够建立，也必须有言语。③

关于这一点，霍克斯借用那个流传甚广的象棋比喻而做了进一步的阐述：

---

① 〔瑞士〕费尔迪南·德·索绪尔：《普通语言学教程》，高名凯译，30～36页，北京，商务印书馆，1980。
② 〔英〕特伦斯·霍克斯：《结构主义和符号学》，瞿铁鹏译，12页，上海，上海译文出版社，1987。
③ 〔瑞士〕费尔迪南·德·索绪尔：《普通语言学教程》，高名凯译，41页，北京，商务印书馆，1980。

象棋的规则可以说是高于并超越每一局单独的棋赛而存在，然而，象棋规则只是在每一盘比赛中的各棋子之间的相互关系中才取得具体的形式。语言也是一样。语言的本质超出并支配着言语的每一种表现的本质。然而，假如离开了言语提供的各种表现，它便失去了自己的具体的存在。①

索绪尔划分语言和言语的初衷，原在确立语言学的研究对象。因为，在他之前，盛行于19世纪的"新语法学派诸语言学家所采用的大都是当时风行一时的实证主义观点，只知从心理方面去研究个人言语中的各种事实，材料不免使人有支离破碎之感，造成了世人所称的'原子主义'"（岑麒祥）②。正是针对他所说的"语言学的对象就像是乱七八糟的一堆离奇古怪、彼此毫无联系的东西"这一弊端，他提出了一种"系统的"或"结构的"研究视角，强调语言诸元素的整体关联，把语言也视为一个"完形"——即20世纪初兴起于德国心理学研究的"格式塔"（Gestalteinheit），从整体的角度展开研究。换言之，区分语言与言语的目的，原在于强调语言的意义。

没想到，他的这一思想既奠定了符号学研究的基石——所谓语言是"一种符号系统"，进而开启了20世纪的一大哲学思潮——结构主义，同时也"一直为当代语言学的发展指示着正确的方向。即把个人的话语和理解力所针对的和包含的各种系统化了的关系的总模式描绘出来"③。当代语言学家乔姆斯基（N. Chomsky）以揭示语言深层结构而著称的"转换—生成"理论（transformational-generative，TG），就与索绪尔探究隐匿于表象中的深度模式这一取向遥相呼应，而他对"语言能力"（linguistic competence）与"语言行为"（linguistic performance）的区分，更与索绪尔的语言与言语之别同出一格。

二、共时态与历时态

如上所述，与20世纪以前的理论相比，索绪尔语言学的最大特征就

---

① 〔英〕特伦斯·霍克斯：《结构主义和符号学》，瞿铁鹏译，12页，上海，上海译文出版社，1987。
② 〔瑞士〕费尔迪南·德·索绪尔：《普通语言学教程》，高名凯译，8页，北京，商务印书馆，1980。
③ 〔英〕特伦斯·霍克斯：《结构主义和符号学》，瞿铁鹏译，13页，上海，上海译文出版社，1987。

在于把语言视为由各个成分之间的关系所组成的一个有机结构——他称之为"系统":"语言是由相互依赖的诸要素组成的系统,其中每一要素的价值完全是由于另外要素的同时存在而获致的。"①后来的结构主义即由此获得憬然而悟的灵感。于是,这就涉及他在语言研究上的另一个对立统一的范畴——共时态(synchronie)与历时态(diachronie),以及与之相对的共时语言学(synchronic linguistics)或曰静态语言学(static linguistics)和历时语言学(diachronie linguistics)或曰演化语言学(evolutionary linguistics):

> 语言学在这里遇到了它的第二条分叉路。首先,我们必须对语言和言语有所选择……现在我们又处在两条道路的交叉点上:一条通往历时态,另一条通往共时态。②

而共时态/历时态与语言/言语的共同作用,便导致了语言学范式的革命性转换。

如同划分语言与言语旨在凸显语言的地位,索绪尔区别共时态与历时态的醉翁之意同样在于突出共时态的意义。援引皮亚杰在其名著《结构主义》一书里的话说:"他证明语言的过程并不能归结为语言的历时性研究,例如一个词的历史,时常离说明这个词现在的意思相差很远。其原因是除了历史之外,还有一个'体系'问题(索绪尔没有用过结构这个术语),而这样一个体系主要是由对于这个体系的种种成分都发生影响的平衡规律组成的,在历史的每一时刻,这些规律都取决于语言的共时性。"③说到这里,就引出那个被他反复使用的绝妙比喻:

> 在我们所能设想的一切比拟中,最能说明问题的莫过于把语言的运行比之于下棋……
> 首先,下棋的状态与语言的状态相当。棋子的各自价值是由它们在棋盘上的位置决定的,同样,在语言里,每项要素都由于它同其他

---

① 〔英〕特伦斯·霍克斯:《结构主义和符号学》,霍铁鹏译,18页,上海,上海译文出版社,1987。
② 〔瑞士〕费尔迪南·德·索绪尔:《普通语言学教程》,高名凯译,141页,北京,商务印书馆,1980。
③ 〔瑞士〕皮亚杰:《结构主义》,倪连生等译,53页,北京,商务印书馆,1984。

各项要素对立才能有它的价值。

其次，系统永远只是暂时的，会从一种状态变为另一种状态。诚然，价值还首先决定于不变的规则，即下棋的规则，这种规则在开始下棋之前已经存在，而且在每下一着棋之后还继续存在。语言也有这种一经承认就永远存在的规则，那就是符号学的永恒的原则。

最后，要从一个平衡过渡到另一个平衡，或者用我们的术语说，从一个共时态过渡到另一个共时态，只消把一个棋子移动一下就够了，不会发生什么倾箱倒箧的大搬动……

在一盘棋里，任何一个局面都具有从它以前的局面摆脱出来的独特性，至于这局面要通过什么途径达到，那完全是无足轻重的。旁观全局的人并不比在紧要关头跑来观战的好奇者多占一点便宜。要描写某一局面，完全用不着回想十秒钟前刚发生过什么。这一切都同样适用于语言，更能表明历时态和共时态之间的根本区别。[①]

共时态的要旨在于他所说的"对立"，犹如语言的要旨在于他所说的"系统"（结构）。所谓对立，乃指差异或区别。语言中最司空见惯的现象就是每个元素都自成一体彼此不同，好像人类社会里的每个人形貌各异千差万别，语言之所以能够传达有意义的内容，正是因为从发音到句段无不存在着某种对立。以"我是人"这句话为例，里面的"我""是""人"三个单元就构成各不相同的对立关系，从而显示出特定的意义，如果三者没有差异和区别就像"我我我""是是是""人人人"，那就不知所云了。索绪尔不断强调说，"语言中只有差别""语言系统是一系列声音差别和一系列观念差别的结合""两个符号……之间只有对立""语言像任何符号系统一样，使一个符号区别于其他符号的一切，就构成该符号"[②]。

不言而喻，对立、差异或区别都隐含着系统或结构的前提，都是针对关系而言的。就拿语言的最基本层次语音来说，情形就像特伦斯·霍克斯在《结构主义和符号学》里所论述的：

[①] 〔瑞士〕费尔迪南·德·索绪尔：《普通语言学教程》，高名凯译，128~129页，北京，商务印书馆，1980。

[②] 〔瑞士〕费尔迪南·德·索绪尔：《普通语言学教程》，高名凯译，167~168页，北京，商务印书馆，1980。

大量不同的"要素"确实在起作用，我们只需倾听日常的会话就能确立这些要素的范围和复杂程度，然而，能使任何单独的要素"有意义"，并不是要素本身的个别的独特性质，而是这种性质和其他语音的性质之间的差异，这一点也是很清楚的。事实上，各种差异是被系统地组织起来，形成"各种对立"，而这些对立又被极为重要的种种关系联结在一起。因此，在英语中，词首音 tin 和词首音 kin 之间公认的差异是使每一个词具有不同的"意义"的决定者。这就是说，每个词的意义在于它本身的语音和其他词的语音差异中的结构感。在这种情况下，英语记录了在 tin 中 [t] 的发音和在 kin 中 [k] 的发音之间值得注意的，也就是能产生意义的对比或"对立"感。①

这一给人以对立感的发音，就是现代语言学上讲的音位——能够区别意义的最小语音单位。一种语言有无数的语音，而能区别不同意义的语音即音位却是有限的，少则15个，多则50个。学一种新语言，一开始听力总觉跟不上，这并不是因为听不清语音，而是听不清音位。

关于符号的意义显示于系统的对立关系之中这一要点，索绪尔又以文字为例做了进一步说明：

> 这种情况在另一个符号系统——文字——里也可以看到，我们可以拿来比较，借以阐明这整个问题。事实是：
>
> （1）文字的符号是任意的；例如字母 t 和它所表示的声音之间没有任何关系。
>
> （2）字母的价值纯粹是消极的和表示差别的，例如同一个人可以把 t 写成好些变体……惟一要紧的是，在他的笔下，这个符号不能跟 l，d 等等相混。
>
> （3）文字的价值只靠它们在某一个由一定数目的字母构成的系统中互相对立而起作用。这个特征跟第二个特征不同，但是密切相关，因为这两个特征都决定于第一个特征。正因为书写符号是任意的，所

---

① 〔英〕特伦斯·霍克斯：《结构主义和符号学》，瞿铁鹏译，13～14页，上海，上海译文出版社，1987。

以它的形式是不重要的，或者毋宁说，只在系统所规定的限度内才是重要的。

（4）符号是怎样产生是完全无关轻重的，因为它与系统无关（这也来自第一个特征）。我把字母写成白的或黑的，凹的或凸的，用钢笔还是用凿子，对它们的意义来说都是并不重要的。①

总之，对立、差异或区别都隐含着系统或结构的前提，都是针对关系而言的，没有整体的背景，便没有个体的差异。而符号系统的性质是由当下此刻的状态所决定的，这就好比2000年的报刊价格取决于当年的市场行情，而不取决于1990年或1980年的销售价格。用索绪尔的话说：

> 认为说话者之所以选择 marchons！（法语"我们步行吧！"——引者注，下同）是因为它能表达他所要表达的观念，是不够的。实际上，观念唤起的不是一个形式，而是整个潜在的系统，有了这个系统，人们才能获得构成符号所必需的对立。符号本身没有固有的意义。假如有一天，同 marchons！相对的 marche！（法语"你步行吧！"）marchez!（法语"你们步行吧！"）不再存在，那么，某些对立就会消失，而 marchons！的价值也会因此而改变。②

三、能指与所指

索绪尔既是现代语言学之父，又是符号学鼻祖，而这两方面互相渗透在他那里和谐地融为一体，并无此疆彼界。倘若一定要"分家"的话，那么只能说语言/言语和共时态/历时态这两对范畴更侧重于语言学，而能指/所指和横组合/纵组合这两对范畴更偏向于符号学。其中，能指与所指是讲符号的构成，横组合与纵组合是讲符号的关系。

---

① 〔瑞士〕费尔迪南·德·索绪尔：《普通语言学教程》，高名凯译，166～167页，北京，商务印书馆，1980。
② 〔瑞士〕费尔迪南·德·索绪尔：《普通语言学教程》，高名凯译，180页，北京，商务印书馆，1980。

在索绪尔看来,"语言的问题主要是符号学的问题,我们的全部论证都从这一重要的事实获得意义。要发现语言的真正本质,首先必须知道它跟其他一切同类的符号系统有什么共同点"。①而其中的第一个共同点就在于,所有符号均有两面,即他所说的能指(signifiant)与所指(signifié)。他曾把符号比作一张纸,纸的这一面是表达面,纸的另一面是内容面。至于如何命名这两个面,"索绪尔在考虑了sôme(意形)与seme(意子),forme(形式)与idee(观念),image(形象)与concept(概念)之后,终于选定了signifiant(能指)与signifie(所指),二者的结合构成了记号(亦即符号——引者注)……能指面构成表达面,所指面则构成内容面"②。

拿语言符号来说,其表达面即能指是"音响形象"(image acoustique),所指即内容面是"概念"(concept):"语言符号联结的不是事物和名称,而是概念和音响形象。后者不是物质的声音,纯粹物理的东西,而是这声音的心理印迹,我们的感觉给我们证明的声音表象。"③这里之所以用"音响形象"而不用"声音",是由于语言并不都表现为言说活动,相反,在多数情形中语言只是默不出声的心理活动:"我们试观察一下自己的言语活动,就可以清楚地看到音响形象的心理性质:我们不动嘴唇,也不动舌头,就能自言自语,或在心里默念一首诗。那是因为语言中的词对我们来说都是一些音响形象,我们必须避免说到构成词的'音位'。'音位'这个术语含有声音动作的观念,只适用于口说的词,适用于内部形象在话语中的实现。我们说到一个词的声音和音节的时候,只要记住那是指的音响形象,就可以避免这种误会。"④至于说为什么把内容面称为"概念"而不是"事物",同样也因为它实际上针对的不是现实存在中的事物,而是一种符号化的心理形象,正如吴福元先生在为皮亚杰《儿童心理学》加的译注所言:"儿童

---

① 〔瑞士〕费尔迪南·德·索绪尔:《普通语言学教程》,高名凯译,39页,北京,商务印书馆,1980。
② 〔法〕罗兰·巴尔特:《符号学原理》,李幼蒸译,133~134页,北京,生活·读书·新知三联书店,1988。
③ 〔瑞士〕费尔迪南·德·索绪尔:《普通语言学教程》,高名凯译,101页,北京,商务印书馆,1980。
④ 〔瑞士〕费尔迪南·德·索绪尔:《普通语言学教程》,高名凯译,101页,北京,商务印书馆,1980。

出现了语言,能用'茶杯'这个词来代表具体的一只茶杯的形象,而这只茶杯便成为一个被信号化(即符号化——引者注)的物体。"①所以,索绪尔特别指出:

> 语言符号所包含的两项要素都是心理的,而且由联想的纽带连接在我们的脑子里。我们要强调这一点……因此语言符号是一种两面的心理实体,我们可以用图表示如下:

> 这两个要素是紧密相联而且彼此呼应的。②

以一棵树为例,它的能指是某一音响形象,如汉语的shu、法语的arbre、德语的baurn、拉丁语的arbor、英语的tree等;它的所指即概念,是大地上生长着的那些实际树木的心理形象。这两方面相结合,就构成一个语言符号——"我们把概念和音响形象的结合叫做符号"③,而一种语言正是这些符号的集成——"表达观念的符号系统"④。

能指与所指是一个对立统一体,"语言的实体是只有把能指和所指联结起来才能存在的,如果只保持这些要素中的一个,这一实体就将化为乌有"⑤。索绪尔把这一联系准确地比作水:"水是氢和氧的结合;分开来考虑,每个要素都没有任何水的特性。"⑥这与上面那个比喻意思相同,即不管我们把纸裁成什么形状,纸总是有正反两面。同样,不管符号的表现形态

---

① 〔瑞士〕皮亚杰等:《儿童心理学》,吴福元译,41页,北京,商务印书馆,1980。
② 〔瑞士〕费尔迪南·德·索绪尔:《普通语言学教程》,高名凯译,100~101页,北京,商务印书馆,1980。
③ 〔瑞士〕费尔迪南·德·索绪尔:《普通语言学教程》,高名凯译,102页,北京,商务印书馆,1980。
④ 〔瑞士〕费尔迪南·德·索绪尔:《普通语言学教程》,高名凯译,37页,北京,商务印书馆,1980。
⑤ 〔瑞士〕费尔迪南·德·索绪尔:《普通语言学教程》,高名凯译,146页,北京,商务印书馆,1980。
⑥ 〔瑞士〕费尔迪南·德·索绪尔:《普通语言学教程》,高名凯译,147页,北京,商务印书馆,1980。

怎样不同，我们总能发现它的能指和所指，正如纸总有正反两面，水总是氢氧组合。不过，这两面的合二为一不像纸那样是必然的，而是约定俗成的，而这正是索绪尔提出的符号的一大原则——任意性：

> 事实上，一个社会所接受的任何表达手段，原则上都是以集体习惯，或者同样可以说，以约定俗成为基础的。例如那些往往带有某种自然表情的礼节符号（试想一想汉人从前用三跪九叩拜见他们的皇帝）也仍然是依照一种规矩给定下来的。强制使用礼节符号的正是这种规矩，而不是符号的内在价值。所以我们可以说，完全任意的符号比其他符号更能实现符号方式的理想；这就是为什么语言这种最复杂、最广泛的表达系统，同时也是最富有特点的表达系统。正是在这个意义上，语言学可以成为整个符号学中的典范，尽管语言也不过是一种特殊的系统。①

正是基于符号的任意性，索绪尔不赞成德国哲学家卡西尔的象征符号论。他认为，把象征视为符号，就忽略了符号的基本特征即任意性。他说："象征的特点是：它永远不是完全任意的……象征法律的天平就不能随便用什么东西，例如一辆车，来代替。"②

四、横组合与纵组合

若按索绪尔所说语言及一切符号系统"都是以关系为基础"③，那么，能指与所指这对范畴就旨在揭示符号本身的构成关系，而横组合与纵组合这对范畴则意在展现符号之间的构成关系。

符号之间的构成关系可以分为两种：一种是索绪尔所称的组合关系

---

① 〔瑞士〕费尔迪南·德·索绪尔：《普通语言学教程》，高名凯译，103～104页，北京，商务印书馆，1980。

② 〔瑞士〕费尔迪南·德·索绪尔：《普通语言学教程》，高名凯译，104页，北京，商务印书馆，1980。

③ 〔瑞士〕费尔迪南·德·索绪尔：《普通语言学教程》，高名凯译，170页，北京，商务印书馆，1980。

（syntagmatiques）——也称连锁关系、水平关系，一种是他说的联想关系（associatifs）——也称选择关系、垂直关系。不管怎么表述，两者的形象化状态都类似于坐标上的纵横两轴，前者沿水平方向展开即所谓横组合，后者沿垂直方向排列即所谓纵组合。在索绪尔看来：

> 任何科学如能更仔细地标明它的研究对象所处的轴线，都会是很有益处的。不管在什么地方都应该依照下图分出：（1）同时轴线（AB），它涉及同时存在的事物间的关系，一切时间的干预都要从这里排除出去；（2）连续轴线（CD），在这抽线上，人们一次只能考虑一样事物，但是第一轴线的一切事物及其变化都位于这条轴线上。①

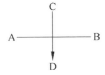

将这方法用于考察符号之间的关系，就不难发现：

> 一方面，在话语中，各个词，由于它们是连接在一起的，彼此结成了以语言的线条特性为基础的关系，排除了同时发出两个要素的可能性……这些要素一个挨着一个排列在言语的链条上面。这些以长度为支柱的结合可以称为句段……一个要素在句段中只是由于它跟前一个或后一个，或前后两个要素相对立才取得它的价值。
>
> 另一方面，在话语之外，各个有某种共同点的词会在人们的记忆里联合起来，构成具有各种关系的集合……这些配合跟前一种完全不同。它们不是以长度为支柱的；它们的所在地是在人们的脑子里。它们是属于每个人的语言内部宝藏的一部分。我们管它们叫联想关系。②

比如，"我想读书"这句简单的话，必须一个词一个词地前后相续着

---

① 〔瑞士〕费尔迪南·德·索绪尔：《普通语言学教程》，高名凯译，118页，北京，商务印书馆，1980。

② 〔瑞士〕费尔迪南·德·索绪尔：《普通语言学教程》，高名凯译，170～171页，北京，商务印书馆，1980。（按：中译本将"组合关系"译为"句段关系"，原因是法语的syntagme和syntaxe都有"组合"的意思，而习惯上syntaxe已被译为"句法"，为与之区别，故把syntagme译为"句段"和"句段关系"，详见中译本第170页校注）

出现，直到最后一个词就位，才能显示完整的意义。这种关系就是横组合："也可以把这看成是语言的'历时性'方面，因为它对时间的流逝作出承诺。"①另外，在"我想读书"这句话里，每个词又有一系列与之相关的词，如：

我——想——读——书
你——要——写——信
他——欲——看——报
……

这里的"我你他……""想要欲……"等序列均为纵组合："它们构成词的联想的方面，并与整个语言结构显然形成'共时性'关系的一部分。"②

显然，横组合的每个符号都"在场"（in praesentia），或者说"在话语中"，像"我想读书"里的哪个词不到位，这句话的意思就不完整。相反，纵组合的每个符号都"不在场"（in absentia），或者说"在话语之外"，只有通过联想才同在场的符号发生关系，好比"任何一个词都可以在人们的记忆里唤起一切可能跟它有这种或那种联系的词"③。关于这个问题，索绪尔又以一个巧妙的比喻做了解说：

> 从这个双重的观点看，一个语言单位可以比作一座建筑物的某一部分，例如一根柱子。柱子一方面跟它所支撑的轩橡有某种关系，这两个同样在空间出现的单位的排列会使人想起句段关系。另一方面，如果这柱子是多里亚式的，它就会引起人们在心中把它跟其他式的（如伊奥尼亚式、科林斯式等等）相比，这些都不是在空间出现的要素：它们的关系就是联想关系。④

总之，从索绪尔的语言学思想里人们得到的一个基本观念就是，词语

---

① 〔英〕特伦斯·霍克斯：《结构主义和符号学》，瞿铁鹏译，18页，上海，上海译文出版社，1987。
② 〔英〕特伦斯·霍克斯：《结构主义和符号学》，瞿铁鹏译，19页，上海，上海译文出版社，1987。
③ 〔瑞士〕费尔迪南·德·索绪尔：《普通语言学教程》，高名凯译，175页，北京，商务印书馆，1980。
④ 〔瑞士〕费尔迪南·德·索绪尔：《普通语言学教程》，高名凯译，171页，北京，商务印书馆，1980。

（符号）的价值、地位或作用不取决于自身——自身没有任何意义，而仅仅取决于它在语言（符号）系统里的位置即在整体结构中的关系，就像一根柱子之所以为柱子并不在于它本身的形状，也不在于它是木头、石头或水泥，而在于它在整个房屋结构上所处的位置。这一基本法则不仅适用于语言符号，也同样适用于其他符号。比如，帽子之为帽子不在于材料、式样或颜色，而仅仅在于它在服饰系统里是戴在头上的，即便是鞋状的东西，只要是戴在头上而不是穿在脚下，也是帽子而不是鞋子。这就是符号学以及结构主义的核心思想——"观念唤起的不是一个形式，而是整个潜在的系统，有了这个系统，人们才能获得构成符号所必需的对立"①。

综上所述，语言是一个符号系统，它是由语言的能指（音响形象）和所指（概念）根据横向的组合原则和纵向的联想原则而在共时态的语法规范内形成的。因此对于言说活动而言，说什么是可以选择的，而怎么说却是不可选择的。表面上是人在说话（言语），而实际上却是话（语言）在说人。而且，不仅语言符号如此，其他符号系统也是如此。这就是索绪尔留给我们的思想遗产。

索绪尔的语言研究，可以说是人类精神在茫茫无际的未知领域进行的又一次探险，因此拓展了人类的思想视野和认识范围，特别是对符号、信息、传播方面的研究更具有直接的意义和多维的影响，正如乔纳森·卡勒（Jonathan Culler）在为《普通语言学教程》写的序言里所做的概括：

> 虽然语言学最近几年的发展导致了不同学派的出现，但他们无不受益于索绪尔的奠基工作和他对语言的看法：语言是个有内在联系的关系系统，应进行共时研究。在语言学界之外，他的榜样已经鼓舞了其他人按照类似的方法去组织自己的科学领域，把他们研究的对象看成是有意义的事件，是一种底层的形式范畴系统和结合规则使这些事件具有了意义。虽然在这个意义上索绪尔是现代语言学、符号学和结

---

① 〔瑞士〕费尔迪南·德·索绪尔：《普通语言学教程》，高名凯译，180页，北京，商务印书馆，1980。

构主义的创始人，但他的重要地位并不取决于任何具体理论系统。因为，不论从什么角度去阅读他的著作，从中得到的都是这样一种思想（即使没有直接提出）：它使我们把社会生活的整个结构看作是能够赋予人类行为以意义的一种区分性范畴和规则的组织系统。换句话说，他帮助我们理解区别性的重大作用，正是区别性组织了周围世界的结构和惯例系统的结构，才使人类能够赋予事物以意义。[①]

第二节　布拉格学派与雅各布森

布拉格学派是继索绪尔及其日内瓦学派之后影响甚大的另一个语言学流派。1926年10月6日成立的布拉格语言学学会（The Linguistics Circle of Prague），是布拉格学派诞生的标志。在语言学领域，布拉格学派的突出贡献在于音位学（phonology），但由于他们的研究特别是其核心人物雅各布森的理论具有远远超越语言学范围的意义，所以对许多学科都形成润物细无声的启发，乃至当代西方的哲学与文化思潮多少都带有布拉格学派的烙印。正如一位当代美国语言学家所说："欧洲任何其他语言学团体都没有像布拉格语言学会那样产生了如此巨大的影响。"[②]

一、俄国形式主义

布拉格学派与俄国形式主义有着直接的渊源与传承关系。俄国形式主义，是十月革命前后活跃于俄罗斯的一个语言研究和文学批评流派，什克洛夫斯基1914年完成的第一部著作《词语的复活》，被视为俄国形式主义诞生的宣言。这一影响甚广的学派有两个主要分支：一为1915年成立的"莫斯科语言学小组"，以雅各布森为代表，主要成员都是语言学家；一为1916年成立的"彼得堡诗歌语言研究会"，以什克洛夫斯基为代表，主要成员都是

---

① 刘润清：《西方语言学流派》，112~113页，北京，外语教学与研究出版社，1995。
② 刘润清：《西方语言学流派》，115页，北京，外语教学与研究出版社，1995。

文学史家。后来两家合二为一，而由"彼得堡诗歌语言研究会"的俄文第一个字母拼缀而成的简称OPOYAZ，则成为俄国形式主义的统称。

俄国形式主义继承了索绪尔有关系统、共时、对立等语言学思想，用音位来剖析语言形式和文本结构，从而衍变为形式主义和结构主义的一大源泉。就前者而言，不妨以什克洛夫斯基的"走马"（这也是他的一部著作的书名）为象征，即象棋里马该怎么走，与象棋外那个"现实"马的实际走法毫不相干，或者用他的另一句流传的话来说："艺术永远不受生活束缚，它的色彩绝不反映在城堡上空飘扬的旗帜的色彩。"①就后者而论，则以V.I.普洛普在《民间故事的形态研究》（这部书也被视为叙事学的经典）里对童话结构的论述为标志："童话具有二重性：一方面，它千奇百怪，五彩缤纷；另一方面，它如出一辙，千篇一律。"②

俄国形式主义的语言研究，大致分为前后两个时期。按照霍克斯在《结构主义和符号学》一书中的概括：

> 早期形式主义学派以象征主义为基础，他们和象征主义者一样把形式视为有效的交流工具，形式是自主的，自我表达的，能够借助词外的韵律、联想和含蓄等手段"伸展"语言，使其超出规范的"日常的"意义范围。这些问题导致了文学批评首先关心的是文学语言得以发生作用的技巧，并且还要注意把这些技巧同"普通"语言的模式加以分离和区别。③

比如，那个几乎成为俄国形式主义代名词的"陌生化"理论（ostranenie），就是源于对语音、韵脚、节奏、格律之类"音位化"形式（而非现实主义所注重的"语音化"内容）的思考：

> 根据什克洛夫斯基的观点，诗歌艺术的基本功能是对受日常生活的感觉方式支持的习惯化过程起反作用。我们很自然地就不再"看到"我们生活于其中的世界，对它独特的性质视而不见。诗歌的目的就是

---

① 〔英〕特伦斯·霍克斯：《结构主义和符号学》，瞿铁鹏译，60页，上海，上海译文出版社，1987。
② 〔英〕特伦斯·霍克斯：《结构主义和符号学》，瞿铁鹏译，67页，上海，上海译文出版社，1987。
③ 〔英〕特伦斯·霍克斯：《结构主义和符号学》，瞿铁鹏译，59页，上海，上海译文出版社，1987。

要颠倒习惯化的过程，使我们如此熟悉的东西"陌生化"，"创造性地损坏"习以为常的、标准的东西，以便把一种新的、童稚的、生气盎然的前景灌输给我们。因此，诗人意在瓦解"常备的反应"，创造一种升华了的意识：重新构造我们对"现实"的普通感觉，以便我们最终看到世界而不是糊里糊涂承认它；或者至少我们最终设计出"新"的现实以代替我们已经继承的而且习惯了的（并非不是虚构的）现实。①

如此说来，诗歌与新闻在人类的传播领域是否各执一端背道而驰呢。尽管二者都想摆脱俗套，显出新意，但努力的方向却是相反的。借用那句熟语——狗咬人不是新闻，人咬狗才是新闻，则诗歌的要旨在于将狗咬人这种司空见惯的现实"陌生化"，从而彰显世界的本真图景；而新闻的取向在于把人咬狗之类稀奇古怪的现象"熟稔化"，从而遮蔽生活的原初面貌。

不过，俄国形式主义的后期理论在坚持文本结构和表现形式的基本立场时，也开始关注传播符号的内容方面：

> 晚期形式主义理论认识到，一贯由词语负载的"意义"绝不会完全和词语本身相分离，因为任何词语都不会只具有一种"简单的"意义……事实上，在处理"意义"时会遇到各种错综复杂的场面，而语言的"诗歌的"用法则进一步使问题复杂化了。简言之，诗歌与其说不能使词和它的意义"相分离"，不如说诗歌使词的意义范围倍增，并常常令人困惑不解。它再一次提高了常规语言的活动水平。一个词从它习惯的所指对象"分离出来"，这最终意味着它可能自由地和大量的所指对象结合在一起。②

当然，不管前期还是后期，形式主义都始终强调符号自身的意义，坚持认为符号的形式就是实实在在的内容，就是自足的、具体的实体，用什

---

① 〔英〕特伦斯·霍克斯：《结构主义和符号学》，瞿铁鹏译，61～62页，上海，上海译文出版社，1987。

② 〔英〕特伦斯·霍克斯：《结构主义和符号学》，瞿铁鹏译，63页，上海，上海译文出版社，1987。

克洛夫斯基的话说:"如果用工厂方面的情况来作比喻,那么,我感兴趣的不是世界棉纱市场的行情,不是托拉斯的政策,而只是棉纱的支数和纺织方法。"①

总之,在俄国形式主义看来,符号既是"信息",更是"媒介",既是"所指",更是"能指"。因此,从传播思想演化的层面可以说,俄国形式主义犹如一座承前启后的桥梁:上承索绪尔关于符号系统"独立自主"的结构观,下启麦克卢汉关于传播媒介就是传播内容的媒介论。另外,形式主宰一切的观念,等于突出了文本和接受在整个传播过程上的地位,搭设起一座从传者本位(作家)过渡到受者本位(读者)的桥梁,进而与后来传播研究里以阅听人为中心的探讨在内在理路上发生关联。

1920年,"莫斯科语言学小组"的创始人雅各布森移居捷克,成为布拉格语言学学会的主要成员和"对布拉格学派贡献最大的一位重要人物"(特伦斯·霍克斯)。从此,俄国形式主义的香火,开始传至布拉格学派:

> 俄国形式主义只在20年代初红火过一阵,很快就受到国内文学艺术界的批评,到了20年代中期以后,诗歌语言研究会实际上已不存在了。什克洛夫斯基在1930年发表的《给科学上的错误立个纪念碑》一文中迫不得已地宣布:"形式主义对我来说,已经是过去的道路。"在此以后,作为一个理论流派的俄国形式主义便销声匿迹了。然而,形式主义理论并没有结束自己的使命,反而从莫斯科、彼得堡走向了布拉格、巴黎,出现了布拉格学派、结构主义等重要的批评理论流派。②

二、布拉格学派

除去纯语言学方面的重大进展即前面提及的音位学,布拉格学派的思想体系有两个支点,一曰"结构",二曰"功能"。由于前者而被视为结构主义的最早代表,由于后者而被称为功能学派或功能主义者:

---

① 朱立元主编:《当代西方文艺理论》,44页,上海,华东师范大学出版社,1997。
② 朱立元主编:《当代西方文艺理论》,40页,上海,华东师范大学出版社,1997。

正如V.厄利奇说的那样,结构主义是其"战斗口号"。他们的研究方法的最显著的特征是,把语言可以看成最终是连贯统一的结构而不是孤立的实体的叠加这一中心概念,同承认和分析语言在社会中所完成的各种"功能"结合在一起。①

刘润清先生在《西方语言学流派》一书中,干脆将布拉格学派的语言理论概括为"结构-功能语言观"。

布拉格学派继承了索绪尔的语言是个有机系统的观念,认为只有从整体的结构关系上才能把握系统的要素。1935年,他们开始打出结构主义的旗帜,成为后来人们通常所称的捷克结构主义,20世纪60年代异军突起的法国结构主义就是在这个基础上产生的。不过,与索绪尔不同的是,布拉格学派在坚持语言系统的统一性和共时性时,对其开放性和历时性也有所注意。雅各布森早在1929年就曾指出,语言不是一个完全平衡的系统,其间存在某种"结构欠缺"(structural deficiencies)。布拉格语言学学会第一任主席马泰休斯(Vilem Mathesius),在20世纪30年代也提出了一个与此相关的理论——"灵活稳定性"(elastic stability)。也就是说,语言不仅是一个属于共时态的静态结构,而且也是一个在历时态上不断变化的动态体系,这在词汇的发展上表现得尤为突出。概而言之:

> 形式主义和布拉格学派虽然继承了索绪尔的一分为二的辩证方法,但比索绪尔又前进了一大步。索绪尔的研究是基本上排斥社会历史环境对语言学的影响的,他大致把语言的共时性研究放在一个相对静止的情境之中。然而,形式主义和布拉格学派则有所不同。如果说俄国形式主义在研究文学体裁等艺术形式时,已注意到从史的角度去探讨,那么布拉格学派则强调共时性语言学的研究不可能脱离历史的演变。他们的研究,尤其是后者,是一种空间和时间交融在一起的研究。②

若论"结构",布拉格学派的语言研究基本上还是对索绪尔的因袭;而讲"功能",则多属布拉格学派的独创。所谓功能,是就语言在现实社会

---

① 〔英〕特伦斯·霍克斯:《结构主义和符号学》,瞿铁鹏译,74页,上海,上海译文出版社,1987。
② 朱立元主编:《当代西方文艺理论》,43页,上海,华东师范大学出版社,1997。

里的实际作用而言的，他们认为语言是一个由多种表达手段构成的功能系统，其中最主要的功能就是交际即"传播"。例如，"当语言用来传达信息时，它的认知或指称功能就发生作用；当语言用来表明说话人或作家的情感或态度时，他的表达的或情感的功能就显示出来；当语言用来影响它所述及的人时，它就有着意动的或指令性的功能"①。这里，让我们来看看马泰休斯在1939年创立的理论"句子功能前景"（functional sentence perspective），又称"实际切分"。

何谓句子功能前景？"简单地说，就是用信息论的原理来分析话语和文句，测量一句话的各个部分对全句意义的贡献。"（刘润清）② 这一理论源于法国学者亨利·维尔（Henri Weil）。1844年，维尔在其《古代语言与现代语言的词序比较》一书里曾指出，每句话都包含一个出发点和目的地。出发点是说的人和听的人都知道的东西，是把传受双方结合起来的东西；而目的地只属于说的人，听的人是不知道的，它是说的人所要传达的信息。从出发点到目的地的过程，既显示思维的次序，也体现传达的次序，二者是一致的。

这一思想启发了马泰休斯，使他提出了句子功能前景理论。在捷克语中，句子功能前景的字面表述是"句子的实际切分"，故这一理论又称"实际切分"。按照这一理论，句子有三个部分：主位（theme）、过渡（transition）和述位（rheme）。主位是话语的出发点，是被谈论的对象，在绝大多数情况下属于已知或不言而喻的信息，因此不增加信息量。与此相对，述位则是话语的目的地，说明前者做什么或怎么样，包含了所要传达的全部信息。至于过渡，虽居主位与述位之间，但实属述位。后来，英美语言学家由此出发，在20世纪50年代提出了"主题"（topic）与"述题"（comment）这对范畴。

马泰休斯对主位与述位的划分，实际上立足于信息是已知还是未知，亦即信息的有无。有人指出，这样看待主位述位不尽完善，像"一个陌生人走进办公室"这句话里的"一个陌生人"，就不是已知信息。于是便提

---

① 〔英〕特伦斯·霍克斯：《结构主义和符号学》，瞿铁鹏译，74页，上海，上海译文出版社，1987。
② 刘润清：《西方语言学流派》，144～145页，北京，外语教学与研究出版社，1995。

出按照信息的多少而不是有无来区分主位述位的修正意见。如捷克语言学家扬·费尔巴斯（Jan Firbas），就把主位界定为交际力最小的话语单元，而述位自然是交际力最大的话语单元，至于过渡的交际力则居中。交际力（communicative dynamism）这一重要概念，也是费尔巴斯提出的：

> 它用来表示句子各部分所传达的信息量。其理论是，交际不是静态现象，而是动态现象。交际力是在信息展开过程中交际本身具有的特征。一个语言单位交际力的大小就是它对交际展开过程的贡献大小，即推动交际向前发展的作用的大小。比如，句子 He was cross（他生气了）中，He 的交际力很小，因为这是已知信息；cross 的交际力最大，因为这是待传信息，was 的交际力居中。①

除了日常交际所用的"标准语言"（standard language），布拉格学派还对"诗歌语言"或"美学语言"做了深入分析。早在俄国形式主义时期，什克洛夫斯基阐述陌生化理论之际就曾论及文学语言和日常语言的联系与区别。他认为，在日常语言里，意义或内容是第一位的，其他均为服务于内容的手段；而在文学语言里，内容退居其次，形式成为目的，表达就是一切。由于散文语言接近日常语言，故其陌生化程度不高；而诗歌语言则远离日常语言，因而陌生化程度很高。"如果说，日常语言具有能指（声音、排列组合的意义）和所指功能（符号意义），那么文学语言只有能指功能。"②这一形式主宰一切的观念，也为布拉格学派所继承。在他们看来，当语言的表达方面或形式方面占支配地位，从而使表达行为而非表达内容凸显出来时，语言便被人们以诗歌的或美学的方式所使用。就像捷克语言学家扬·穆卡罗夫斯基指出的，这种"凸现"意义重大：

> 诗歌语言的功能在于最大限度地凸现话语……它不是用来为交流服务的，而是为了把表达的行为，即言语自身的行为置于最突出的地方。③

---

① 刘润清：《西方语言学流派》，148~149页，北京，外语教学与研究出版社，1995。
② 朱立元主编：《当代西方文艺理论》，47页，上海，华东师范大学出版社，1997。
③ 〔英〕特伦斯·霍克斯：《结构主义和符号学》，瞿铁鹏译，75页，上海，上海译文出版社，1987。

也就是说，语言的诗歌功能表现在话语的形式而不是话语的内容之中。由于这种功能的存在，布拉格学派才有可能通过"语言学和诗学的紧密合作"（V.厄利奇语），将形式主义推向范围更为广泛的符号研究领域，即穆卡罗夫斯基所说的："艺术作品中的一切，以及它和外部世界的关系……都可以按符号和意义的说法讨论……我们可以把美学看作是现代符号科学的一部分。"①而布拉格学派在这方面做出最大贡献的人物，自然是声名卓著的雅各布森。

三、雅各布森

罗曼·雅各布森（Raman Jakobson，1896—1982），是布拉格学派的宿将，也是结构主义思潮的先驱。他早年就读于莫斯科大学，1918年毕业，获硕士学位。读书期间，曾参与创建莫斯科语言学小组。1920年，才24岁的雅各布森即成为莫斯科"高等戏剧学院"的教授。1921年，他移居捷克，1941年以犹太人而流亡美国，先执教于哥伦比亚大学（1943—1949年），后受聘于哈佛大学（1949—1967年）。生前曾是9家科学院的院士，得过25个荣誉博士学位，著作岂止等身——超过500种。

在每个学科领域，我们都不难看到两类人，一类占据绝大多数，可称专家或称专门家和研究家，另一类只有极少数，可称大家或称思想家和博通家。雅各布森无疑属于后者，他之所以超拔于布拉格学派其他成员而成为大家，正在于他首先是一位哲人和通家，而不仅仅是一位语言学方面的专家。

雅各布森的语言学研究涉及广泛——从最"专"的音位理论直到最"泛"的诗学论述，其中最有意义同时对符号问题也最有贡献的，当属隐喻（metaphor）与转喻（metonymy）的思想。下面我们先看看《关键概念：传播与文化研究辞典》对两个概念的解释：

隐喻（metaphor）
隐喻就是将未知的东西转换成已知的术语加以传播。例如，"轿

---

① 〔英〕特伦斯·霍克斯：《结构主义和符号学》，瞿铁鹏译，75页，上海，上海译文出版社，1987。

车甲虫般地前行"这个隐喻就假定，我们不知道轿车怎么运动，但我们的确知道甲虫匆匆穿过地面的行进模样。这个隐喻即把甲虫的特征转换到轿车身上。

雅各布森主张，隐喻和转喻是两种传播意义的基本模式。他认为，隐喻模式具有诗的特征。它也具有广告的特征，即形象从已知的文化神话中产生，而神话的特征经过转换被赋予未知的产品。野性的西部成为某种牌子的香烟的隐喻，旧金山的明媚阳光成为某种牌子的化妆品的隐喻。

隐喻按照联想关系运作——即它们把未知的东西嵌入一种新的联想关系，未知的东西由此获得部分新的意义。在"航船犁开（plough）大海"这个隐喻中，"航行"（sail）一词作为未曾说出而属于未知的东西被嵌入"分开实在之物的方式"这个联想关系，同切开、撕开、锯开、割开、剪开、砍开、扯开等词语相并列。通过某种想象，读者将这种联想关系的一般特征同从中所选"犁开"一项的具体特征进行置换（transpose），从而赋予未知术语"航行"以一种新的意义。

于是，隐喻就要求一种积极的、富于想象的解码行为：读者不得不去发现哪个特征才能进行有意义的置换。

……

转喻（metonymy）

转喻是用某物的某个部分或要素来代表其整体。按雅各布森的理论，转喻和隐喻是两种传播意义的基本模式。他指出，转喻是小说特别是现实主义小说的典型模式。一部现实题材警匪连续剧的各种场景，就是故事所在的整座城市的各种转喻，我们对这座城市的看法随着所选的转喻而变化。纽约或伦敦是肮脏的、昏暗的、腐朽的、作奸犯科层出不穷的地方，还是适宜大型商贸活动的繁华场所，均取决于转喻的选择。

新闻是转喻性的：一个得到报道的事件被当作整个现实的代表，而它只是这个现实的一部分。纠察线上的两三个罢工者，是一场纠纷中工会势力的转喻；贝尔法斯特大街上的士兵，是北爱尔兰英国驻军的转喻；由手持盾牌的防暴警察组成的防线，是相对于全民无政府状态的那种法律与秩序的强制力量的转喻。

转喻按照组合关系运作。如果某人的话还未说完，句子的其余部分还悬在"空中"，此时我们已能将它的剩余意思连接起来；同样，我们也能从已经获知的部分"故事"里，将它的其余部分连接起来。不过，转喻的运作总是看不见的；隐喻通过其人为性和对其解码所需的想象力，而把人们的注意力引向自身；转喻则似乎是自然而然的，于是很容易被看成是天经地义的，从而使人认识不到另外一种转喻可能给出同一整体以完全不同的画面。一个激烈冲撞的罢工者与一个冷漠生厌的罢工者，虽然同属纠察线的一部分，但他们可能作为意义不同的转喻被呈现。

……①

一望而知，雅各布森这一思想追根溯源还是来自索绪尔关于横组合与纵组合对立统一的观点，即语言系统的活动是在两个坐标轴上进行的：一是横向的句段（连锁）关系，如"僧—敲—月—下—门"；二是纵向的联想（选择）关系，如"推／敲"。

1956年，雅各布森在与哈利（Morris Halle）合著的《语言的基本原则》（*Fundamentals of Language*）一书中，对隐喻与转喻作了全面论述。隐喻与转喻本属两种修辞手法，谁知一经阐发，竟由此衍生出一套颇富洞见的系统学说。而对此学说，霍克斯在《结构主义和符号学》里做了深入而透辟的概括，下面的文字主要就是参考他的著作。

通常说来，作为修辞格的比喻主要有三种，一是明喻，二是暗喻，三是借喻。明喻的格式是"甲如乙"，本体和喻体都出现，如"骄阳似火""桃花潭水深千尺，不及汪伦送我情"等。暗喻的格式是"甲是乙"，本体和喻体也都出现，只是喻体似乎以另一本体的面目出现，如"飞流直下三千尺，疑是银河落九天""卑鄙是卑鄙者的通行证／高尚是高尚者的墓志铭"（北岛）、"小时候/乡愁是一枚小小的邮票……而现在/乡愁是一湾浅浅的海峡"（余光中）等。借喻的格式是用喻体直接代替本体使用而将本体隐去，如"待重头收拾旧河山"里的"河山"，即为"家国天下"这一本体的喻

---

① 〔美〕约翰·费斯克等编撰：《关键概念：传播与文化研究辞典》（第二版），李彬译注，165~167页，北京，新华出版社，2004。

体。再如,"山头""山腰""山脚"分别以人的头、腰、脚作为喻体使用,而隐去本体即山的顶部、中部和下部。需要说明的是,雅各布森所说的隐喻与转喻,与一般修辞格的讲法不尽相同,他的隐喻实际上包括修辞格上的明喻和暗喻,转喻则类似于借喻即喻体直接以本体的面目出现。在他看来,隐喻以相似性为基础,转喻以相近性为基础。换言之,不管本体和喻体是否同时出现,但凡二者具有相似关系的即构成隐喻,如"疑是银河落九天"里的银河与庐山瀑布之间的关系就是隐喻;而具有相近关系的则构成转喻,如"孤帆远影碧空尽"里的帆与船之间的关系就是转喻。由于相似而引起"联想",由于相近而形成"组合"。借用霍克斯的概括:

> 这两种修辞都是"等值"的,因为它们都独特地提出一个与己不同的实体,而这个实体同形成修辞格主体的实体相比具有"同等的"地位。因此,在隐喻"汽车甲壳虫般地行驶"中,甲壳虫的运动和汽车的运动"等值",而在转喻性的短语"白宫在考虑一项新政策"中,特定的建筑和美国总统是"等值"的。广义地说,隐喻是以人们在实实在在的主体(汽车的运动)和它的比喻式的代用词(甲壳虫的运动)之间提出的相似性或类比为基础的。而转喻则以人们在实实在在的主体(总统)和它"邻近的"代用词(总统生活的地方)之间进行的接近的(或"相继的")联想为基础。用索绪尔的概念来说,隐喻从本质上讲一般是"联想式的",它探讨语言的"垂直"关系(如"推/敲"——引者注),而转喻从本质上讲一般是"横向组合的",它探讨语言的"平面的"关系(即句段或组合的关系如"僧—敲—月—下—门"——引者注)。①

由此可见,隐喻与转喻的二元对立,实际上体现的也是共时态/历时态的对立关系:

> 组合的(或句段的)过程表现在邻近性(把一个词置于另一个词的旁边)中,它的方式因而是转喻的。选择的(或联想的)过程表现

---

① 〔英〕特伦斯·霍克斯:《结构主义和符号学》,瞿铁鹏译,76~77页,上海,上海译文出版社,1987。

在相似性（一个词或概念和另外的词或概念"相似"）中，它的方式因而是隐喻的。因此可以说，隐喻和转喻的对立其实代表了语言的共时性模式（它的直接的，并存的，"垂直的"关系）和历时性模式（它的序列的，相继的，线性发展的关系）的根本对立的本质。①

这一对立关系可以用图表述如下：

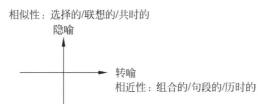

如果说隐喻与转喻是雅各布森学说的基础理论，那么由此出发他进而深入到语言学、文学、诗学以及传播研究领域，形成了一系列应用理论。其中最有意思的是他在研究失语症时发现，两种主要的也是对立的语言错乱现象居然分别出自隐喻与转喻：第一种"相似性错乱"，与隐喻相关；第二种"邻近性错乱"，则与转喻相关：

> 在"相似性"错乱的病人身上，只有语言的句段的或组合的方面似乎还保留着，患者在处理"联想"关系，如"命名"、使用同义词、下定义等，亦即处理隐喻的素材时却无能为力。然而这种病人大量地使用转喻：他们会以叉代替刀，以桌子代替灯，以烟代替火，等等。同时，在"邻近性"错乱的病人身上，情况恰恰相反。"把词语组织成更高级的单位的句法规则丧失了"，患者的言语主要局限在用"具有隐喻性质的……相似性"替换词语（如用望远镜替换显微镜——引者注）。②

因此，雅各布森和哈利在《语言的基本原则》里写道："隐喻似乎和相

---

① 〔英〕特伦斯·霍克斯：《结构主义和符号学》，瞿铁鹏译，77页，上海，上海译文出版社，1987。
② 〔英〕特伦斯·霍克斯：《结构主义和符号学》，瞿铁鹏译，77~78页，上海，上海译文出版社，1987。

似性错乱不相容,而转喻则和'邻近性'错乱不相容。"①而这也表明,语言系统乃至其他符号系统确如索绪尔所揭示的乃由两种组合关系所构成,隐喻与转喻无非是这两种基本模式的表现形式或产物。

雅各布森认为,隐喻与转喻的关系绝不仅限于语言,而是遍及各种生活领域和精神现象。用霍克斯的话说,"事实上,两种模式的普遍'竞争'将表现在任何象征过程或符号系统(不管它是个人的还是社会的)"②。举例来说,戏剧基本上属于隐喻,电影基本上属于转喻;绘画上的超现实主义是隐喻,立体主义是转喻;文学方面,浪漫主义作品以联想的隐喻为主导,如"沧海月明珠有泪,蓝田日暖玉生烟",现实主义作品以组合的转喻为基础,如"大漠孤烟直,长河落日圆"——用他的话说:

> 隐喻过程在浪漫主义和象征主义文学流派里的头等重要性,已反复得到人们的承认,但是有一点人们还认识不足,这就是,正是转喻的优势为所谓的"现实主义"思潮打下了基础,事实上它是这股思潮存在的先决条件……③

另外,他还说道:"对诗歌来说,隐喻是最容易接受的东西,而对散文来说,转喻是最容易接受的东西"④;而像拉康这样的结构主义心理分析学家甚至认为,隐喻与转喻也为理解心理功能提供了解释的范例,因为:

> 隐喻的概念说明了"症状"概念(一个能指被另一个有关联的能指所替代),转喻的概念则讲清了欲望的起源(通过能指和能指之间的组合连接,产生一种把这一过程延伸到未知领域的无限制的扩张感)。⑤

至于弗莱在《金枝》里区分的两种原始巫术,在雅各布森看来都与隐

---

① 〔英〕特伦斯·霍克斯:《结构主义和符号学》,瞿铁鹏译,78页,上海,上海译文出版社,1987。
② 〔英〕特伦斯·霍克斯:《结构主义和符号学》,瞿铁鹏译,79页,上海,上海译文出版社,1987。
③ 〔英〕特伦斯·霍克斯:《结构主义和符号学》,瞿铁鹏译,79页,上海,上海译文出版社,1987。
④ 〔英〕特伦斯·霍克斯:《结构主义和符号学》,瞿铁鹏译,80页,上海,上海译文出版社,1987。
⑤ 〔英〕特伦斯·霍克斯:《结构主义和符号学》,瞿铁鹏译,79~80页,上海,上海译文出版社,1987。

喻与转喻相对应：基于相似性的交感巫术对应于隐喻，基于接触性的模拟巫术则对应于转喻。

与布拉格学派的基本研究取向一致，雅各布森对语言的功能问题一直格外关注。而在他论述语言功能的著作中，有许多内容都直接涉及传播研究领域的符号、信息、交流等方面，其中最具代表性的就是《结束语：语言学和诗学》一文里提出的语言六要素及其六功能理论。按照这一理论，任何言语交流活动都包含六个要素，即他在下列图表里所显示的：

语境

信息

说话者……………………………受话者

接触

代码

这与亚里士多德所讲的三要素——说话者—信息（演讲）—受话者，以及拉斯韦尔所讲的五要素——说话者—信息—接触（媒介）—受话者—效果相对照，可谓所见略同。而雅各布森的理论意在表明：

> 任何交流都是由说话者所引起的信息构成的，它的终点是受话者。但是这个过程并不那么简单。信息需要说话者和受话者之间的接触，接触可以是口头的、视觉的、电子的或其他形式。接触必须以代码为形式：言语、数字、书写、音响构成物等等。信息都必须涉及说话者和受话者都能理解的语境，因为语境使信息"具有意义"……①

事实上，"意义"并不仅限于"语境"，也不仅限于"信息"，而是体现在各要素的综合作用上。另外，各要素的地位不是相等的，"交流活动在一种情境中会倾向于语境，在另一种情境中会倾向于代码，在其他情境中还会倾向于接触，如此等等"（霍克斯）②。举例来说，花前月下适合谈情说爱，前敌指挥部必须专注兵法，而外交谈判自然得接触。

与交流过程的六个要素相关联，语言分别体现出六种功能。比照上引

---

① 〔英〕特伦斯·霍克斯：《结构主义和符号学》，瞿铁鹏译，83页，上海，上海译文出版社，1987。
② 〔英〕特伦斯·霍克斯：《结构主义和符号学》，瞿铁鹏译，84页，上海，上海译文出版社，1987。

图表，可以一一对应地表述如下：

指称功能（语境）

诗的功能（信息）

情感功能（说话者）……………………意动功能（受话者）

交际功能（接触）

元语言功能（代码）

这六种功能不仅适用于语言系统，同样也适用于非语言系统。具体地说：

  如果交流倾向于语境，那么指称的功能就占支配地位，这就决定了诸如"从加迪夫到伦敦的距离是一百五十英里"这种信息的一般特征，这个信息意在指出自身之外的一个语境并且传达有关这个语境的具体的、客观的情况。当然，这似乎是大多数信息的首要任务，但是问题不仅仅如此。例如，如果交流倾向于信息的发话者，那么情感的功能就占支配地位，而这种安排就会产生诸如"伦敦离家很远"这样的信息，意在表达发话者对一特定情境的情感反应，而不是纯粹指称性的描述。同样地，如果交流偏向信息的接受者或受话者，那么意动的（或称呼的，命令的）功能就占支配地位，它以"看！"或"听！"或"现在看这里……"或"我说……"等手段来表示。如果交流倾向于接触，那么，交际的功能就占支配地位（目的在于检查接触是否进行得恰当：在谈吐中，它产生了诸如"早上好""你好"等交际语，其目的不是为了引出或提供信息，而是为了建立语言的接触，或"打开话匣子"：大多数英国人关于天气的对话具有这种交际功能，而不具有气象学的功能）。如果交流倾向于代码，那么，元语言的功能就占支配地位（这是检查相同的代码是否双方都加以使用：在谈吐中就出现了诸如"理解吗？""领会吗？""行吗？"等短语）。最后，如果交流倾向于信息本身，那么可以说诗歌的或美学的功能就占据支配地位。①

---

① 〔英〕特伦斯·霍克斯：《结构主义和符号学》，瞿铁鹏译，85~86页，上海，上海译文出版社，1987。

最后说的"信息"是指符号系统本身，只有当符号指向自身时，比如语言的音韵、措辞、句法等，其诗性功能才凸显出来，而其他实用功能才引退出去。换言之，诗性功能旨在增强"符号的可触知性"，为此而系统地破坏了能指和所指、符号和对象的一切联系，从而如雅各布森所言"加剧了符号和对象之间的基本对垒"[①]。

第三节　乔姆斯基及其转换生成理论

在当代语言学领域，最具影响力的当属乔姆斯基的转换生成理论。无论是继承还是反拨，这一理论都与美国语言研究的传统息息相关，正所谓前有车而后有辙。因此，在论及这一理论之前，我们不能不首先从语言学上的美国结构主义学派谈起。

一、美国结构主义学派

索绪尔之后，受其影响出现了三个结构主义的语言学流派：一是布拉格学派，二是哥本哈根学派，三是美国结构主义学派。他们虽然都强调语言结构的系统性，但又各具特色。布拉格学派倾向于语言结构的功能，哥本哈根学派侧重于结构之间的关系，美国结构主义学派着眼于结构形式的描写。三派同时出现于20世纪二三十年代，彼此互有影响。这里我们不妨勾勒一下哥本哈根学派及其语言研究的概貌。

哥本哈根学派，以1931年哥本哈根语言学会的成立为标志，首屈一指的代表性人物是哥本哈根大学的语言学家L.叶尔姆斯列夫（L. Hjelmslev）。该学派尽管规模较小，但他们所创立的"语符学"（glossematics，glossa在希腊语里是"语言"的意思）不仅在语言研究方面独树一帜，而且对其他符号系统也颇有参考价值。语符学的基本设想，由哥本哈根学派的乌尔达尔在1936年的《语符学大纲》里最早提出，其后在叶尔姆斯列夫的代表作《语

---

① 〔英〕特伦斯·霍克斯：《结构主义和符号学》，瞿铁鹏译，86页，上海，上海译文出版社，1987。

言理论基础》（1943）里得到全面阐发。《语言理论基础》（*Prolegomena to a Theory of Language*）由于用丹麦文写成，读者不多，直到十年后其英文译本出版，语符学才为更多的人所知晓。

叶尔姆斯列夫同意索绪尔关于"语言是形式，不是实质"的论断，力主语言研究的对象应是语言本身而不是语言的外在方面，如物质的、生理的、心理的、逻辑的、社会的、历史的内容。他以R.卡尔纳普的符号逻辑作为方法论的基础，试图建立一套所谓"语言的代数"。在他看来，语言的内在结构是各级要素共同构成的关系网络，他把其中的成分分为"内容"和"表达"两个平面，而这两个平面又各分为"形式"与"实质"两层：前者是结构关系，后者是外在实体——如相对于表达面的声音和相对于内容面的意义。语言研究只关注形式，包括内容形式和表达形式。这两种形式各有自己的最小要素——"成素"，表达形式的成素是音位特征；内容形式的成素是语义特征，如"父亲"这个词的语义特征就包括动物、人、男性、亲属、一等亲（区别于叔伯）、上代等。成素不同于符号。符号是内容和表达合二为一的双面体，成素则是单面体。内容形式和表达形式的成素通过"转换"，才成为既有内容又有表达的符号。成素的数目是有限的，如音位，如字母表，但成素的组合却是无限的。而语言归根结底是一套成素。

有意思的是，哥本哈根学派的语符学理论虽然十分抽象，在语言研究领域体现了人文科学和自然科学相结合的趋势，但是叶尔姆斯列夫本人对语言性质的一段论述却不乏诗意的激情和浪漫的色彩：

> 语言，即人的话语，是永不枯竭的、方面众多的巨大宝库。语言不可与人分割开来，它伴随着人的一切活动。语言是人们用来构造思想、感情、情绪、抱负、意志和行为的工具，是用来影响别人和受别人影响的工具，是人类社会的最根本、最深刻的基础。同时，语言又是每个人的最根本、不可缺少的维持者，是寂寞中的安慰……在我们有意识之前，语言就已经在耳边回荡，准备环抱我们最初思想的嫩芽，并将伴随我们的一生……是语言赋予我们记忆，我们又借助于记忆而得到温暖和力量……言语是个人性格的明显标志……它又是家庭和民

族的标记，是人类的崇高特权。语言与性格、家庭、民族、人类、生活之联系如此紧密，我们甚至有时怀疑语言是这一切的反映，或者是这一切的集合，是这一切的种源。①

他的观点同下面美国结构主义学派的认识已是暗自契合，遥相呼应。

美国结构主义学派，又称描写语言学派。其代表人物是博厄斯、萨丕尔和布龙菲尔德，他们于1924年创建了美国语言学会（The Linguistic Society of America）。描写学派兴起的直接动因，在于记录当时大量濒临灭亡的印第安土著语言。借用《结构主义和符号学》一书中的话说："把这些语言记录下来并加以分析，这种必要性压倒了创造普遍适用的语言学理论的任何想法，这样就使'描述语言学'这一名称似乎完全适用于早期从事这门语言学的语言学家……"②为此，刘润清先生将其特点概括为实用性和科学性：

> 第一是实用性。这是因为他们的研究是为了了解当时的实际问题，需要调查分析的语言太多，顾不上进行理论上的概括和总结。第二是科学性。他们要准确地记录各种语言，就必须有一套严格、完整的调查分析方法，任何猜测和假设都不能解决当务之急。真正的理论上的争论到五十年代才开始，例如结构主义与转换生成语法的争论。③

实用性可以说是美国文化中根深蒂固的实用主义传统的体现；至于科学性，也与20世纪以来一浪高过一浪的科学主义思潮一脉相承。

在描写语言学派中，开先河的人物是博厄斯（Franz Boas）。1858年，博厄斯生于德国一个犹太人家庭，从小就对自然科学的许多领域发生兴趣，1881年在基尔大学获得物理学和地理学博士学位。此后由于对人类文化的关注而转向人类学研究，尤以考察北美印第安部落的语言与文化而为人称道。从1896年直到去世的1942年，他一直执教于纽约的

---

① 刘润清：《西方语言学流派》，154页，北京，外语教学与研究出版社，1995。
② 〔英〕特伦斯·霍克斯：《结构主义和符号学》，瞿铁鹏译，21页，上海，上海译文出版社，1987。
③ 刘润清：《西方语言学流派》，164页，北京，外语教学与研究出版社，1995。

哥伦比亚大学,创建了美国大学里最早的人类学系之一,成为20世纪初美国人类学界的一代宗师。正是在从事人类学研究时他发现,了解一种文化的锁钥在于语言。19世纪80年代,他开始对北美印第安土著语言展开调查,并于1911年主编出版了《美洲印第安语手册》(*A Handbook of American Indian Language*)。他认为,语言只有结构上的区别,并无"发达"与"原始"之分。所谓原始部落的语言粗野云云,是毫无根据的。有的语言有这些概念而无那些概念,并非它无力表达,而只是因为各种文化的兴趣不同而已。例如,在许多语言里没有数的概念,那是由于一个牧羊人对每头羊的名字了然于胸,而从来用不着去数共有多少只羊。在此基础上,博厄斯提出了描写语言学的基本观点和研究方法,其中强调对语言应做实事求是的描写,而不应生搬硬套其他语言的框架与模式;同时,为了描写不同结构的语言,应该创立新的概念。虽然博厄斯没有多少系统而高深的理论,但他的田野工作及其思想却为描写语言学派奠下了第一块基石,从而影响了大批美国语言学家,而著名语言学家萨丕尔就是其中一位。

二、萨丕尔-沃尔夫假说

诚如霍克斯所言:"博厄斯之后最重要和最有影响的美国'描述语言学家'是爱德华·萨丕尔(1884—1939),正是他的著作奠定了后来在美国被人称之为'结构语言学'的基础。"[1]

萨丕尔(Edward Sapir, 1884—1939),与博厄斯一样既是人类学家又是语言学家,而且也是出生于德国,成名于美国。在哥伦比亚大学攻读硕士学位期间,萨丕尔结识了博厄斯,并在他的指导下开始对美国西部印第安语言进行实地考察,1905年获得博士学位。1921年,他的名著《语言论——言语研究导论》(*Language: An Introduction to the Study of Speech*)出版。1931—1939年,他曾担任耶鲁大学语言学和人类学教授,1933年当选美国语言学会会长,1938年又成为美国人类学学会会长,还被选为美国艺术与科

---

[1]〔英〕特伦斯·霍克斯:《结构主义和符号学》,瞿铁鹏译,21页,上海,上海译文出版社,1987。

学院院士。萨丕尔的兴趣十分广泛,他不仅是杰出的学者,还是诗人、散文家和作曲家。

他的《语言论》,是一部标志着美国语言学研究崛起的力作。在其引论部分,萨丕尔为语言下了一个定义:"语言是纯粹人为的,非本能的,凭借自觉地制造出来的符号系统来传达观念、情绪和欲望的方法。"①在这些符号里,首屈一指的是由"说话器官"产生的听觉符号,其次是以书写或印刷为主的视觉符号。他指出,"书面形式是口语形式的第二重符号——符号的符号","基本听觉符号好比是商品和服务,而视觉符号是流通媒介,是货币"②。不管符号的种类怎样丰富多彩,变化万端,归根结底都是语言符号的变形或延伸:

> 我们可以毫不犹豫地做出这样的结论:除了正常言语之外,其他一切自主地传达观念的方式,总是从口到耳的典型语言符号的直接或间接的转移,或至少也要用真正的语言符号做媒介。这是非常重要的事。听觉印象和与之相关的引起发音的运动印象,是一切言语和一切思想的历史渊源,不管追溯它的过程是怎样的曲折。③

萨丕尔的语言研究涉及广泛,除了纯语言学的内容,贡献最大的方面还在于他所拓展的一个领域,即以文化与语言之间关系为研究主旨的人类文化语言学(ethnolinguistics)。而他在这方面的主要建树,就是著名的萨丕尔-沃尔夫假说(the Sapir-Whorf Hypothesis)。这一假说不仅为理解人类文化展现了独特的视角,同时也为解析语言符号以及传播活动提供了有趣的启发。

这一假说的基本思想一言以蔽之,就是人们所使用的语言的面貌,决定着人们所面对的世界的面貌。换言之,并不是世界的"客观性"决定语言的"表现性";相反,倒是语言的"表现性"决定世界的"客观性"。

---

① 〔美〕爱德华·萨丕尔:《语言论——言语研究导论》,陆卓元译,7页,北京,商务印书馆,1985。
② 〔美〕爱德华·萨丕尔:《语言论——言语研究导论》,陆卓元译,17~18页,北京,商务印书馆,1985。
③ 〔美〕爱德华·萨丕尔:《语言论——言语研究导论》,陆卓元译,19页,北京,商务印书馆,1985。

所以，不同的语言造就了不同的文化，人们在特定文化背景下形成的观念与行为模式，先验地受制于他们所使用的语言。乍一看，这一假说带有明显的主观唯心的色彩①，但其中也不乏启迪心智的洞见。让我们还是从头说起。

所谓萨丕尔-沃尔夫假说，其实是在萨丕尔论及语言与文化的有关思想的基础上，由沃尔夫进一步发挥的一套理论，而将它称为"萨丕尔-沃尔夫假说"，则出自于美国语言学家卡罗尔（J. B. Carroll）。萨丕尔1921年在《语言论》里就曾指出，言语是通向思维的惟一途径，只有借助语言符号人们才能把握概念或命题：

> 没有符号，我们不会觉得已经掌握了直接认识或了解这个概念的钥匙。假如"自由""理想"这些词不在我们心里作响，我们会像现在这样准备为自由而死，为理想而奋斗吗？②

1929年，他又在《作为一门科学的语言学之地位》一文里把这个意思推向整个文化的层面，用他那句经典性的话说："所谓'真实的世界'（real world），在相当程度上是被无意识地建构于（文化）团体的语言习惯之上。"③1931年，他更详尽地阐发了身外世界取决于语言习惯的思想：

> 语言不仅谈论那些在没有语言的帮助下所获得的经验，而且实际上它为我们规定了经验的性质，因为它的形式完整，又因为我们不自觉地就把语言的隐含要求投射到经验领域之中……诸如数、性、格、时态等范畴，不是在经验中发现的，而是强加于经验的……④

总之，在他看来，并不存在一个客观的、一成不变的现实世界，而只有一个由时间和空间组成的没有固定疆界的连续系统，每一种语言无非按

---

① 语言学家陈原先生就从这个角度批驳了这一假说，见陈原《社会语言学》，上海，学林出版社，1983。
② 〔美〕爱德华·萨丕尔：《语言论——言语研究导论》，陆卓元译，15页，北京，商务印书馆，1985。
③ E. Sapir, "*The Status of Linguistics as a Science.*" Language, 1929, 5, p. 207.
④ 转引自刘润清：《西方语言学流派》，180页，北京，外语教学与研究出版社，1995。

照自己的结构来划分和译解这一时空系统而已:

> 人类并不是孤立地生活在客观世界上,也不是像人们通常理解的那样孤立地生活在社会活动的世界上,相反,他们完全受已成为表达他们的社会之媒介的特定语言所支配。想象一个人不用语言就可以适应现实并且把语言仅仅看成是解决交往或思考中的特殊问题的一种附属手段,这纯属幻想。事实上,"现实世界"在很大程度上是建立在团体的语言习惯之上的。绝没有两种语言在表现同一个社会现实时是被视为完全相同的。不同的社会所生活于其中的世界是不同的世界,不只是贴上不同的标签的同一个世界……我们确实可以看到、听到和体验到许许多多的东西,但这是因为我们这个社团的语言习惯预先给了我们解释世界的一些选择。①

萨丕尔的思想火种,经过沃尔夫的鼓吹而蔚为光焰腾越的奇观。沃尔夫(Benjamin Lee Whorf,1897—1941),可以说是一位"业余"语言学家。他从麻省理工学院毕业后,一直供职于一家火险公司,任防火专家,直至去世。这项工作使他注意到语言对行为的制约。比如,他在分析火灾报告时发现,人们见到"满油桶"就小心翼翼,而对待"空油桶"就满不在乎。事实上,空油桶由于有爆炸性气体反倒比满油桶更危险。结果,这个"空"字比"满"字引发更多的火灾。1931年,他在耶鲁大学师从萨丕尔学习人类学,1932年开始研究印第安的霍皮语(Hopi)。1956年,他生前的一些论文被语言学家J.B.卡罗尔选编后出版,这就是他唯一的著作——《语言、思想和现实》(Language, Thought, and Reality)。

沃尔夫继承并发挥萨丕尔的理论,认为人们都是按照母语所规定的框架与模式去把握身外世界。从现象上看,显然是人的思维在操纵语言;而从实质上看,却是语言在操纵人的思维。我们在现实里所分辨的名物、范畴和种类,其实都是基于语言的结构。由于语言结构的不同,人们对世界的体认自然也就不同。可见语言不仅是表达思想的工具,而且更是塑造思

---

① 〔美〕萨丕尔:《关于语言、文化和个性的论文选》,转引自特伦斯·霍克斯《结构主义和符号学》,瞿铁鹏译,23页,上海,上海译文出版社,1987。

想的模型。所以，有什么样的语言，就有什么样的世界或世界观。比如，中国人的"轿车"与英美人的"car"，就属于不尽相同的事物与世界。通常来说，car是指一种小型交通工具，即汉语规范用语所谓"乘用车"（a road vehicle with four wheels that can carry a small number of people）。而轿车一词体现着一种社会身份，犹如过去坐轿子。再以沃尔夫所举的霍皮语为例，它在区分名词和动词上就与英语有别。在英语里，男人、房屋、闪电、山脉等是名词；跑、跳、打、说等是动词。而在霍皮语里，动词与名词是以词语意象持续时间的长短来区分的。持续时间短的就是动词，如闪电、波浪、火焰等；持续时间长的就是名词，如男人、山脉、房屋等。再如，霍皮语里除了鸟类之外，其他飞的东西——不管是昆虫还是飞机，都用的是同一个词。沃尔夫认为，这些都说明霍皮人通过自己的语言，组织了不同于许多其他文化传统的经验世界。由此看来，不同的文化传统其实就是按照各自的语言模式，对现实进行的不同的"编码"活动，正如多萝西·李所做的深刻概括：

> ……一个特定社会的成员——当然，他使用自己文化所特有的语言和其他规范的行为来整理他所经验到的现实——只有当现实以他的代码形式呈现于他面前时他才能真正把握它。这种看法不是说现实本身是相对的，而是说现实是由不同文化的参与者以不同的方式划分和归类的，或者不妨说，他们注意到的或呈现在他们面前的是现实的各个不同的方面。①

类似萨丕尔-沃尔夫假说这样审视世界的思路，其实也是源远流长师承有自。从柏拉图的"理念世界"到笛卡儿的"内在思想"，从康德的"纯粹理性"到黑格尔的"绝对精神"，可谓一脉相承不绝如缕。如康德在《纯粹理性批判》里就曾令人难以折辩地论证道，知识的形成有赖于时间、空间、因果关系等先验的范畴。借用罗素就此而打的一个通俗化的比喻来说，"假若你总戴着蓝色眼镜，你可以肯定看到一切东西都是蓝的"②。与此

---

① 多萝西·李：《关于现实的线性和非线性整理》，见艾德蒙·卡彭特和马歇尔·麦克卢汉所编《关于传播的探索》，136~154页，波士顿，1960。转引自特伦斯·霍克斯《结构主义和符号学》，瞿铁鹏译，24页，上海，上海译文出版社，1987。
② 〔英〕罗素：《西方哲学史》，下卷，马元德译，250页，上海，商务印书馆，1976。

相关，德国哲学家赫尔德（G. Herder, 1744—1803）及其后继者语言学家洪堡（Wilhelm von Humboldt, 1767—1835），则从人类文化语言学方面具体揭示了语言对个人经验和文化传统的决定性作用。尤其是洪堡的观点，更是直接影响了萨丕尔等。在康德与赫尔德理论的启发下，洪堡明确提出感觉经验须经语言系统的整理，才能确定下来，成为有形的东西，才能传播和交流。所以，语言不同，对世界的把握也就不同。也就是说，操持不同语言的人们，事实上生活在不同的世界之中。

萨丕尔-沃尔夫假说自问世以来，一直受到广泛的关注，引起许多学科包括传播研究以及符号研究的兴趣，特别是在跨文化传播方面意义更为突出。因为它表明，传播的障碍与其说在于文化背景的差异，不如说在于语言结构的不同。进而言之，由于一切符号都根源于语言，故而负载于各种符号的信息不管是在传者的"把关"上，还是在受者的"选择"上，都受到不同语言内在结构的根本制约。当然，应该强调指出，这一假说仅仅是一个假说而已——既未得到证实，也不可能得到证实。对于透视符号与传播问题，萨丕尔-沃尔夫假说确实提供了新的思路，也给人以深刻的启发。但是，正如许多研究者所批评的，这一假说过于绝对化，尤其是它从根本上颠倒了存在与反映的关系，因此就不免闹出格林伯格（Joseph Greenberg）所说的这类常识性的笑话：

> 如果我们的语言实际上决定我们的思想样式（mode of thought），那么，沃尔夫是说英语的，他的思想显然是由英语所决定的，这样，他又怎能跳出这种局限，发现了霍皮语的不同的范畴，然后又怎样用英语把它写出来，且又被有着同样局限性的人们所了解呢？[①]

从语言研究方面看，美国结构主义学派的主将自然还数语言学家布龙菲尔德（Leonard Bloomfield, 1887—1949）。他以其1933年问世的名著《语言论》（*Language*）而著称于世。直到20世纪50年代乔姆斯基转换生成理论提出之前，美国语言学界都处在布龙菲尔德的身影笼罩之下，乃至有"布龙菲尔德时代"之称：

[①] 陈原：《社会语言学》，108页，上海，学林出版社，1983。这个反诘可谓一针见血。

在伦纳德·布龙菲尔德发表了他的具有重大影响的著作《语言论》（1933）之后，美国的语言学已经完全遵循萨丕尔的观点，它可以毫不虚假地称为"结构"语言学，尽管人们仍然习惯于把"描述的"这个不严格的词用来表示这种语言分析的模式。①

关于布龙菲尔德及其描写语言学，我们不再展开了。总的说来，他们深受当时盛行的行为主义影响，以刺激—反应模式解释语言现象。因此，只注重语言行为的描写，而忽略语言能力的解释；只强调不同语言的个性，而轻视它们的共性；只考虑语言的形式，而不考虑语言的意义。而正是这一切，最终促成了乔姆斯基的转换生成理论——一种由这个极端又走向另一个极端的理论。

三、转换生成理论

如同爱因斯坦与相对论的关系，提到乔姆斯基人们必然想到他的"转换生成语法"（transformational-generative grammar，TG）。乔姆斯基曾受业于语言学家哈里斯（Z. S. Harris），而哈里斯又是布龙菲尔德的高足。所以从师承角度讲，乔姆斯基应该算是布龙菲尔德的"徒孙"。然而，常言道"吾爱吾师，吾更爱真理"，正是这位徒孙，最终颠覆了布龙菲尔德的学说，以其转换生成学说为布龙菲尔德时代画上了句号。

乔姆斯基（Noam Chomsky，1928— ），既是卓越的语言学家，又是知名的政治活动家——以对美国内外政策的尖锐批评而著称。从33岁起，他一直在麻省理工学院任语言学和哲学教授。1957年，他在博士论文的基础上整理出版了一部不到10万字的《句法结构》（*Syntactic Structures*）。而这部听起来平淡无奇的小书，却在语言研究领域掀起了一场翻天覆地的"乔姆斯基革命"（Chomskyan Revolution），其声势一直波及人文社会科学的许多方面。英国语言学家约翰·莱昂斯（John Lyons），在其1977年出版的《乔姆斯基传》里给予乔姆斯基以高度的评价，认为他的地位不仅在当代语言学中是"独特的"，而且在整个语言学

---

① 〔英〕特伦斯·霍克斯：《结构主义和符号学》，瞿铁鹏译，22页，上海，上海译文出版社，1987。

历史上也是"空前的",他说:

> 不论乔姆斯基的语法理论正确与否,它无疑是当前最有生命力、最有影响的语法理论。任何不想落后于语言学发展形势的语言学家都不敢忽视乔姆斯基的理论建树。目前,每个语言学"流派"都要对照乔姆斯基对某些问题的看法来阐述自己的立场。①

那么,乔姆斯基的转换生成理论到底说了些什么呢?中国社会科学院语言研究所的赵世开先生,在《现代语言学》一书中有一段简明扼要的概括:

> 根据这种理论,语言学主要在于探索语言能力(linguistic competence)。Chomsky认为语言能力是人类天赋的。语言行为(linguistic performance)是语言能力的具体体现。他批评Bloomfield的描写语言学只顾描写语言行为而忽视了语言能力。从语言结构来看,Chomsky区分了"深层结构"(deep structure)和"表层结构"(surface structure)。语言学家的任务应该揭示从深层结构到表层结构的转换(transformation)。美国语言学从60年代开始由描写转到了转换。这是一个巨大的变化。②

转换生成理论的关键,在于把语言系统归结为人的一种遗传机制,而不是美国结构主义学派所言的习得机制(acquisition device)。遗传是先天的,习得是后天的。萨丕尔在其《语言论》里,开篇就谈到语言和走路不一样,走路是本能的、先天的、自然而然的,而语言却是在社会之中习得的:"没有了社会,如果他还能活下去的话,无疑他还会学走路。但也同样可以肯定,他永远学不会说话,就是说,不会按照某一社会的传统体系来传达意思。"③可是在乔姆斯基看来,语言却是和走路一样的本领,如果说"一个正常的人先天就注定要走路"(萨丕尔),那么同样可以说一个正常的人先天就注定要说话:

---

① 刘润清:《西方语言学流派》,206页,北京,外语教学与研究出版社,1995。
② 赵世开:《现代语言学》,10~11页,北京,知识出版社,1983。
③ 〔美〕爱德华·萨丕尔:《语言论——言语研究导论》,陆卓元译,3页,北京,商务印书馆,1985。

> 语言在我看来,是心灵里生长的东西,就像我们熟悉的身体系统的生长一样。我们同世界交际之初,心灵的状态是由遗传决定的,以后随着同环境、同经验的相互作用,这种状况不断变化,直到出现一种相当稳定的成熟状况,在这种状况下,我们就具备了所谓的语言知识……这种从遗传决定的最初状况到最后的稳定状况的转变,在我看来,在许多方面相似于人体器官的生长……这些器官由于经验的触发性刺激而不断生长;经验还在人的有关生活阶段不断支配和引导这些器官的发展。所以我说,不仅关于语言是教会的看法是错误的,而且认为语言是学会的至少会给人以误解,如果我们从常识意义上去理解"学习"的话。①

就是说,人们按照预先编好的程序学会语言,恰似按照预定的程序长出胳臂、长出腿一样。而这个预先编好的程序,就是植根于人脑之中的所谓"深层结构"。人的语言行为或言语活动,无非是从这个深层结构里转换与生成出来的。支撑这一观点的有力根据,就是无论教育环境如何,何时何地的儿童都能用很短的时间掌握一整套变化无穷的语言或语言规则。另外,除了语言系统,其他符号系统也都存在这类预先编好的程序,援引英国广播公司的节目主持人布莱恩·麦基对乔姆斯基进行的电视访谈里的表述:"我们被事先输入了去发展理解或表述系统的程序,例如'阅读'人类面孔的能力、用手势交际的能力,以及空间由围绕着我们的物体构成的常识意义上的世界观。"②

总体上看,转换生成理论当然是对描写语言学派特别是布龙菲尔德语言观的反拨。因为,描写学派遵奉的是行为主义的刺激—反应论,而乔姆斯基则从唯理主义的立场出发,把语言的动力归结为内在结构而非外在刺激。不过,若就萨丕尔-沃尔夫假说而论,他们倒是不无相通之处。因为,萨丕尔-沃尔夫假说也好,转换生成理论也罢,其实都把语言视为一种规定性的机制,它由内而外地去组织身外世界,从而形成个人的世界观和民族

---

① 〔英〕布莱恩·麦基编:《思想家——当代哲学的创造者们》,周穗明等译,303~304页,北京,生活·读书·新知三联书店,1987。
② 〔英〕布莱恩·麦基编:《思想家——当代哲学的创造者们》,周穗明等译,329页,北京,生活·读书·新知三联书店,1987。

的文化传统。事实上，他们都不妨说是康德以及洪堡的思想信徒。正如麦基对乔姆斯基说的那样，转换生成理论"听起来像是把康德的基本思想搬到语言学里去了……你的著作总是使我想起康德。在我看来，你在现代语言学方面所做的事情，实际上是在重做康德所做的事情"①。对此，乔姆斯基完全承认。于是，他的思想等于把人又引向通天塔（Tower of Babel）所昭示的时代，那时整个人类都说同一种语言。哈佛大学的哲学教授H.普特南（Hilary Putnam）曾就此写道：

> 设想使用语言的人类在两个或更多的地方各自进化。那么，假如乔姆斯基的理论对的话，就应该有两种或更多种的人类从两个或更多的原初人群繁衍而来，每种人类的正常儿童应该无法学会其他人类所用的语言。既然我们没有观察到这一现象……我们就不得不下这样的结论（假如这一"先天性假说"是正确的）：语言的使用是进化过程中只发生一次的"飞跃"（leap）。既然那样，则所有的人类语言极有可能出自一个单一的原始语言。②

总之，乔姆斯基在哲学上提倡理性主义，批判经验主义；在语言学上提倡心理主义，批判行为主义。尽管学术界对他的学说聚讼纷纭，颇多争议，几十年来一波未平一波又起，但转换生成理论对许多领域的冲击与刺激则是毋庸置疑的。乔姆斯基曾经说过：

> 看看哲学史就会发现，每当一些具体问题在一定理解水平上提出来的时候，人类的想象就会发生创造性的飞跃，就会产生出对宇宙的某个小领域提供明白的图画的丰富解释性理论。这些理论常常在后来被发现是错误的，但这也是人类必循的道路，而这一点之成为可能，是因为我们整个人类都具有这种形成科学的能力，它既限制着我们，但同时也为我们提供了创造出远远超出任何既得根据之外的解释理论

---

① 〔英〕布莱恩·麦基编：《思想家——当代哲学的创造者们》，周穗明等译，301页、333页，北京，生活·读书·新知三联书店，1987。

② Schramm, Wilbur and Porter, William E., *Men, Women, Media: Understanding Human Communication*. New York: Happer & Row, Publishers, Inc. 1982. pp. 76~77.

的可能性。①

这段话同样适用于他本人。

本章我们主要从语言以及语言学研究方面来揭示传播符号的神秘面纱。据说,牛津大学刚开设语言学课程的时候,在镶有精美浮雕和彩色玻璃的大教室里,每次只有两个"学生"听课。其中,一个是不变的老面孔,另外一个却是常换的新面孔。后来教授发现,老面孔是旅行社的导游,而新面孔则是到这充满梦幻色彩的地方来观光的游客。这个故事常常被人用来说明语言学的枯燥乏味。但愿本章内容没有加深这一印象。

---

① 〔英〕布莱恩·麦基编:《思想家——当代哲学的创造者们》,周穗明等译,324页,北京,生活·读书·新知三联书店,1987。

第三章　结构与符号

从时间线索上看，本章所要讨论的结构主义思潮与符号学研究是承接上一章的话题，形成前后相续之势。而从研究内容上看，本章又是上一章的拓展及延伸，形成由点（语言）而面（符号）之势。结构主义思潮的代表人物罗兰·巴尔特，在成为法兰西学院符号学讲座教授的就职演说里，曾就这一由语言学到符号学的演化线索而说道：

> 我们可以把符号学正式地定义作记号的科学或有关一切记号的科学，它是通过运作性概念从语言学中产生的。但是语言学本身多少有些像经济学一样（这种比较并非无关紧要），在我看来，正在经受着分裂。一方面，语言学正在趋向形式的一极，像经济学一样越来越变得形式化了。另一方面，它正吸收着越来越多的、越来越远离其最初领域的内容。正如今日经济学的对象无处不在一样（政治、社会、文化各个领域），语言学的对象也是没有限制的。按照本维尼斯特的一种直观的说法，语言结构就是社会性本身。简言之，或者由于过度节制，或者由于过度饥渴，或者因为过瘦，或者因为过胖，语言学正在解体。对我来说，我把语言学的这种解体过程就称作符号学。[①]

如果说语言学与符号学的关系是明媒正娶的夫妻，那么结构主义与符号学的关系则似暗度陈仓的情人——大家心里明白，但又难以挑明，于是总是心照不宣或含蓄暗示。如剑桥大学的柯里尼（Stefan Collini），在谈诠释的问题时就若隐若现地点到语言、结构及符号的关联：

> 索绪尔语言学理论某些基本观念向其他领域的渗透及其与列维－斯特劳斯人类学理论的部分结合，更是促使自五十年代晚期以降，在许多研究领域，甚至在人类活动的所有方面，学者们都孜孜不倦地致力于寻求隐藏在纷繁复杂的表面现象下面的深层结构以及反复出现的模型。这种寻找深层结构与模式的做法与被重新激活了的、对人类活动的可能性进行超验探寻的"后康德主义"遗产结合在一起，最终导

[①] 〔法〕罗兰·巴尔特：《符号学原理——结构主义文学理论文选》，李幼蒸译，12页，北京，生活·读书·新知三联书店，1988。

致了一种旨在对意义、对沟通以及其他的类似主题进行深入精细探讨的非常抽象的普遍性理论的产生（对符号进行研究的符号学或符号科学……乃这种趋势的一个组成部分……）。[1]

本章即沿着结构主义以及符号学的思路，对符号展开进一步的探讨。

第一节　列维-斯特劳斯及其神话学

第二次世界大战以来，西方的各种思潮层层叠叠，连绵涌动。其中最引人注目的大概有这么三波，开始先是存在主义异军突起，继而又是结构主义后来居上，现在则是后现代主义风头正健。那么，什么是结构主义呢？

一、结构主义

结构主义既是一种思潮，也是一种方法。瑞士心理学家、结构主义哲学家皮亚杰在其名著《结构主义》里甚至认为，结构主义主要是一种方法。其思想来源多种多样，理论体系更是千差万别。大略说来，它前承结构主义语言学——恰如布洛克曼《结构主义：莫斯科—布拉格—巴黎》一书的书名所彰显的轨迹，而后启后现代思潮里的解构一脉——解构阵营的主帅德里达原本也是结构主义的骁将。

作为影响广泛的思潮，结构主义兴起于20世纪60年代，式微于20世纪80年代。1962年，列维-斯特劳斯的力作《野性的思维》的出版，为结构主义运动拉开了序幕。与此同时，其他一些结构主义的名著也相继问世，一时风云际会，人才辈出，用王一川先生的话来说：

> 法国结构主义的崛起不仅在于它对存在主义的有效反拨，而且也在于它涌现了一批理论上的优秀代表人物，取得了一批令人瞩目的学

---

[1]〔意〕艾柯等：《诠释与过度诠释》，王宇根译，8页，北京，生活·读书·新知三联书店，1997。

术成果。在60年代，法国结构主义涌现了前、后"四子"作为突出代表。"前四子"是列维-斯特劳斯、福柯、阿尔都塞和拉康；"后四子"是巴尔特、格雷马斯、托多洛夫和勃瑞蒙……前四子加上巴尔特，被人称为结构主义的"五巨头"。①

这些结构主义代表人物各有不同的学科背景：列维-斯特劳斯是位人类学家，福柯被视为后现代主义的思想家，阿尔都塞以其"结构主义的马克思主义"而著称，精神分析学家拉康则把结构主义引进精神分析领域，巴尔特和格雷马斯都长于符号分析，托多洛夫创立了叙事学，等等。

1. 概览

1966年，法国有家文学期刊刊登了一幅后来广为传播的漫画，上面画着列维-斯特劳斯、罗兰·巴尔特、米歇尔·福柯、雅克·拉康等人，他们围坐在热带的棕榈树下，一身野人的装束，裹着草裙，戴着脚镯。这幅画没有文字说明，直到后来才有了个标题，叫作《结构主义的午餐》。画家并没有什么恶意，他只是想说明这些人的出现，为法国的精神生活孕育了一种新的力量。而他之所以把他们打扮成南太平洋上的岛民，显然是因为列维-斯特劳斯对原始人思维的卓越分析所引发的持续反响。关于此画及其所表征的结构主义思潮，《泰晤士文学增刊》副主编约翰·斯特罗克（John Sturrock），在其所编《结构主义以来》(*Structuralism and Since*) 一书里做了这样的概括：

> 60年代末，尽管存在主义的主要宗旨已经逐渐融入哲学思想的主流，但存在主义的信条早已经日暮西山了；所有比较严肃的巴黎知识分子依然选择了马克思主义，但除此之外，他们似乎不太可能去追随其他形式的意识形态运动了。然而，这四位智者却在棕榈树下聚到了一起，好像共同提出了一种意识形态，即"结构主义"……它终于把迄今为止各种支离破碎、看似迥异的观念结合成了一个协调一致的整体。②

---

① 朱立元主编：《当代西方文艺理论》，234页，上海，华东师范大学出版社，1997。
② 〔英〕约翰·斯特罗克编：《结构主义以来》，渠东等译，2页，沈阳，辽宁教育出版社，1998。

那么，结构主义到底是什么东西呢？简言之，结构主义是一种世界观，一种关于世界的思维方式。在结构主义看来，事物的本质不在于事物本身，而在于事物之间的关系，这些关系构成了一个有机的系统，这就是结构。以语言系统为例，其中任何一个特定的词都不是"独立自主"的，而是在与其他语言单位的关系里得到确认的。比如"人民"一词便是如此。这个词在语音（能指）与语义（所指）两方面都占有一定的空间。就语音而言，它的空间界限只有在与"人们""公民"等声音上近似的不同词语相互对比的关系里才能得到确认。换言之，人民之所以读做人民，并非天生就该读做人民，而是因为别的词语的读音如公民、人们等规定了它的语音位置。同样，就语义而言，我们只有把人民同"人类""群众""百姓"等语义上近似的词语区分开来，才能确定人民一词的所指含义。用霍克斯的话说：

> 这种新的观念，即世界是由各种关系而不是由事物构成的观念，就成为可以确切地称为"结构主义者"的那种思维方式的第一条原则。简言之，这条原则认为，在任何既定情境里，一种因素的本质就其本身而言是没有意义的，它的意义事实上由它和既定情境中的其他因素之间的关系所决定。总之，任何实体或经验的完整意义除非它被结合到结构（它是其中组成部分）中去，否则便不能被人们感觉到。①

结构主义与语言研究一样，十分关注符号问题，经常涉足符号领域。实际上，语言研究是把语言符号当成解剖的对象，而结构主义是以文化符号作为思考的核心。这可以说是结构主义的研究特色，也是我们在此聚焦结构主义的主要缘由。英国人类学家埃德蒙·利奇（Edmund Leach），在收入英文版"现代大师丛书"的权威评传《列维-斯特劳斯》一书里，举过一个通俗的例子用以说明结构主义的要义，而这个例子对我们理解结构主义与符号问题的关系也颇有帮助，故照录于下：

> 色谱是从紫色经过蓝色、绿色、黄色再到红色的连续统一体……

---

① 〔英〕特伦斯·霍克斯：《结构主义和符号学》，瞿铁鹏译，8页，上海，上海译文出版社，1987。

我们识别颜色的智能，是我们对不同的光质输入眼内的不同反应，显然，也就是我们对输入光线亮度深浅和波度长短的不同反应……正是人脑这种把连续统一体分成片段的辨别能力，使我们感觉得到蓝、绿、黄、红等是很"不相同"的颜色。大脑的这种排列机制，使任何非色盲者都能轻易地学会认识绿是红的对立面，黑是白的对立面。在我们本身的文化中，我们实际上已经学会了作这种辨别，正是这种辨别使我们发现，用红色和绿色的标记来分别表示正号和负号是合适的……

就我们的文化来说，任何地方的铁路和马路交通信号灯中，绿总是表示通行，红总是表示停止。因为在许多情况下这样做都是行得通的。但是，如果我们想进一步设计一个具有过渡意义的信号——即准备停或准备走的信号——那我们就会选择黄色。我们之所以要做这样的选择，是因为黄在光谱中处在绿与红的中间。

在这个例子中，绿黄红颜色的排列和"通行—告诫—停止"指令的排列是同样的；于是，颜色系统和信号系统便有了同样的"结构"，其中，一个是另一个的转化。不过，我们要注意的是，这个转化是怎样取得的：

a. 色谱作为一种连续统一体而存在于自然界。

b. 人脑把这种连续统一体理解为好像由非连续的片段组成。

c. 人脑把红与绿作为对立的两种颜色从色谱中选了出来，分别代表停止与通行。

d. 确定这种对立的两极之后，人脑没有满足于已经得到的不连续代替物，还想在红与绿之间找一种即非正又非反的中性颜色。

e. 于是，又回到自然界原来那个连续统一体，并从中选择了黄色作为中间的信号，因为人脑是能够把黄色作为处在绿和红之间的不连续中性颜色来认识的。

f. 于是，最后获得的文化产品——三色交通信号——是人脑对色谱自然现象的简单模仿。

全部论证的大意可以用一示意图来说明。这个示意图描绘了两个重叠的三角。第一个三角的各角分别是绿、黄、红，它们由两组箭头分开：第一组箭头的两头是短波度与长波度，第二组箭头的两头是低亮度与高亮度。第二个三角的各角是三个行动指令：通行——行动状态的继续；告诫——准备改变你的行动状态； 停止——非行动状态的继续。这些信息又由两组箭头分开：第一组箭头的两头是动与不动，第二组箭头的两头是变与不变。把第一个三角叠在第二个三角上，颜色信号就成了指令信号的基础，因此，自然界颜色关系的结构与三个指令关系的逻辑结构是一致的。

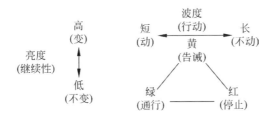

……结构主义的全部要领就是这类三角，它表示人脑理解自然模式的转变过程。尽管在一般情况下，事情要更复杂一些，但这种三角模式是有普遍意义的。①

结构主义代表人物列维-斯特劳斯和巴尔特以及后结构主义或解构主义代表人物德里达，在符号问题上面用力甚勤，本章将重点介绍。另外，格雷马斯、托多洛夫、福柯等将在后面有关章节再做讨论。下面我们先以阿尔都塞和拉康的有关思想为标本，对结构主义和符号问题略做解剖。

2. 阿尔都塞

阿尔都塞（Louis Althusser，1918—1990），是一位西方马克思主义哲学家。他的理论贡献主要在于把马克思主义和结构主义相结合，从而形成所谓"结构主义的马克思主义"。不过，尽管阿尔都塞承认自己同结构主义术语的"调情"超过了所能允许的限度，但他一直否认自己是结构主义者。当然，认不认账是一回事，有没有账又是一回事。事实上，人们将他归入结构主义，乃是由于其思想底色与结构主义基调相吻合。正如他的一位美国

---

① 〔英〕埃德蒙·利奇：《列维-斯特劳斯》，王庆仁译，22~25页，北京，生活·读书·新知三联书店，1985。

学生所指出的,"尽管他后来多次否认他是结构主义者,但他肯定像列维-斯特劳斯和福柯那样,是重视无意识结构的,他把拉康的'镜子阶段'的概念(拉康精神分析理论的一个观点,指婴儿照镜子时获得某种视觉表象,但还没有把它看作是和自己本身的真实存在相同一的东西)提出作为可以用来改变人的意识的革命手段"。①

阿尔都塞的思想学说及其思维方式,与结构主义思潮的旨趣大致一致。关于这一点,他在《读〈资本论〉》里的一段话表现得集中而明显:"主要的是要把反思的次序倒转过来,首先思考总体的特别结构,以便理解它的各个环节和构成关系在其中同时存在的形式以及历史的特殊结构。"②从这个思路出发,他提出了一种解读经典的方法——"依据征候的阅读"(lecture symptomale)。它是经由拉康而从弗洛伊德的无意识理论发展出来的。众所周知,弗洛伊德通过对梦境中那些移位、荒谬、疏忽等征候的分析,发现了无意识的隐蔽结构;而拉康的语义精神分析学则指出,没有说出的东西比说出的东西更重要。阿尔都塞由此认为,任何文本都有双重结构。一是表面的文字结构,即"可见的话语",如词语、概念、句子及其相互之间的联系等。二是深层的无言结构,即"不可见的话语",它们往往体现为文本中的各种"征候",如沉默、遗漏、空隙等。依据征候的阅读,就是要发掘文本深处隐含的甚至连作者本人都未必意识到的东西,从其无意识的深处拖出"问题框架"(proble matique)或曰理论框架。所谓理论框架:

> 就是使得一种理论能够以特定的方式提出问题,而排除另一些问题的被提出的那个潜在结构。一种理论的理论框架,把它的各种基本概念置于彼此的关系之中,并通过它在这种关系中的地位和功能,决定着每个概念的本质,这样地给予每个概念的特殊意义,它不仅支配着它所能提供的解决办法,而且支配着它所能提出的问题以及它们必

---

① 〔美〕库尔楚埃尔:《路易·阿尔都塞:介于哲学与政治之间》,载美国《马克思主义展望》,季刊,1979年夏季号。转引自袁澍涓主编《现代西方著名哲学家评传》,下卷,349页,成都,四川人民出版社,1988。

② 袁澍涓主编:《现代西方著名哲学家评传》,下卷,342页,成都,四川人民出版社,1988。

定在其中被提出的方式。①

那么,理论框架从何而来?这就涉及阿尔都塞的"意识形态"学说。在他看来,意识形态是不同于科学的一种表象体系,它表达了人类个体与其生存条件之间真实关系和想象关系的统一。具体说来,它是由各种符号所组成的幻景,旨在确立合法性的秩序和提供抚慰性的满足。就像西方马克思主义的思想先驱葛兰西所揭示的,在现代资本主义社会,暴力的统治越来越让位于这种意识形态的控制。而阿尔都塞进一步指出,学校、家庭、传播媒介以及各种党派组织,都是生产意识形态的国家机器,以强制的但又是无意识的方式将所需的理论框架源源输入人们的思想,从而使人们只能在这一深层结构所规定的关系体系中思考一切。他在《读〈资本论〉》里论述道,潜伏在意识形态深处的问题框架在冥冥之中规定着人们的视界,任何问题只有进入这一视界才是可见的,而视界之外的一切则是蔽而不明的。这一思想意义重大,正如王一川先生所言:

> "意识形态国家机器"概念提出了意识形态的生产和再生产的性质问题,这对于后工业社会文化传播尤其是大众传媒的研究具有深远影响。例如,电影叙事方式和节奏将受众的接受速度划一了;电影展示出的另一重生活比历史和现实中的真实生活更能深入人心;电视风光片复制了人们欣赏自然的眼光,在观赏某一景点时,我们已在荧屏上见过它,并亲身从电视镜头的角度来温习早先的印象;充斥于都市的商业广告,引导着人们的购物趋向,并从精神上塑造着人们关于完美生活的观念,等等。②

3. 拉康

精神分析学家拉康(Jacques Lacan,1901—1981),早在二战前就活跃在巴黎的文化圈里,与作家纪德、画家达利等人一道发起超现实主义运动,后来又成为毕加索的私人医生。他于1932年完成的博士论文《妄想狂精

---

① 袁澍涓主编:《现代西方著名哲学家评传》,下卷,329页,成都,四川人民出版社,1988。
② 朱立元主编:《当代西方文艺理论》,238页,上海,华东师范大学出版社,1997。

神病及其与性格的关系》,对许多超现实主义者产生了重要影响。他与阿尔都塞在一点上表现一致:阿尔都塞力图恢复马克思主义的本意,而拉康则是设法再现弗洛伊德思想的原貌。他把精神分析与结构主义联系起来,运用语言学和符号学对弗洛伊德的理论进行了修正、补充及发展。另外,在重新理解弗洛伊德主义的同时,他也对索绪尔的符号理论做了新的阐发,特别是对结构主义符号学的能指与所指理论更是多有创建,以至于被有的人称为符号学的第二个亚当。事实上,他对精神分析学的突出贡献就在于引入语言机制:"就像语言在列维-斯特劳斯人类学中的地位一样,语言在巴尔特、福柯、德里达和拉康的思想中扮演了重要角色。可以说,所有这些人都已经被语言研究弄得神魂颠倒了。"①

在对弗洛伊德进行重新阐释上,拉康把重点放在无意识方面。而其主要洞见之一,就是发现可以围绕几个语言学概念,重新组织弗洛伊德的无意识理论,就此提高这一理论的逻辑性与变通性。这里,他着重借鉴了索绪尔的能指/所指和雅各布森的隐喻/转喻的理论,把语言与无意识这两个系统联系起来做了考察。在他看来,无意识就是受制于语言规则的结构,是像语言一样的结构。他说:

> 梦具有句子的结构,或者用弗洛伊德书中的话说,是一种猜字画谜的结构,也就是说,梦具有某种文字形式的结构。儿童的梦反映了原始表意文字学的特征,而对成年人来说,它同时再现了符号成分的语音用途和象征用途②。

1953年,拉康在被视为新旧精神分析学之分水岭的《精神分析中言语与语言的功用和领域》一文里,第一次充分地将索绪尔的学说用于精神分析,揭示了语言与无意识之间的同构关系。在弗洛伊德的理论体系里,无意识是本能的代表;而在拉康的学说中,无意识是语言的产物。他指出,主体的人在逐渐开始获得言说能力的时候,将自身逐步纳入某种既有的符号秩序之中,并就此把自己的力比多交付该秩序的系统压力支配。这样,主

---

① 〔英〕约翰·斯特罗克编:《结构主义以来》,渠东等译,"导言",15页,沈阳,辽宁教育出版社,1998。
② 转引自朱立元主编《当代西方文艺理论》,72页,上海,华东师范大学出版社,1997。

体的人通过采用语言，便可对自己的本能能量施加影响并予以组织。换言之，无意识是语言对欲望加以组织的结果。

不过，与索绪尔的符号理论不同，拉康更强调能指与所指的分裂，并赋予能指以突出地位。正是在这篇文章中，他提出那个符号研究方面的著名公式S/s。其中大写字母代表能指，小写字母代表所指；隔开两个符号的斜杠，则生动地展现了二者之间某种无法抹去的必然裂痕——"能指和所指作为两种不同秩序的位置，从一开始就被一道抵制意指的屏障阻隔开了"（拉康）。这一公式既简略地概括了索绪尔的符号理论——符号犹如一张由能指与所指的两面所构成的纸，而且也凸显了能指和所指不相吻合的关系。根据他的阐述，能指相对于所指具有至上地位，所指之所以被置于斜杠的下方，乃是由于所指实际上的确"潜藏"（slip beneath）在能指下面。所以，探求所谓纯粹形式的所指，即天然的、与语词了不相涉的思想结构是毫无意义的，语言在人的思想中扮演着某种构成性的元素。用他的话说："在语言之外，不存在任何结构。"（Iln'est strcture que de language）另外，由于那道屏障的阻隔，能指事实上无法履行表征所指的功能，从而成为一种独立的存在。结果，原本看上去亲密无间的能指/所指便各行其是，用他的话说就是"漂浮的能指"和"滑动的所指"。

拉康认为，人类世界在本质上是一个符号世界，所有的日常物品都被变成符号。每个人既受制于这个世界，又力图把自己完全融入这个世界。1936年，拉康在国际精神分析大会上宣读了一篇论文。在这篇标志着他正式加入精神分析运动的论文里，他提出了一个有名的理论——"镜像阶段"（mirror phase）。这个阶段发生在婴儿半岁至一岁半之间，其间婴儿虽然还不能完全控制自己身体的活动，但却通过镜像第一次发现了自身的存在，逐渐确立了自我的概念：

> 孩童在婴儿阶段仍被自己运动机能方面的无力和嗷嗷待哺的依赖状态所束缚。此时他对镜中映像的这种欣悦的认定，似乎展示出某种典型情境下的符号基质（symbolic matrix）。在这一基质中，作为主体存在的"我"（Ⅰ）初显雏形，在与他人相互认同的辩证对立关系中被对象化之前，在重新积贮起语言之前，这个作为主体发挥作用的"我"

就被突然抛到了世间（to be precipitated）。①

比照索绪尔的符号理论，这个在镜子前打量自己的婴儿犹如一种能指——能够赋予意义的东西，而婴儿在镜中所看到的形象就恰似一种所指。能指不仅构成了主体，控制了主体，即他所谓"能指凌驾于主体之上"；而且还积极地寻求主体："所谓能指，代表的是相对另一个能指而言的主体。"（a signifier is that which represents the subject for another signifier.）

拉康将主体这种重构过程所发生的能指领域，称为符号秩序，它体现为一个三重复合体系——符号—想象—现实（Symbolic-Imaginary-Real）。在他的思想中，这一复合体系已经获得某种创造性的地位，堪比弗洛伊德晚期思想里的本我—自我—超我。其中的想象秩序源于婴儿关于"镜中自我"（specular ego）的经验，并一直延伸到成年后对外部世界的经验之中，其特征在于对同一性或类似性的寻求：只要主体内部、主体之间或主体与事物存在不切合现实的认同，就必然是想象秩序在起支配作用。与之相对，符号秩序的特征是差异、断裂和移置，它侵入想象秩序，组织想象秩序，为人提供了超越现实秩序的可能。在拉康的思想中，现实秩序的意涵几乎是不可说的，它在三重复合体系中的作用弱于其他两种秩序，但正如伦敦大学的M.鲍伊（Malcolm Bowie）教授所言：

> 这个术语非常好地将各种歧异与不对称之处重新引回到对符号秩序与想象秩序之关系的思考中（而人们原本是草率地将这种关系归纳为某种二元对立的），并同时提醒我们注意到，拉康笔下被人们认为是无所不能的主体还是有它的局限的，因为主体的符号建构与想象建构都发生在超越于主体本身的某个世界之中。②

拉康的这一思想对理解传播问题颇有启发。如海外传播学研究者提出的三重现实互动理论，即实际发生的客观现实、媒介报道的媒介现实和受众理解的受众现实（臧国仁等，1997），就显然与拉康的三重复合体系之间存在对应的关系：客观现实—现实，媒介现实—符号，受众现实—想象。

---

① 〔英〕约翰·斯特罗克编：《结构主义以来》，渠东等译，137页，沈阳，辽宁教育出版社，1998。
② 〔英〕约翰·斯特罗克编：《结构主义以来》，渠东等译，152页，沈阳，辽宁教育出版社，1998。

对于拉康的结构主义精神分析学，塞巴斯蒂安·廷潘诺在《弗洛伊德的失言论》（1974）里做了不失中肯的评价：

> 必须承认，我坚定不移地认为，拉康著作中故弄玄虚的作派和自我表现的狂热，在相当程度上掩盖了他所有那些可被理解——哪怕是可以争论一番——的观点：在我看来，表面的烟幕之后并没有任何实质性的内涵；很难设想这样一位置身精神分析与语言学相遇前缘的前行者，会如此频繁地表现出对语言学知识的——不管是否是结构性的——偏误与混乱。①

结构主义思潮在20世纪六七十年代一度"甚嚣尘上"，大有席卷天下包举宇内之势。然而，不管是应了老话说的"江山代有才人出，各领风骚数百年"，还是如丹尼尔·贝尔所言由于在现代性进程中神的位置被人所取代，结果没有一家思想能够形成控制全局的大气候，于是难免你方唱罢我登场；总之，进入80年代后，结构主义思潮便开始江河日下，风光不再，结构阵营纵然使尽浑身解数，也无奈时尚女神的移情别恋。特别是80年代的第一年，简直就像滑铁卢似的成为结构主义的祭年。正是在这一年，罗兰·巴尔特不幸殒身车轮下；阿尔都塞由于精神失常而掐死了妻子，从此退出学界；拉康则突然宣布解散自己的学派团体……加之各方对结构主义的批评日甚一日，结构主义的历史人幕终于落下。

二、列维-斯特劳斯

在结构主义运动中，列维-斯特劳斯是位颇受瞩目的领袖人物。他的文化人类学理论，既受到结构语言学的启发，又对当代符号学研究产生影响。诚如约翰·斯特罗克所言：

> 列维-斯特劳斯的著作最清楚地体现出了索绪尔语言研究的意义所在，列维-斯特劳斯就曾宣称，他的精神生活曾经切切实实地受益于

---

① 〔英〕约翰·斯特罗克编：《结构主义以来》，渠东等译，172页，沈阳，辽宁教育出版社，1998。

两种思想的影响，索绪尔就是其中之一……列维-斯特劳斯把人类学现象当成语言来研究……也就是说，他把人类学现象当成系统来研究：如亲属关系系统、图腾制度系统以及神话系统等。他十分重视每个系统内不同单位之间的关系，并且发现，乍眼看去属于同一单位的功能是如何随着它与其他单位之间的关系的变化而变化的。列维-斯特劳斯对神话符号元素的解释简直令人叹为观止，我们许多人都倾向于认为，符号的性质总是固定不变的，任何时候我们都可以对它作出比较单一的解释。但列维-斯特劳斯却别具一格地认为：在符号每次重现过程中，符号的意义是由它们在特定的神话组织系统中所占有的地位决定的。①

克劳德·列维-斯特劳斯（Claude Levi-Strauss），1908年生于布鲁塞尔，1932年毕业于巴黎大学，获法学硕士学位。1934年赴巴西，在由法国创建的圣保罗大学任社会学教授。二战爆发后服过一段兵役。1941年至1945年，在纽约做访问教授，结识了结构主义语言学家雅各布森，在雅各布森创办的《言词：纽约语言学集团杂志》上发表了《语言学和人类学的结构分析》一文。1946—1947年，曾任法国驻美国的文化参赞。1959年起，担任法兰西学院社会人类学教授。他的主要著作及其涉及的研究领域分为三类：一是他的博士论文《亲属关系的基本结构》（1949），1969年出版了该书的英文版（*The Elementary Structures of Kinship*）；二是1958年出版的《结构人类学》（*Structural Anthropology*），1962年出版的《野性的思维》（*The Savage Mind*）和《图腾制度》（*Totemism*）；三是四卷本的《神话学》（*Mythologiques*），其中第一卷《生食与熟食》（*The Raw and the Cooked*）出版于1964年，第二卷《从蜜到灰》（*From Honey to Ashes*）出版于1966年，第三卷《进餐礼仪的起源》（*The Origin of Table Manners*）出版于1968年，第四卷《裸人》（*The Naked Man*）出版于1971年。另外，富有文采的旅行体学术自传《忧郁的热带》（*Tristes tropiques*），记述了他当年在亚马孙丛林考察原始文化的经历，里面提到了在他思想的形成过程中具有关键意义的三个灵感之源，即少年时的地质学、青年时的精神分析和成年时的马克思主

---

① 〔英〕约翰·斯特罗克编：《结构主义以来》，渠东等译，"导言"，13～14页，沈阳，辽宁教育出版社，1998。

义，他把三者称为自己的"三个情人"。这部面向普通读者的读物，1955年出版后使他的名望超越了专业领域。

1. 亲属关系

就专业研究而论，列维-斯特劳斯固然是位开宗立派的人类学家，达到了司马迁所言"究天人之际，通古今之变，成一家之言"的境界。但从更广泛的方面看，他又未尝不是一位文化传播学的大家，因为他毕生实际上都在探究文化的生成与转换问题，他以结构语言学为切口所解剖的许多文化人类学现象如亲属关系、野性思维、神话结构等，更是与传播符号尤其是文化符号剪不断理还乱。正如法国人类学家、《反思符号体系》一书的作者丹·斯皮尔伯（Dan Sperber）所言：

> 在四五十年代，许多颇有远见的学者非常重视建立在符号学、控制论和信息论相互交融基础上的沟通科学（实即传播学——引者注）的发展。科学本身也开始把语言研究、文化研究和社会研究同人类心脑研究结合起来。共同概念和共同方法正在引导着新科学的产生。在有关方法论问题的早期论文中，列维－斯特劳斯就暗示了自己对新科学做出的贡献，他期待着自己或他人能够沿着这条道路将科学向前推进一步。[1]

概言之，在列维-斯特劳斯的理论体系里，一切人类文化现象都可归结到文化符号及其构成关系上。下面我们就从这个角度，对他的结构主义人类学展开论述。

虽说结构主义与存在主义看上去势不两立，列维-斯特劳斯在《野性的思维》最后一章还专门对萨特的《辩证理性批判》做了强烈的反驳；但事实上二者有着共同的马克思主义渊源，《野性的思维》甚至就是题献给另一位与萨特齐名的存在主义哲学家梅洛-庞蒂的（1932年，列维-斯特劳斯、梅洛-庞蒂和萨特的恋人波伏瓦，是同一所中学的教员）。他在《忧郁的热带》里曾写道："马克思主义对我来说，与地质学和精神分析学一样，是我从事

---

[1] 〔英〕约翰·斯特罗克编：《结构主义以来》，渠东等译，41页，沈阳，辽宁教育出版社，1998。

研究的方法……全部这三个方法都说明，所谓解释，就是把一种现实归纳为另一种现实；而真正的现实绝不是那种最明显的现实……"①那么，它是什么呢？在他看来，它是隐匿于种种司空见惯的现实表象之中而起支配作用的结构，即其《结构人类学》里所说的：

> 如果如我们所相信的那样，精神的无意识活动就是给内容规定一些形式，如果这些形式对所有人的精神，不论是古代人和现代人、野蛮人和文明人，都基本上是相同的——就像对于言语里表现出来的象征功能所作的研究结果如此辉煌地表明的那样——那就应该，而且也有充分条件，在每一种制度和习俗的下面去找到这种无意识的结构，来得到对其他制度和习俗能够有效的解释原理；当然，条件是要把这种分析进行得相当深入。②

这里，他所说的结构，与结构语言学的结构在内在理路上一脉相承。不妨说，他的研究就是将现代语言学的方法用于分析非语言学的材料，或者说"他研究的是整个文化的语言"（特伦斯·霍克斯）。在他看来，正是语言构成了使人类和动物区别开来的文化现象的"原型"，而全部社会生活形式都确立在这一原型之上。所以，他在《忧郁的热带》里写下几成格言的句子："谁要谈论人，谁就要谈论语言，而要谈论语言，就要谈论社会。"

他虽然承认，自己的观念直接派生于萨丕尔和沃尔夫的著作，但他觉得他们的理论缺乏对文化的整体关照。他认为，各种社会文化系统如亲属关系、食物烹饪、婚姻仪式、意识形态等，都是整个文化的部分表现，它们能够组合起来形成一种巨型语言。这样一来，对语言的分析显然就为整个文化的分析提供了范例，用霍克斯的话来说：

> 他的方法从根本上说，是把由语言学家的音位概念的变更造成的他称为"音位学革命"的诸原则应用于非语言学的材料。这就是说，他试图把文化行为、庆典、仪式、血缘关系、婚姻法规、烹饪法、图

---

① 〔法〕克洛德·列维-斯特劳斯：《忧郁的热带》，王志明译，59页，北京，生活·读书·新知三联书店，2000。
② 转引自皮亚杰《结构主义》，倪连生等译，77页，北京，商务印书馆，1984。

腾制度的各组成部分看成不是固有的或无联系的实体，而是相互间保持的对比关系，这些关系使它们的结构和语言的音位结构相类似。①

以他着力研究的亲属关系（实即谁和谁可以结婚而谁和谁不可以结婚的问题）为例，他就把进入婚姻流通渠道的妇女视为一种语言或文化符号。他说，我们应当"把婚姻规则和亲属系统当成一种语言，当成一种在个人和群体之间建立某种沟通方式的一系列过程。在这种情况下，起到中介作用的是能够在氏族、宗族和家族之间流通的群体内的妇女，它代替了能够在个人之间流通的群体内的语词，但这种代替根本改变不了以下事实：这两种情形在现象上有着完全一致的本质"②。当然，对这一观点，以罗德尼·尼达姆和埃德蒙·利奇为代表的英国人类学家曾提出强烈质疑。法国人类学家斯皮尔伯也认为：

> 无论如何，把流通等同于沟通的看法都是值得商榷的。如果我把某些词语流通提供给你，那么事实上我们确实是在进行沟通：我把某些你还没有掌握的信息传递给你，以便我们来共同分享这些信息。反过来说，如果我把一头奶牛交给你，这当然是流通，但它还不能算作是沟通：在这一过程的始终，我们之间并没有增加多少共同之处。
>
> ……如果我们为了方便起见，接受了列维－斯特劳斯关于妇女在亲属关系系统中作为沟通讯息的观点，那么这些讯息实际上是由呈现出来的信息，而不是符码化的信息构成的，它不具有任何"语言学"意义。
>
> 因此，亲属关系系统成为一种语言的论断，只能作为一种复杂的隐喻加以分析，这些隐喻是建立在尚存疑问的举隅法（即以具体代替抽象的修辞格——引者注）这一基础之上的。③

2. 图腾制度

如果说亲属关系在列维-斯特劳斯的研究领域中只是一个边缘的论题，

---

① 〔英〕特伦斯·霍克斯：《结构主义和符号学》，瞿铁鹏译，26页，上海，上海译文出版社，1987。
② 〔英〕约翰·斯特罗克编：《结构主义以来》，渠东等译，6页，沈阳，辽宁教育出版社，1998。
③ 〔英〕约翰·斯特罗克编：《结构主义以来》，渠东等译，8页，沈阳，辽宁教育出版社，1998。

那么他在原始文化方面的有关论述如神话、图腾制度、野性的思维等，则在他的理论体系中属于核心的内容。也正是在这些方面，他对文化符号做了深入透辟令人叹服的阐发。依据斯皮尔伯的分析，他对文化符号的独到见解包括三个方面：

> 首先是他的用意：他在探究文化符号过程中所要了解的，不是人类智力发展的原始阶段，也不是潜藏在特殊文化领域里的意识形态，而是所有人所共同拥有的能够跨越时空的思维模式。其次，他真正所关心的，不是对每个符号都作出单一的解释，而是要把各种符号之间千变万化的差别和补充解释揭示出来。最后，他尤为关注符号之间的系统联系，认为抽象层面上的解释是确立这些关系的手段，而不是以自身为目的。①

不过，由于人类学多以原始文化为考察对象，加之列维-斯特劳斯最有影响的著作又叫《野性的思维》，故而一般人不免对他的基本用意产生误解，以为所谓"野性的"思维及其产物如图腾、神话，都是与文明世界相对的"野蛮人的"思维，进而想当然地视之为"原始""落后""幼稚"。其实其本意原在于揭示人类所共有的一种"未驯化的思维"，而它并不逊色于文明开化的逻辑思维。相反，与爱默生关于文明使人类丧失某些生命原动力的主张一样，在列维-斯特劳斯看来，倒是现代人的思维及其传播方式更值得用否定的词语进行反思：

> 我们之间的相互关系现在仅仅偶尔地、零碎地建立在整体的经验即一个人对另一个人的具体的"理解"之上。这些关系大都是一种间接的重新构造的过程的结果，依靠于文献记载。我们不再依赖口头传说和我们的过去相联系，口头传说意味着和其他人（讲故事者、牧师、智者或长者）的直接接触，而是依赖图书馆里大量的图书。借助书本，我们试图——极其困难地——了解这些书的作者。我们借助各种各样的媒介——文献或行政结构——和我们同时代的绝大部分人进行交往。

---

① 〔英〕约翰·斯特罗克编：《结构主义以来》，渠东等译，11页，沈阳，辽宁教育出版社，1998。

这无疑极大地扩展了我们的接触范围，但同时又使那些接触显得多少有点"不可信"……

我们应该避免用否定的态度描述因书写的发明而引起的巨大革命。但是必须认识到，当书写造福于人类的同时，也从人类身上夺去了某种最基本的东西。（《结构人类学》）①

这种最基本的东西，突出地显示在发明图腾及构造神话上。

关于原始文化里的图腾与神话，列维-斯特劳斯在《野性的思维》中做了这样集中而概括的论述：

> （1）所谓图腾组织是建立在两个系列间的全面对应上的，而不是建立在两个系列的诸项间的特殊对应上的；（2）这种对应关系是隐喻的，而非换喻的；（3）最后，只有当每个系列预先由于贬抑其成分而被简约化，从而鲜明地突出其内在的非连续性后，该系列才成为明显可见的。②

比如，说氏族A来自熊而氏族B来自鹰，不过是以一种具体而简洁的方式说，A和B之间的关系类似于动物种类之间的关系。换言之，没有谁真把自己看成图腾动物，那只是以类比的方式界定自己与他人的对立或差异，是对个人在世界上的地位及其与他人他物的关系所做的说明，就像索绪尔对语言符号所做的描述一样。事实上，结构主义语言学和结构主义人类学都在强调，实体之间的"音位"关系比实体本身重要，实体的本质不是取决于自身而是取决于关系。就图腾制度而言，潜藏在图腾动物中的符号都呈现出一种系统性特征，各种图腾其实都是作为文化传播方面的"语言"手段而发挥着代码功能，按照列维-斯特劳斯在《图腾制度》里的说法：

> 一般被称为图腾的那种命名和分类系统的功能价值，来自于这些系统的形式特征：这些系统是一些代码，它们适于传达可以转化为其

---

① 〔英〕特伦斯·霍克斯：《结构主义和符号学》，瞿铁鹏译，46~47页，上海，上海译文出版社，1987。
② 〔法〕列维-斯特劳斯：《野性的思维》，李幼蒸译，260页，北京，商务印书馆，1987。

他代码的信息，同时也适于表达那些用不同于自己系统的代码接受下来的信息。①

也就是说，人类群体之所以制定图腾制度，就是想借助自然系统来设定文化系统，正如借助自然光谱来设定交通信号一样。所以，这种符号表达方式并不仅限于"野蛮人"，"文明人"也常表现出此类信息编码或创造结构的能力，埃德蒙·利奇在其《列维-斯特劳斯》里举过一个典型例子：

> 请想一想支配英国人对待动物的行为的那些单独而往往很古怪的原则吧。他们将动物分为：（1）野兽，（2）狐狸，（3）猎物，（4）家畜，（5）爱畜，（6）害兽。再请注意，如果我们把一些词按如下次序排列：（1a）陌生人，（2a）敌人，（3a）朋友，（4a）邻居，（5a）伙伴，（6a）罪犯，那么，我们可以看到这两套词在某种程度上是相似的。②

总之，列维-斯特劳斯认为，像图腾分类这样的符号系统，要么取决于普遍存在的人类能力而非原始人的弱智，要么取决于个人或社会的现实需要。

3. 神话结构

最后，我们集中看看列维-斯特劳斯是如何用符号解析神话及其无意识结构的。众所周知，古往今来各个民族的神话浩瀚纷繁千姿百态，但在列维-斯特劳斯看来，它们都可归结为一些重复发生的要素，是从这些基本的构成要素中生发出来的：

> 语言有许许多多种，但是对任何语言都有效的结构规律却寥寥无几。如果把大家熟悉的童话和神话汇编起来，那将卷帙浩瀚。但是如果我们从众多的人物性格中抽象出一些基本的功能，那么我们就可以把这些神话故事缩减为一小部分简单的类型。（《结构人类学》）③

---

① 〔英〕特伦斯·霍克斯：《结构主义和符号学》，瞿铁鹏译，51页，上海，上海译文出版社，1987。
② 〔英〕特伦斯·霍克斯：《结构主义和符号学》，瞿铁鹏译，53页，上海，上海译文出版社，1987。
③ 转引自特伦斯·霍克斯《结构主义和符号学》，瞿铁鹏译，35～36页，上海，上海译文出版社，1987。

这里，我们可以把各种各样的神话比做索绪尔所说的言语，而由基本的神话要素构成的神话结构则相当于他所说的语言。如此说来，每一种神话的单独叙述即"神话言语"，都是从属于"神话语言"的基本结构并脱胎于此的：

> 一方面，似乎在神话里任何事情都可能发生。这里没有逻辑，没有连贯性。人们可以把任何特征赋予任何主题；人们可以发现任何可以设想的关系。在神话中，任何东西都变为可能。但是，另一方面，从不同的地区搜集来的神话，它们之间的惊人的相似性，又把这种明显的任意性否定了……如果神话的内容是偶然的，那么，我们怎样解释遍布世界各地的神话为什么如此相似呢？（《结构人类学》）①

列维-斯特劳斯指出，神话语言的这一基本结构，如同乐谱一样沿着历时性轴线和共时性轴线同时展开："管弦乐队的乐谱如果要有意义，必须历时性地沿一轴线（即，一页接一页、从左到右地）阅读，同时又必须共时性地沿着另一轴线阅读，所有垂直地写出的音符组成一个总的组合单位，即一束关系。"②显而易见，这一关系是索绪尔横组合／纵组合的变形，也是雅各布森转喻／隐喻的发展。按照这一原则，他对俄狄浦斯神话作出了几成经典的分析，借用王一川的简约概括来说：

> 他从这一文本的若干杂乱的"潜文本"中梳理出四栏两组对立要素（过高或过低估价亲属关系，否定或肯定人由土生），进而使其最终凝缩为关于人由二（男女）或一（土）所生的二元对立关系模式。这样，这则神话被认为"提供了一种逻辑手段，这一手段是把人由一个（土地）所生，还是由两个（男与女）所生这一原始问题与人是同一还是不同亲属关系所生这个派生的问题联系起来"……列维－斯特劳斯的这一分析，就其作为符号学美学的开创性和示范性工作来说，是相当成功的，因为语言学模型居然能够被如此令人激动地用来阐释

---

① 转引自特伦斯·霍克斯《结构主义和符号学》，瞿铁鹏译，36页，上海，上海译文出版社，1987。
② 转引自特伦斯·霍克斯《结构主义和符号学》，瞿铁鹏译，40页，上海，上海译文出版社，1987。

那具有"永久的魅力"的希腊神话，使一向复杂而难以统一的神话文本竟显出统一的"逻辑秩序"来！①

从看似杂乱无章的现象到实则井然有序的系统——从无序到有序，也正是列维-斯特劳斯以及整个结构主义思潮的基本脉络，就如霍克斯在论述列维-斯特劳斯的理论之后所总结的：

> 再说一遍，我们可以把结构主义的影响看作像X射线那样，它透过表面上独立存在的具体客体，透过"以要素为中心的"（或"语音的"）世界，来探究"关系的"（或"音位的"）世界。②

第二节　罗兰·巴尔特

在当代符号学研究方面，罗兰·巴尔特的名字大概是最为人所周知的。他的知名度一方面固然是来自他那些新颖独到的符号学思想；另一方面也在于他用符号透视的眼光对大量社会现象所做的通俗解剖，其中特别值得我们重视的是他对许多大众文化和大众传播问题的符号学论述。

一、生平与著述

罗兰·巴尔特（Roland Barthes，1915—1980），是法国当代思想家。"思想家"一词对他来说，或许是盖棺论定之际惟一恰切的评语。若嫌空泛，最多再加上一个"符号学家"的头衔也就足矣。思想家表现着其学有所长的一面，而符号学家凸显着其术有专攻的一面。他的思想为人类的精神宝库又增添了一份遗产，正如美国文艺理论家苏珊·桑塔格在其所编《巴尔特文选》里所写到的："在二次大战后从法国涌现的所有思想界的大师中，

---

① 王一川：《语言乌托邦——20世纪西方语言论美学探究》，168页，昆明，云南人民出版社，1994。
② 〔英〕特伦斯·霍克斯：《结构主义和符号学》，瞿铁鹏译，56~57页，上海，上海译文出版社，1987。

我敢绝对肯定地说，罗兰·巴尔特是将使其著作永世长存的一位。"①至于他在符号学上的声望则在一件事上表现得尤为直接而突出，那就是1976年仅有学士学位的巴尔特在福柯的推荐下，成为法国最高学府法兰西学院第一位文学符号学的讲座教授。在就职演说中，他回应了福柯有关权力即话语的思想：

> 我们"单纯的"现代人把权势看成是一种有些人拥有、有些人不拥有的东西。我们曾经认为权势是一种典型的政治现象；现在我们则相信它也是一种意识形态现象……于是我们发现权势出现于社会交流的各种精巧的机构中，不只是在国家、阶级、集团里，而且也在时装、舆论、演出、游乐、运动、新闻、家庭和私人关系中，甚至在那些企图对抗权势的解放冲动中……在人类长存的历史中，权势于其中寄寓的东西就是语言，或者再准确些说，是语言的必不可少的部分：语言结构（la langue）……说话（parler），或更严格些说发出话语（discourir），这并非像人们经常强调的那样是去交流，而是使人屈服：全部语言结构是一种普遍化的支配力量。②

可以说，巴尔特一生也都在致力于揭示这一隐匿于符号、话语、文本中的支配力量。然而，就在他处于人生的鼎盛之际，1980年他却在巴黎街道上被一辆货车撞倒而不幸身亡。

巴尔特既是结构主义的主要代表，又是结构主义向后结构主义过渡的关键人物。在欧美学界广为流传的那句半认真半调侃的话"结构不上街"，就同他密切相关。关于此事的来龙去脉及其深层意味，北京大学的王东亮先生专门撰文做了解说：

> 一九六八年五月，在结构主义如日中天的时候，爆发了有法国的"文化革命"之称的"五月风暴"。不满现状的巴黎学生们走上街头，

---

① 〔法〕罗兰·巴尔特：《符号学原理——结构主义文学理论文选》，李幼蒸译，182页，北京，生活·读书·新知三联书店，1988。
② 〔法〕罗兰·巴尔特：《符号学原理——结构主义文学理论文选》，李幼蒸译，3~5页，北京，生活·读书·新知三联书店，1988。

进行游行示威，并与警方发生冲突，占领学校和教室，在拉丁区组织街垒战，以暴力的形式向保守的文化教育体制和陈旧的社会政治结构发出挑战。学潮得到很大反响并获得很多的民众支持。一时间，一切正常的秩序都被打破……

在巴黎高等研究实验学院任职的巴尔特似乎对这次大规模的学运缺乏足够的反应。在同行们或参加战斗或声明支持或充满好奇旁观的时候，他态度暧昧地宣布开一门研讨课，讨论语言与学生运动或语言与革命的关系问题。然而，革命热情高涨的学生们却在对他报以哄堂大笑之后，将他的研讨班与格雷马斯的研讨班合并成一个"语言批评行动委员会"。两位教师实现半班制，一人值一天革命班，就符号学和结构主义等问题接受学生们的质疑，并且不经学生提问，没有发言的权利。

一天，格雷马斯当班的时候，学哲学的卡特琳娜·克莱芒从索邦大学哲学系赶来。她传达了哲学系大会上一致通过的一项长达三页的提案，提案的最后一句话是："显然，结构从不上街。"研讨会上围绕这句话进行了讨论。第二天，索邦大学的走廊里出现了一张大字报，上面写着："巴尔特说：结构不上街。我们说：巴尔特也不上街。"

"五月风暴"结束了，但"结构不上街"这句陈述从此走红大西洋两岸的学府，多次以书面语和口语的形式被抛掷于结构主义者面前，某种程度上成了结构主义不支持"五月风暴"、在社会革命中"失足"的身份标记。①

后来，巴尔特在1974年随同后结构主义团体《太凯尔》(*Tel Quel*)杂志社成员对中国的访问，在王东亮先生看来就"一半像是屈从于媒体与思想时尚的压力，一半像是对'五月风暴'中'失足'的补救"②。此次中国之行还有几位左翼知识分子，包括符号学家、后结构主义宿将朱丽娅·克里斯蒂瓦（Julia Kristeva），而巴尔特的观感则见于身后多年出版的遗著《中国旅行笔记》(2009)。

---

① 王东亮：《"结构不上街"的事故调查》，载《读书》，1998(7)。
② 王东亮：《"结构不上街"的事故调查》，载《读书》，1998(7)。

巴尔特的代表作计有：《写作的零度》（1953）、《神话集》（1957）、《符号学原理》（1964）、《S/Z》（1970）、《符号帝国》（1970）、《文本的快乐》（1973）、《罗兰·巴尔特论罗兰·巴尔特》（1975）、《恋人絮语》（1977）等。这些著述始终贯穿着对语言、代码、符号、文本及其内在意味的关注，即路易-让·卡尔韦在《结构与符号——罗兰·巴尔特传》里所言："他的这种目光告诉无数的读者，社会的华丽外衣、社会新闻、照片、广告、日常生活等都是符号，他的目光使读者注意到了意义的问题……"[①]

在其成名作《写作的零度》（*Writing Degree Zero*）中，巴尔特简要地追踪了"资产阶级写作"（ecriture bourgeoise）从形成到分裂的线索，深刻揭示了隐含在看似纯属修辞属性的写作风格或写作方式里的资产阶级意识形态。他指出："写作绝不是交流工具，它不是一条可供说话的动机通过的康庄大道。"[②]与萨丕尔-沃尔夫假说相似，他认为写作本身和语言一样也是一种建构现实的手段，决不存在和意识形态无关的诸如"精确""明晰"那种普适而绝对的风格，像左拉的所谓自然主义写作就"远非是中立的……恰恰相反，它充满最为壮观的编造的迹象"[③]。在他看来，把特定的历史和文化现象彻底打扮成无所不在的客观自然现象，是资产阶级急于把人类的全部经验都纳入自身体系的一个庞大计划，根据这个计划，资产阶级生活的所有方面都将自然而然地披上普适性、必然性和正义性的外衣。值得我们特别注意的是，巴尔特剖析的这段被称为古典主义的时期（1650—1850），也正是西方现代新闻业从萌芽走向成型的阶段——西方第一张日报《莱比锡新闻》即创办于1660年，而第一家通讯社路透社则出现于1851年，而被现代新闻业奉为神圣法则的客观真实性也恰恰是在这一时期逐步确立起来的。问题在于，不论是资产阶级的写作还是新闻业的报道，从来都不是对现实的一种质朴的反映：

> 事实上，它以自己的形象塑造现实，作为资产阶级生活方式和价

[①] 路易-让·卡尔韦：《结构与符号：罗兰·巴尔特传》，车槿山译，267页，北京，北京大学出版社，1997。
[②] 〔英〕特伦斯·霍克斯：《结构主义和符号学》，瞿铁鹏译，110页，上海，上海译文出版社，1987。
[③] 〔英〕特伦斯·霍克斯：《结构主义和符号学》，瞿铁鹏译，110页，上海，上海译文出版社，1987。

值观的合法传递人、传播者或者编码人。响应这种写作就是接受那些价值，就是证实并进一步论证那种生活方式的本质。①

所以，把某种写作风格如精确明晰视为写作的内在特征，而不是由经济和政治条件所决定的外在特征，用巴尔特的话说就是十足的虚伪。这里，他所关注的不是产品本身而是生产体系，不是意指本身而是意指过程。显然，前者强调独立的个性，而后者着重系统的结构。如前所述，"作为哲学思潮的结构主义是对存在主义过度强调主体作用的倾向的一种反拨，而受普通语言学影响的方法论上的结构主义所捍卫的，是将主体和历史等因素排除在观察视野之外，对系统中关系的构成方式进行客观描述和结构分析"②。以霍克斯所概括的一个巴尔特论及文本与作者的观点为例：

> 现代（即文艺复兴之后）作者越来越倾向于把写作看成是他们个性的一种表现，甚至是延伸，而中世纪作者却不这样看。的确，个人的"作者"概念（作者的名字印在他所写的书上）在中世纪是没有什么地位的。当时，著作、故事、诗歌更容易被看成是集体事业的一部分，它们不表达个人的"观点"（正是这个短语意味着一个人的单独的看法），而是表达一种总的看法，它们是整个文化的产物。剽窃的概念就是一个明证，"集体的"中世纪社会实际上根本不知道这个概念，因为几乎觉察不到那种现象。但在现代个人主义的、自管自的社会中，它成了文学上侵犯所有权的罪行：一种偷窃。③

这与清代大儒章学诚在其博大精深的《文史通义》里所谈的有关思想有异曲同工之妙："古人之言，所以为公也，未尝矜于文辞而私据为己有也。志斯于道，言以明志，文以足言。其道果明于天下而所志无不申，不必其言之果为我有也。"（《文史通义·言公篇》）

---

① 〔英〕特伦斯·霍克斯：《结构主义和符号学》，瞿铁鹏译，109页，上海，上海译文出版社，1987。
② 王东亮：《"结构不上街"的事故调查》，载《读书》，1998（7）。
③ 〔英〕特伦斯·霍克斯：《结构主义和符号学》，瞿铁鹏译，123页，上海，上海译文出版社，1987。

二、符号学研究

巴尔特的符号理论,主要集中于《神话集》(*Mythologies*)和《符号学原理》(*Elements of Semiology*)两书中:前者主要是符号理论的应用,后者主要是符号理论的建构。

《神话集》,实际上是对中产阶级或资产阶级意识形态所做的文化批判,"针对的是布尔乔亚意识形态如何以近似匿名的方式,被强加在所有社会阶层之上……是布尔乔亚阶级利用伪意识所进行的社会控制和普罗阶级的布尔乔亚化"(林志明)[1]。全书分为两大板块,一是一组评论性的短文——"连续两年,每月一篇以法国时事为主题的感言"(巴尔特《神话集》初版序);二是一篇论述性的长文,着重阐发了一个主题:

> 整个法国都被笼罩在这匿名的意识形态中:我们的报纸媒体、我们的电影、我们的剧场、我们的通俗书刊杂志文化、我们的仪式、我们的司法、我们的外交、我们的对话、我们对天气的评论……日常生活的所有事物,都依赖中产阶级所有及令我们拥有在人类与世界间关系的表现。[2]

《神话集》有两点值得强调,其一是对传播学批判学派的贡献;其二是与福柯话语理论的联系。20世纪60年代,大众传播的迅猛发展以及滚滚涌出的各种符号,恰似巴尔特在《神话集》所描绘的:

> 宣传、全国性报纸媒体、收音机、插图新闻的发展,遑论控制社交外观的数种传播方式,已使符号科学的发展较以往更紧急。在一天里,我们跨越了多少非指涉性的领域?非常少,有时甚至没有。我正面对着海洋;它确实未承担着讯息,但是在沙滩,真是符号学的好题材!旗帜、标语、告示、招牌、衣服、防晒油,对我而言真是讯息

---

[1] 〔法〕罗兰·巴尔特:《神话——大众文化诠释》,许蔷蔷等译,"导读",3页,上海,上海人民出版社,1999。按:此译本即巴尔特的《神话集》。
[2] 〔法〕罗兰·巴尔特:《神话——大众文化诠释》,许蔷蔷等译,200页,上海,上海人民出版社,1999。

繁多。①

对这些纷繁错杂的讯息，人们往往视为自然而然的"客观"现象，从而忽略或根本无视其中有一项共同的意义运作机制在起支撑作用，而巴尔特则以其《神话集》对此做了无情的剖析：

> 他无情地剖析了由法国大众传播媒介创造的"神话"，揭露了它为自身的目的而暗中操纵代码的行径。尽管这些媒介的公开态度是：根本不存在这种代码，它们不带任何偏见地描述真实的现实世界，但是巴尔特的分析精细而有趣地揭示了一个相反的目的：为了创造、证实和强化一个特殊的世界观，其中，资产阶级的价值观在各个方面都以习以为常的、不可避免的、"正确的"面目出现……②

就此他举的一个很有代表性的例子，是《法国晚报》上的一则有关蔬菜价格下跌的标题。从表面上看或者从他所说的第一系统上看，这只是一个语言事实，反映的也是实际情况（蔬菜价格确实下降了）。但是，这个由自身的能指／所指而形成的语言符号，相对于深层的意识形态系统又只是一个能指，其所指就是政府的措施得力管理有方：

> 在第一个系统里（完全语言学的），因果关系确实是自然的：水果和蔬菜正当产季，所以价格下跌。在第二个（神话的）系统中，因果关系是人为的、虚假的；但可以说它是绕过自然的后门。这就是为什么神话令人觉得像是无知的言谈：不是因为它的意图隐藏起来——如果它们藏了起来，就不会有效用——而是因为它们是自然化的。③

这一思路与传播学批判学派的思路如出一辙，事实上巴尔特对意识形态的符号学分析本来就属于批判的传播研究。当然，人们完全有理由对《神话集》的某些文化"解读"持保留态度，但无法否认书中所探讨的

---

① 〔法〕罗兰·巴尔特：《神话——大众文化诠释》，许蔷蔷等译，220~221页，上海，上海人民出版社，1999。
② 〔英〕特伦斯·霍克斯：《结构主义和符号学》，瞿铁鹏译，112页，上海，上海译文出版社，1987。
③ 〔法〕罗兰·巴尔特：《神话——大众文化诠释》，许蔷蔷等译，190页，上海，上海人民出版社，1999。

符号作用在生活中随处可见，而大众传播又是最引人注目的例子。援引约翰·斯特罗克的断语，《神话集》是"他所有作品里最睿智、最辛辣的一部：凡是读过这部作品的人，都会彻底丢弃对潜藏在我们置身其中的文化表象里的意识形态的天真幻想"①。此外，透过巴尔特的这些分析——"神话是一种语言"（lemythe est un language），也隐约看到福柯话语理论的雏形。

至于《符号学原理》，则是一部系统严密的学术著作——"由于论述整齐严密，简洁明了，已成为当前西方文学符号学研究的必读书和入门书了"（李幼蒸）②。

1962—1964年，巴尔特在巴黎高等研究实验学院为学生开了一门研讨课"意义的当代系统"。后来，他根据这门课的讲授内容写出了一篇介绍和普及符号学基本理论的长文，刊登在大众传播研究所主办的《传播》丛刊1964年第4辑"符号学研究"专号上，这就是《符号学原理》。第二年，又出版了单行本著作，从此风行天下。需要说明的是，它只是一本符号学的基础读物，讲的都是索绪尔所开启的符号研究方面的基本概念、知识及理论，书名elements也清楚显示了这一点。所以，中译本用"符号学原理"做书名并不确切，按照王东亮先生的意见应为《符号学基础》或《符号学入门》③。

《符号学原理》的意义在于第一次明确界定了源于索绪尔的符号学基本概念，同时清晰地梳理了符号学的主要理论，提出了符号学的四对基本范畴：一、语言与言语；二、所指与能指；三、组合与系统（即横组合与纵组合）；四、外延与内涵。此外，由于该书叙述简练、逻辑谨严，因此欧美各大学常把它指定为文科学生的必读书或参考书：

> 也许正是出于普及的尝试和愿望，作者巴尔特才在大众传播蓬勃发展并对符号学提出迫切历史要求的60年代初，做出了其他符号学家

---

① 〔英〕约翰·斯特罗克编：《结构主义以来》，渠东等译，57页，沈阳，辽宁教育出版社，1998。
② 〔法〕罗兰·巴尔特：《符号学原理》，李幼蒸译，译者前言8页，北京，生活·读书·新知三联书店，1988。
③ 王东亮为其三联版《符号学原理》写的"译后记"。

不肯"屈尊"且不一定做得好的这一概念梳理工作。①

像"意指"这个有些含混的概念，就被他解释为一目了然的"符号化过程"：

> 符号是音响、视象等的一块（双面）切片。意指（signification）则可被理解为一个过程，它是将能指与所指结成一体的行为，该行为的产物便是符号。②

如他举的那个人们喜欢引用的例子——玫瑰，它是一个符号，其能指是作为植物的玫瑰，其所指是爱情的意念。作为植物的玫瑰和作为符号的玫瑰完全不同，前者是空洞无物的，后者却是充满意味的，而使之充满意味的符号化过程就是意指。

全书一开始，就谈到了大众传播的communication（传播）和符号研究的signification（意指）：

> 大众传播的发展在今日使人们空前地关注意指的广泛领域，而与此同时，语言学、信息学、形式逻辑及结构人类学等学科所取得的成就，又为语义分析提供了新的手段。符号学在此种情形下呼之欲出，就不再是几个学者的异想天开，而是现代社会的历史要求。③

不过，他颠倒了索绪尔关于语言学从属于符号学的观点，主张符号学从属于语言学：

> ……所有的符号系统都与语言纠缠不清……当代社会（限定在大众传播范围）的符号学家，尽管一开始就以非语言实体为研究对象，迟早要在他的研究道路上遭遇到（"真正的"）语言……符号学也许注定要深入到跨语言领域，其研究材料将时而是神话、叙事、报刊文

---

① 王东亮为其三联版《符号学原理》写的"译后记"。
② 〔法〕罗兰·巴尔特：《符号学原理》，王东亮等译，39页，北京，生活·读书·新知三联书店，1999。
③ 〔法〕罗兰·巴尔特：《符号学原理》，王东亮等译，1~2页，北京，生活·读书·新知三联书店，1999。

章，总之所有以分节语言为第一实体的意指集成；时而是我们的文明的产物，只要它们被言说出来，如新闻报道、说明书、采访、谈话，也许还包括属于幻想类的内心语言。总而言之，应该从现在起就承认，有朝一日索绪尔的主张有可能会被推翻：语言学不是普遍的符号科学的一部分，哪怕是有特殊地位的一部分；相反，符号学乃是语言学的一部分，是具体负责话语中大的意义单位的那部分。①

总的来看，巴尔特自己对符号学的建树体现在两个方面，一是基础理论方面，二是实际应用方面。他在理论上的最大进展，是对符号内涵意义的分析，这是"巴尔特符号学实践的根本"（王东亮）；他在应用上的最大成就，是对许多时尚领域如服装、饮食、广告等所做的符号学分析。下面就集中论述这两个方面的内容。

三、"换挡加速"

在巴尔特之前，符号的内涵现象尚未得到系统研究。只有哥本哈根学派的语言学家叶姆斯列夫，在《语言理论绪论》（1943）里谈及与之相关的"含蓄意指"：一个由表达和内容所形成的单元，又成为另一个内容的表达。巴尔特的内涵理论，就导源于此。这一理论，最初是他在解剖当代神话的研究中提出的。他所谓的神话，不是一般说的神话，"而是指一个社会构造出来以维持和证实自身的存在的各种意象和信仰的复杂系统"（霍克斯）②。他在《神话集》里写道：

> 什么是现代神话？我一开始就要提出一个初步的、非常简单的解答，它和语源学非常一致：神话是一种言谈……任何事情只要以言谈方式传达，就都可以是神话了……世界上的每一种物体，都可以从一个封闭、寂静的存在，衍生到一个口头说明的状态……这种言谈是一

---

① 〔法〕罗兰·巴尔特：《符号学原理》，王东亮等译，2~3页，北京，生活·读书·新知三联书店，1999。
② 〔英〕特伦斯·霍克斯：《结构主义和符号学》，瞿铁鹏译，135页，上海，上海译文出版社，1987。

个讯息，因此绝不限于口头发言。它可以包含写作或者描绘；不只是写出来的论文，还有照片、电影、报告、运动、表演和宣传，这些都可以作为神话言谈的支援。①

由此可见，他说的神话也同传播及其研究相互关联。在这一神话言谈或信息传播里，我们不难发现能指、所指及其产物——符号的踪影：

> 神话是一个奇特的系统，它从一个比它早存在的符号学链上被建构：它是一个第二秩序的符号学系统。那是在第一个系统中的一个符号（也就是一个概念和一个意象相连的整体），在第二个系统中变成一个能指。我们在这儿必须回想神话言谈的素材（语言本身、照片、图画、海报、仪式、物体等），无论刚开始差异多大，只要它们一受制于神话，就被简化为一种纯粹的意指功能。神话在它们身上只看到同样的原料；它们的单一性在于它们都降为单纯语言的地位。无论它处理的是字母的还是图像的写作，神话只想在其中见到整体符号，一个全面的符号，第一个符号学链的最终名词。也正是这最终名词，变成它所建立较大系统中的第一个名词，它只是较大系统中的一部分……②

简言之，第一个符号系统如语言（包括能指和所指），成为第二个更大的符号系统如意识形态的能指。对此，巴尔特举的一个最有名的例子是：

> 我在理发店里，有人给我一本《巴黎竞赛画报》（Paris-Match）。封面上，是一个身着法国军服的年轻黑人在敬礼，两眼上扬，也许凝神注视着一面法国国旗。这些就是这张照片的意义。但不论天真与否，我很清楚地看见它对我意指：法国是一个伟大的帝国，她的所有子民，没有肤色歧视，忠实地在她的旗帜下服务，这个黑人在为所谓其压迫者服务时表现出来的忠诚，再好不过地回答了那些对所谓殖民主义进

---

① 〔法〕罗兰·巴尔特：《神话——大众文化诠释》，许蔷蔷等译，167~168页，上海，上海人民出版社，1999。
② 〔法〕罗兰·巴尔特：《神话——大众文化诠释》，许蔷蔷等译，173页，上海，上海人民出版社，1999。

行诋毁的人。因此，我再度面对一个更大的符号系统：它有一个能指，其自身已凭前一个系统形成（一个黑人士兵在致法国军礼）；还有一个所指（在此是法国和军队的有意混合）；最后，通过能指而呈现所指。

……

除了黑人敬礼之外，我可以提出许多法国帝国性的能指：法国将军为一名独臂的塞内加尔人别勋章，一名修女递一杯茶给一名卧床不起的阿拉伯人，一名白人校长教导一个殷勤的黑人小孩：报纸媒体每天努力表现这种永无匮乏的神话能指。[①]

译文个别地方做了改动。这里，他把第一个符号系统称为外延，把第二个符号系统称为内涵。在他看来，内涵代表外延的"换挡加速"，当那个从先前的能指／所指关系中产生的符号成为下一个关系的能指时，内涵便产生了。他在《符号学原理》里就此做了更明确的解说：

所有意指系统都包含一个表达层面（plan d'expression，缩写为 E）和一个内容层面（plan de contenu，缩写为 C），意指行为则相当于这两个层面之间的关系（R）：ERC。现在，我们假定，从这个系统延伸出第二个系统，前者变成后者的一个简单要素……第一个系统（ERC）变成了第二个系统的表达层或能指：

$$2 \quad ERC$$
$$1 \quad ERC$$

或表示为：（ERC）RC。这种情况即叶姆斯列夫所说的内涵符号学，即第一个系统构成外延（dénotation）层面，第二个系统（由第一个系统延展而成）构成内涵（connotation）层面。我们可以说，内涵系统是这样一个系统，它的表达层面本身由一个意指系统组成。通常情况下的内涵意指当然由复合系统构成，其中的第一个系统（如文字）便是分节语言。[②]

[①]〔法〕罗兰·巴尔特：《神话——大众文化诠释》，许蔷蔷等译，175~187页，上海，上海人民出版社，1999。
[②]〔法〕罗兰·巴尔特：《符号学原理》，王东亮等译，83~84页，北京，生活·读书·新知三联书店，1999。

一言以蔽之，外延是显而易见的字面涵义，内涵是隐而不彰的附加涵义。

四、衣食住行

巴尔特一方面建构了一套系统的符号学理论；另一方面又将这些理论用来分析司空见惯的生活现象，使我们第一次真切地发现人类确是生活在一个卡西尔说的"符号世界"：

> 继列维-斯特劳斯以语言学研究整个文化现象之后，他更自信而潇洒地把已精确化了的符号学引入诸如服装、饮食、汽车、家具等复杂的非语言符号领域，展示出符号学的无孔不入、无所不在的巨大潜能。①

在日常生活里，我们经常接触许多非语言符号，它们无疑都有传递讯息的作用，即符号学所说的意指作用。比如玫瑰作为符号，其能指是一种观赏植物所开的花，其所指是爱情。当我们把玫瑰用作符号的时候，实际上她已经作为一种符码进入所指的事物之中，成为把当事人以及这种文化交互过程连接起来的传播渠道。依照索绪尔关于语言／言语的区分，巴尔特提出了一个与之相似的符码（code）／讯息（message）关系。符码相对于语言，讯息相对于言语。其间也存在着选择（隐喻）与组合（转喻）两个轴线，以服装为例：

> 如果我们看见一位少女身着T恤和牛仔短裤，穿白色网球鞋，少女的这身装束便构成一个信息，依据特定的语境，它可以告诉我们少女的性格，她此时此刻的心情以及她将要去做什么。这个信息的构成便不可避免地要涉及选择与组合两种行为，少女先从她的各种上装如大衣、衬衫等中选择了T恤，又从各种裙子和裤子里面选择了牛仔短裤，再从她的各种鞋里选择了白色网球鞋，这种选择依赖于她对自己的服

---

① 王一川：《语言乌托邦——20世纪西方语言论美学探究》，176页，昆明，云南人民出版社，1994。

装的了解，同时也依赖于她对自己的需要的认识。选择之后紧接着便是组合，组合的过程依赖于她对各种服装搭配的知识和公众对服装惯例的了解。例如，身着深色西装再穿白色网球鞋便显然是不符合服装惯例的（尽管这种惯例在不断变化）。这种服装的正确搭配，就类似我们根据语法正确地组成一个句子……例如我们不能说"门敲月下僧"，就如我们不能把裤子笼到身上，衣服套在腿上一样，如果这样做，就违反了语言和服装的惯例。①

其他符号系统也可如是观之。如餐馆的菜单，从组合轴上看有凉菜—热菜—主食—水果等，在中国北方的文化传统里，这个次序也同"僧敲月下门"这个句子一样不能胡乱颠倒；同时，从选择轴上看，凉菜里有各种各样的品种，荤的，素的，山里的，海里的，任你选择（就像与"敲"相关的还有"推""拍""叩"等），同样，热菜、主食等也是如此。有关这个问题，巴尔特在《符号学原理》中列出了一个图表②：

	系　统	组　合
服装	在身体的同一部位不能同时穿用的衣件、附件与细部的集合，其变动选择对应于服饰意义的改变：如无边女帽、窄边女帽、宽边女帽等。	同一套服装中不同部分的并列：如裙子、衬衫、外套。
膳食	相似与不相似食物的集合，根据某种意义选择其中的一道菜，如各式各样的头盘、正菜或甜点。	用餐时实际选择的菜肴搭配系列，即菜单。
膳食	餐馆中的"菜单"体现出两个层面：菜单的横向阅读（如选正菜）与系统相符，菜单的纵向阅读则与组合相符。	
家具	同一种家具（如一张床）的不同"风格"的集合。	不同家具在同一空间的并置（如床、衣橱、桌子等）。
建筑	一座建筑的同一组成部分的式样变化，如不同形式的屋顶、阳台、大门等。	各局部在建筑物整体上的衔接。

当然，巴尔特对符号学观点最著名的应用，还在于他对大众传播与大众文化的深入探讨，这在上述《神话集》的内容里已经谈过，最后不妨再

---

① 罗钢：《叙事学导论》，1~2页，昆明，云南人民出版社，1994。
② 〔法〕罗兰·巴尔特：《符号学原理》，王东亮等译，55页，北京，生活·读书·新知三联书店，1999。

看看他在《符号学原理》里的一段论述：

> 最有趣的系统，是那些涉及不同实体的复合系统。在那些至少属于大众传播社会学的复合系统如电影、电视及广告中，意义的表达赖于图像、声音和画符的协作，因而要确定这些系统中的语言事实与言语事实的类别，时机还欠成熟。一方面，我们还不能断定每个复合系统中的"语言"到底是原创还是仅仅由其中的各种辅助"语言"组成；另一方面，这些辅助语言还未曾得到分析（我们了解语言学的"语言"，但不了解图像或音乐的"语言"）。至于报刊，尽管我们可以合理地将其视为一个自主的意指系统，但即使仅考虑其中的书写成分，我们也还几乎完全不了解似乎在其中发挥重要作用的一个语言现象：内涵，它指的是从本来的语言系统发展出具第二层意义的附属系统。①

就这样，巴尔特通过对各种生活符号的破译向人们表明：我们置身其中的这个世界不仅是由纯粹事实所组成的经验世界，而且也是由种种符号所形成的意义世界，我们从一个符号系统到另一个符号系统不停地对这些符号进行编码和译码，而全部人类的事务如衣食住行都渗透着编码行为。

第三节　德里达及其文字学

德里达的声名是与解构主义联系在一起的，而解构主义被认为是一种你不说我还明白，你越说我越糊涂的东西。就符号研究而言，德里达的文字学可谓独树一帜，其中既凝聚着他对符号的洞见，更体现着解构哲学的精髓。下面，我们先来看看解构主义。

一、解构主义

解构主义（deconstructionism）是从结构主义（structuralism）发展出来

---

① 〔法〕罗兰·巴尔特：《符号学原理》，王东亮等译，20页，北京，生活·读书·新知三联书店，1999。

的，为此又被称为后结构主义。单从字面上也能看出结构主义与解构主义（后结构主义）的传承脉络，恰似工业化社会与后工业化社会的演化逻辑。以对解构主义的经典阐释而著称的乔纳森·卡勒曾指出，人们常常以为后结构主义既然紧衔结构主义而至，自然就是对结构主义的否定，或者至少也是对结构主义的超越：

> 两相对照，结构主义成了一系列系统的科学的程式（在此意义上，它的后继者符号学也大体被界定为符号的"科学"），结构主义的反对者们，便成了这些程式的各门各类的后结构主义批评家，揭示它们终无实现可能。①

比如，解构主义在美国的代表人物、耶鲁学派四大家之一的希利斯·米勒，1976年就把当代的批评阵营一分为二：

> 其一是结构主义者和符号学家，乐观地构筑着纯理论的元语言，以求说明文本现象；其一是后结构主义者，疑心重重地考究着同一格局追索过程中出现的种种悖论，强调自己的著作并非科学，只是文本而已。②

然而，这种截然的划分是颇堪究诘的，用卡勒的话说："一刀切开结构主义和后结构主义是极不可靠的。"③美国学者哈拉里（J.Harari）选编了一部后结构主义的批评文集，其中的人选作者大多都是在他早先所编结构主义书目里出现过的人物，像福柯、巴尔特等。无怪乎卡勒提出疑问："当如此众多的昨天的结构主义者成了今天的后结构主义者，这一划分到底也令人生疑……今天，大量的研究已经使人相信，后结构主义倾向如对符号、再现、主题的批判，显然在20世纪60年代结构主义的文字中，已粗见眉目了。"④进而言之，解构主义不仅与结构主义撕扯不开，而且也同整个西方思想传统息息相通：

---

① 〔美〕乔纳森·卡勒：《论解构》，陆扬译，13页，北京，中国社会科学出版社，1998。
② 〔美〕乔纳森·卡勒：《论解构》，陆扬译，15页，北京，中国社会科学出版社，1998。
③ 〔美〕乔纳森·卡勒：《论解构》，陆扬译，20页，北京，中国社会科学出版社，1998。
④ 〔美〕乔纳森·卡勒：《论解构》，陆扬译，16页，北京，中国社会科学出版社，1998。

有人讲过一个笑话,说是将来某一天诺贝尔奖的评委没准心血来潮,决定给"解构"这样反传统反人文概念的发明人授一个奖,这个评委势将面临一长串候选人名单,一筹莫展而不知道把奖给谁。当代这许多后现代主义和先锋理论家姑且不论,稍往上溯,海德格尔、弗洛伊德和尼采等人,就他们对传统语言的解构工程而言,要拿下这个奖也是当之无愧。再看上去,倘若以解构来命名西方思想史上的怀疑主义传统,那候选人的名单更是要汗漫无边,非得追溯到前苏格拉底不可。这可见解构主义文无定见的结论并非德里达首创。①

总之,我们不能简单地将解构主义视为对结构主义的否定,也不宜轻率地将其当作对整个西方文化的颠覆。作为继结构主义而起的思潮,它也是在特定的天时地利人和之中孕育产生的。关于这一点,盛宁先生在《人文困惑与反思——西方后现代主义思潮》里做了清晰的梳理:

> 提及"解构",人们一般都会立刻想起德里达。但是确切地说,"解构"并不能归于他一人名下……它的种子其实早就深埋于西方形而上学传统之中……作为一种思潮的解构主义,它反映在人文、社会学科的诸多领域,选其最主要的代表人物说,它至少还应该包括对西方文明史、思想史系谱的建构原则进行质询的米歇尔·福柯(Michel Foucault, 1926—1984),对各种文化文本的符号性加以揭秘的罗兰·巴尔特(Roland Barthes, 1915—1980),以及按照语言学原理对弗洛伊德精神分析学改写的雅各·拉康(Jacques Lacan, 1901—1981)等。这些与德里达同时代的思想精英,尽管分属各个不同的学科领域,他们本人或许从未使用过"解构"的术语,有的甚至对这一术语根本不以为然,然而,他们在敌视形而上学的传统,在探索后形而上学的认识可能性方面,却显示出一个大体一致的目标。正是由于他们的这一共同合力,这才形成了"解构"这样一股震撼整个西方思想界的冲击波。②

---

① 〔美〕乔纳森·卡勒:《论解构》,陆扬译,"译者序",22~23页,北京,中国社会科学出版社,1998。
② 盛宁:《人文困惑与反思——西方后现代主义思潮批判》,89~90页,北京,生活·读书·新知三联书店,1997。

当然，解构主义的先锋无疑是德里达，一如结构主义的领袖非列维-斯特劳斯莫属。1967年，德里达一气出了三本书，即《论文字学》《文字与差异》和《声音与现象——胡塞尔现象学中的符号问题导论》，其中《论文字学》被公认为解构理论的经典之作，从而也就被视为解构主义正式诞生的里程碑。不过，正应了那句中国的老话"墙里开花墙外香"：德里达及其解构主义在本土并不为人所重，相反倒是在大西洋彼岸的美国获得大红大紫的声誉。这主要是由于所谓"耶鲁学派"的大力鼓吹。1966年，当时还默默无闻的德里达在约翰·霍普金斯大学的一次关于结构主义的学术会议上，以一篇驳难列维-斯特劳斯的《结构、符号与人文科学话语中的嬉戏》（*Structure, Sign, and Play in the Discourse of the Human Sciences*）而语惊四座。也正是在这次会议上，来自耶鲁大学的保罗·德曼结识了德里达，而德曼后来不仅成为德里达的忠实信徒，而且按照里查德·罗蒂的看法还成为使解构主义在美国蔓延普及的重要动因。对此，汪民安先生在为德曼代表作《解构之图》中译本所写的"前言"里有一段简洁的描述：

> 如果说德里达在美国播下了解构主义的种子，德曼则催其发芽。这两个人在约翰·霍普金斯大学的相遇是解构主义的一个决定性事件，也可能是这个世纪后半期最重要的理论事件之一，他们的合作，造就了解构主义的声势和力量。德曼促成了德里达一年一度的耶鲁之行，并团结了他的耶鲁同行希利斯·米勒、杰弗里·哈特曼和哈罗德·布罗姆，这个小集团很快扩张了解构主义的势力，他们四处散布解构主义学说，并向耶鲁博士灌输忠诚解构的信念。这些耶鲁博士毕业后涌向全国，他们有效地控制着一些文学系，将解构这个响亮的字眼搬上讲坛，终于，解构主义像一场大火在美国各地燃烧起来，它成为知识界的一个理论风暴，德里达和德曼的大名迅速地成为媒介的中心词语。[①]

这里以大火比喻解构主义的燎原之势，也是出自德里达本人。他曾说过，解构主义初起之时，不过就像一支蜡烛似的发出一点点幽光，只因有

[①]〔美〕保罗·德曼：《解构之图》，"前言"，3页，北京，中国社会科学出版社，1998。

好事者过去想一巴掌将它扇灭，不料它翻倒在地而点着了地毯、家具，结果大火冲出房间，殃及整幢大楼。

如今，解构主义这场来势迅猛的野火已经渐渐熄灭，但四处还依然弥漫着烟熏火燎的气味，恰如读者反应批评学说创立者斯坦利·费希那个精彩的比喻所示：解构主义死了，就像封建主义死了，但它无所不在。专攻德里达的陆扬先生则认为："进入1990年代之后，虽然宣布解构主义寿终正寝的声音总在出现，可是由于德里达本人始终孜孜不倦地往返欧美授业写作，致使在批评界不断掀起新的热点，要来预言解构主义的气数长短，似乎还是为时过早。"①

二、异　延

雅克·德里达（Jacques Derrida，1930—2004），生于当年法属殖民地阿尔及尔，1949年获学士学位。之后赴法国，进入法国首屈一指的高等学府巴黎高等师范学校，主修哲学。1965年起长期在母校任教，讲授哲学史，后为法国社会科学研究所研究员。继1967年他的上述三部著作一炮打响之后，1972年他又同时出版了三本书：《哲学的边缘》《播撒》和《立场》。其中行文清晰流畅的《立场》是三篇访谈录，被卡勒称为"介绍德里达思想的最好作品"，而第二篇《语义学和文字学》主要包括了德里达对符号理论的概括与批判。德里达的主要著述有《马克思的幽灵》《法律的力量》《友谊政治学》《往返莫斯科》等。在《马克思的幽灵》和《往返莫斯科》这两部显示作者马克思主义倾向的力作里，德里达曾明确表示，解构主义运行于某种马克思主义的传统，挟带着某种马克思主义的精神。他甚至说过，今天地球上所有的人，不分性别种族，不论东西南北，不管情愿与否，一定程度上都是马克思主义的继承人。在《往返莫斯科》里他还写道，迄今只要一听到《国际歌》，他依然心潮澎湃，不能自已。

单从符号研究上看，如果说列维-斯特劳斯侧重于从文化方面审视符

---

① 〔美〕乔纳森·卡勒：《论解构》，陆扬译，"译者序"，1页，北京，中国社会科学出版社，1998。

号，巴尔特倾心于从文学方面解析符号，那么德里达就致力于从哲学方面把握符号。当他回应解构之死的议论时曾说过，只要还有人在研究符号，那么解构主义就不会寿终正寝。作为哲学家，他审视世界的着眼点始终是符号，而其解构主义一直都是在探讨能指与所指的关系，正如盛宁先生所概括的：

> 只要承认语言的结构性，承认客观世界和意义世界都只是这个语言系统的再现，换句话说，也就是认识到语言对于我们每一个使用该语言的具体的人来说是一种"先在"，那么我们就很容易理解：我们认为自己所把握了的客观世界，或意义的世界，其实都只是一个由语言构成的那个世界的对应物；也正是从这个意义上说，过去认为是很稳定的"意义"，由于语言本身的性质和语言结构自身逻辑的作用，就变成了一种极不稳定的能指符号的滑动。实际上，所谓"解构"的全部要义，也就这么简单。①

众所周知，解构主义的突出特征在于反传统、反理性、反权威，它所否定和批判的主要对象就是占据西方思想主流的形而上学传统。因此，对于符号的认识，解构主义与形而上学传统存在着根本的对立。按照传统形而上学的理解，符号是显示意义的工具（媒介），而在所谓意指过程中符号的能指与所指之间天衣无缝，结合得毫无差异——正如索绪尔用一纸两面所形容的那种和谐关系。而依据解构主义的看法，意义却是可望而不可即的"海市蜃楼"，因为能指总是流动不居，漂浮无定，在意指过程中能指与其说指向一个所指，不如说是带出另一个能指——拉康所谓"漂浮的能指"和"滑动的所指"：

> 这就好比我们为了解某个词汇的意义而翻开一本字典，字典只能以一串新的词汇（"能指"）对这一词汇进行解释，新的词汇又引出新的阐释的必要，这一过程可以无限地继续下去。②

---

① 盛宁：《人文困惑与反思——西方后现代主义思潮批判》，86页，北京，生活·读书·新知三联书店，1997。
② 盛宁：《人文困惑与反思——西方后现代主义思潮批判》，57页，北京，生活·读书·新知三联书店，1997。

其实，皮尔士早就认为，解释符号并不等于为它找到一个寄居的意义，不是为它解码，而是引出一串无穷无尽的符号链——"一个符号产生另一个符号"，解码的过程同时也是编码的过程。被称为后现代主义的大学才子、既通理论又擅写作的戴维·洛奇，在其代表作《小世界——学者罗曼司》里塑造了一位信奉解构主义的美国教授莫里斯·扎普，此人在一次学术研讨会上谈到意义总是从一个能指转换到另一个能指时，也从解码即编码角度举例说明：

> 理解一则信息就是破译它。语言就是一种密码。但对每一个密码的解释，都是新的密码的编制。假如你对我说了什么话，我要用自己的话向你复述一遍来证实我理解了你传给我的信息，就是说，我用的是与你所用过的不同的词语；因为我如果一成不变地重复你说过的话，你会怀疑我是否真的理解了你。可是我用自己的话的结果是我改变了你的含意，不管多少也会有一点改变；即使我异乎寻常地对你重复你自己的原话以示理解，那也不能保证我在心里重复你的原意，因为我将不同的语言、文学和不可言喻的现实经验带进了你的那些话里，因此，我赋予它们的涵义与你赋予它们的涵义并不相同。

这样一来，情形便如芝诺那个有名的悖论"兔子撵不上乌龟"似的，能指总也追不上所指，能指的意指活动还未到达其所指前就转向了其他能指，于是能指下的所指总在延宕、倒退、流失，即德里达所说的"异延"或译"延异"。

何谓异延（différance）？异延出自德里达的杜撰，与法语的差异（différence）只有一字（母）之差，即将第七个字母e改为a。它是解构主义的一个核心概念，被用来消解从柏拉图到列维-斯特劳斯的整个西方形而上学传统，即所谓"在场的形而上学"（metaphysics of presence）或曰"逻各斯中心主义"（logocentrism），其意在于将人们的注意力完全转移到符号与文本的世界，而不再是客观存在的世界。他在《论文字学》里写下一句名言——"文本之外一无所有"[①]，如有什么那也只剩玄而又玄的异延：

---

① Jacques Derrida, *Of Grammatology*, trans., by Gayatri Chakravorty Spivak, The Johns Hopkins University Press, 1974, p.158.

> "异延"既不是一个词，也不是一个概念……它不是一种存在——在场，无论它被描述得多么优越，多么独特，多么重要，或者多么超验。它什么也不支配，什么也不统制，无论哪里都不卖弄权威，也不以大写字母来炫示。不仅没有"异延"的领地，而且"异延"甚而是任何一块领地的颠覆。①

他提出这一概念，既意指空间上的差异，又蕴涵时间上的延宕，同时还包括他所谓的"播撒"，符号的意指功能就体现在这三位一体之中，援引卡勒的概括：

> 法语中的动词différer既指差异，又指延宕。Différence（异延）听起来与différence（差异）完全相同，但用以构成动名词的词尾ance，使它成为一个意指"差异（difference）—散播（differing）—延宕（deferring）"的新词。"异延"因此既指作为指意条件的某种先已存在的"被动"的差异，又指某种产生各种差异的散播行为。②

盛宁先生解释得更清楚：

> 德里达硬是生造出这么一个概念术语，为的是要把三层意思融为一体：一是语言意义取决于符号的"差异"（difference）；二是意义必将向外"扩散"（differre）；第三是意义最终的不能获得，即所谓意义的永无止境"延宕"。③

我们知道，按照索绪尔一脉的符号学思想，符号的意义体现于各种符号的关系或差异之间，要想意指事件必须以差异为基础：

> 假如原始人能够把某种很特别的咕噜声用作语言，用来指某些"可吃的东西"，那么我们也必须首先假定，这种咕噜声是可以辨认的，或者说是与其他咕噜声有区别的，整个世界已经被划分成了两大范畴：

---

① 转引自朱立元主编《当代西方文艺理论》，308～309页，上海，华东师范大学出版社，1997。
② 〔美〕乔纳森·卡勒：《论解构》，陆扬译，83页，北京，中国社会科学出版社，1998。
③ 盛宁：《人文困惑与反思——西方后现代主义思潮批判》，57页，北京，生活·读书·新知三联书店，1997。

即"可吃的东西"和"不可吃的东西"。因此，意指是建立在差异基础上的：只有在"可吃的东西"和"不可吃的东西"相互对立的情况下，"可吃的东西"才能被意指出来。（乔纳森·卡勒）①

但是，这一差异本身也不过是事件的产物。于是，如果我们关注事件本身，那么就会首先确认差异的优先地位；而如果我们关注差异本身，又会发现它们取决于事件的优先地位。用卡勒的话说：

> 这种悖论与意指作用有关，可以称为结构（structure）与事件（event）之间的悖论［或难题（aporia）］。人们往往以为，所谓的词语意义是建立在这样一个事实上的：在各种情况下言说者都能借用语词来沟通和表达这个意义，因此，我们通常所说的语言结构——即语言规则和语言规律的普遍体系——来源于和取决于各种事件，即沟通行为。然而，如果我们认真地反思一下这个结论，留意一个所谓事件决定结构的前提，就会发现每个事件只有在被某种先前的结构预先决定好了的情况下，才有可能发生。也就是说，被言说出来的意义很有可能早就受到了语言结构的规定。②

德里达引入的异延，针对的就是这两个视角之间的变换：

> 一方面，一个意指系统中，意义无一不是从它同无数可供选择的意义的差异中产生；一方面，由于意义不可能是拥有自明性状的绝对呈现，其确定指向便向四面八方扩散开去，一环环延宕下去，由一种解释替代另一种解释而永无到达本真世界的可能。（陆扬）③

三、文字学

德里达在继承索绪尔符号学的前提下，提出了他自己的符号理论，这

---

① 〔英〕约翰·斯特罗克编：《结构主义以来》，渠东等译，194页，沈阳，辽宁教育出版社，1998。
② 〔英〕约翰·斯特罗克编：《结构主义以来》，渠东等译，193页，沈阳，辽宁教育出版社，1998。
③ 〔美〕乔纳森·卡勒：《论解构》，陆扬译，"译者序"，13页，北京，中国社会科学出版社，1998。

就是所谓"文字学"（grammatologie）。文字学，顾名思义就是关于"字符"（gramme）的"科学"（logie），也就是"白纸黑字学"（noir sur blanc）。他化用索绪尔《普通语言学教程》开篇那段谈论符号学的有名文字，将其中的符号学改为文字学：

> 我将称它为（文字学）……有鉴这门科学还不存在，我们说不出它将会是什么样子。但是它有存在的权利，有一个先已确定了的地位。语言学只是总体科学的一个部分。①

为什么要倡导文字学？因为，在他看来，西方逻各斯中心主义的历史，就是用言说来压制书写的历史，在传统的形而上学思想里，言说被赋予崇高的地位而文字一向受到贬抑。如柏拉图就称文字不过是小孩子的发明，如何能同言语这个大人的智慧抗衡，而索绪尔在考察符号现象时也把书写形式排除在外。理由则如卡勒所概括的：

> 只有言说才是自然和直接的沟通，而书写则是对一种表现的模糊再现。说者和听者是相互在场的，说出来的语词就是他现在思想的记号，它不仅是自发的和明晰的，而且听者也可以把握住它。书写则不同，它是由一些物质符号（physical marks）构成的，而且这些符号与其得以产生的基础，即思想是相互分离的；也就是说，它只能在说者和听者缺席的情况下，才能产生独特的作用……书写不仅远离了祖先和本原，而且是一切谬误和误解的来源，因为说者无法把自己的心声直接吐露给听者。②

这种重语言轻文字的传统，其前提在于认定意义不在语言之内，而在语言之先，语言以及其他符号本身都无足轻重，只不过是表情达意的一种工具（媒介）而已：

---

① 〔法〕德里达：《论文字学》。转引自陆扬《德里达——解构之维》，18~19页，武汉，华中师范大学出版社，1996。
② 〔英〕约翰·斯特罗克编：《结构主义以来》，渠东等译，197~198页，沈阳，辽宁教育出版社，1998。

据德里达观之，符号久被认为是替代了事物本身，无论这事物是种实在的客体也好，是种抽象的概念也好。故符号是在事物的缺场之中，再现了它的在场。当人们无以直接把握事物，言说在场，当在场无以直现自身时，人们便求诸符号，转弯抹角来达到目的。符号从这一角度上言，便是被延宕了的在场，这于言语和文字并无什么区别。这意味着延宕了在场的符号，只有在被它所延宕的在场的基础上，来被感知。如是在此一传统的符号学中，符号对事物本身的替代是第二性的、临时性的。第二性者，是因为它源于某个位居本原的，虽是暂不可见的在场。临时性者，因为它乃是最终通向这个终极之在场的一个媒介。①

对此，德里达提出了强烈的质疑。他指出，位居本原的不是某个在场，而是一种异延。由此出发，他彻底颠倒了言语高于文字的等级秩序。他说：

> 如果文字意指书写，尤其是符号的恒久构造（这是文字概念之惟一无以缩减的核心），那么文字从普遍意义上说便涵盖了语言学符号的全部领域……构造这观念本身，因此也是符号的任意性，无法想象可居先于文字，或位于文字的视野之外。②

经过如此颠倒之后，言语在意指功能上就并不比书写具有更多的真实性，就好比不管是我在说"树"还是在写"树"，我同大地上生长着的那个真实植物的距离其实都是一样远。

另外，特别有意思的是，德里达在解构西方逻各斯中心主义、颠覆语言/文字的等级次序时，对中国文字以及东方文化传统表现出异乎寻常的向往和景慕。在他看来，汉字文化是一种未受逻各斯中心主义沾染的伟大文明，散发着诗的神韵，蕴涵着神秘的创造力，是西方思想传统走出困境的希望之路：

---

① 陆扬：《德里达——解构之维》，45页，武汉，华中师范大学出版社，1996。
② 〔法〕德里达：《论文字学》。转引自陆扬《德里达——解构之维》，24页，武汉，华中师范大学出版社，1996。

他在不同语境中多次论及汉字，比较集中的是在《论文字学》中对汉字文化的介绍和分析。由于汉字不必亦步亦趋来摹写语音，德里达认为汉字超越了时间和空间，从而摆脱了西方的逻各斯中心主义传统。德里达说这就像中国前些年的考古发现（不清楚他指的是哪一年），发掘出的古代文字对今人几乎没有什么障碍，横亘在中间的漫长岁月涣然冰释。这对西方语文来说是很难想象的。西方哲学直接呈现"在场"的梦想，也许竟在中国的语文中得到了实现。（陆扬）[①]

德里达的这种看法是受莱布尼茨的直接影响，在《论文字学》里他多次引述了莱布尼茨对汉字的观点，如1703年莱布尼茨在一封信里曾写道："中国字也许更有哲学意味，它们似乎是建立在更为成熟的，诸如数、秩序、关系等等的思考上面。因此，除了偶尔有几笔例外，它们的结构很像人体。"[②]

德里达的解构主义符号学，在将意义放逐到无穷无尽的异延之中时，实际上也就把符号的内涵掏成形式的空壳，而任何意指过程就变成一场能指的嬉戏，借用《镜与灯》的作者艾伯拉姆斯在批驳解构主义的《解构的安琪儿》一文里那个有名的比喻：德里达的文本就像一个全封闭的回音室，其间意义被化解成一种无穷的言语模仿，一种从符号到符号的纵横反响，这些符号似幽灵一般在真空里跳荡，既非来自任何确定的意向，也不具有任何实在的意指。盛宁先生的批评更为明确：

> 或许应该说，这就是所谓"语言学的转向"带来的一个副作用。过去，在语言学转向之前，人们认识不到语言的独立性，看不到先于我们存在的语言，于是，人们在使用语言的时候，只把语言当作为我所用的工具，以为"我"作为主体在表意时是随心所欲、为所欲为的。殊不知，人的表意，犹如孙悟空跳不出如来佛的手心，始终是在人所处语言体系的局限之中。这也就是为什么人们通常把语言比喻为一个"牢房"的缘故。可是，在"语言学的转向"之后，人们开始强调了语言的先

---

① 朱立元主编：《当代西方文艺理论》，306页，上海，华东师范大学出版社，1997。
② 朱立元主编：《当代西方文艺理论》，306页，上海，华东师范大学出版社，1997。

在性，强调了语言系统对于意义的限定。当人们把自己的思考移到了语言符号的层面以后，久而久之，却又不知不觉地跌入了另一个陷阱，一个同样十分可怕的"语言决定论"的陷阱。跌入这一陷阱的人，那才是真正陷入了"语言的牢房"。他们完全忘掉了"语言总有所指"这一使语言之所以是语言的根本属性，他们开口"解构"，闭口"异延"，仿佛一切意义都是相对的，都是纯语言符号的置换运作，而语言的实指（reference）可以完全不予考虑。其实，这不同样也是违悖常理、十分荒唐的吗？①

本章我们介绍了当代西方符号研究方面成果最丰影响最大的结构主义思潮，这一思潮如今虽然已经退却，但是它对符号研究以及传播研究的建树却在学术的累层上留下了积淀。留法博士陈卫星先生，甚至将肇始于香农和维纳的"控制论模式"、以美国经验学派为代表的"经验—功能主义学派"和"结构主义方法论"，称为半个世纪以来主宰传播学研究的"三个基础流派"。他在《西方当代传播学学术思想的回顾和展望》一文里写道：

> 无论如何，结构主义方法论对传播学的学术思想有深远和持久的影响，这主要表现在三个方面。
> 第一，从文学作品的研究出发建立对叙事的结构分析，尤其是在对报刊的表述，对广告信息的生产和研究。这种表述分析方法对传统的主题分析方法提出挑战。
> 第二，大力强化对视觉信息的分析，衍生出后来的符号学。在相当一个时期，符号学是结构主义思想方法系列中最有影响力的操作工具。根据巴尔特说法，符号学的对象是所有符号系统。这包括形象、姿势、有旋律的声音和它们在习俗、仪式或构成的景观中的实体组合，或者是作为意义系统的语言。至今，人们还在用符号学的方法来研究广告表述和电视节目，并结合了一些新的非符号学的学术概念，如源

---

① 盛宁：《人文困惑与反思——西方后现代主义思潮批判》，101~102页，北京，生活·读书·新知三联书店，1997。

于语言分析哲学的陈述状态策略和接受美学分析。

第三，在法国崛起的结构主义方法论留下的另外两个重要思想是阿尔都塞的意识形态国家机器理论和福柯的监视装置理论。①

---

① 陈卫星：《西方当代传播学学术思想的回顾和展望》，载《国外社会科学》，1998（1）。（按：赵毅衡曾撰文指出，符号学与结构主义的纠缠不清妨碍了符号学的发展，西方从20世纪80年代就开始清理和纠正这一历史陈案，中国学界对此也应该有所警醒。见《中国符号学六十年》，载《四川大学学报》，2012（1）。）

第四章　符号与意义

人们对符号问题的看法尽管见仁见智，但有一点是公认的，即符号这个概念实际上牵涉三个东西，一是作为"代表"的符号；二是被代表的对象，三是符号所蕴涵的意义。早在古希腊时期，斯多葛学派的哲学家就已经发现，语言包含三层内容：一是语言的声音或材料；二是语言的内容或意义，三是语言的指涉或对象。符号学先驱皮尔士更以其经典的符号定义，将符号的表现形式（符号）、指称对象（客体）和思想内容（意义）固定在一起。而英国学者奥格登和里查兹在《意义的意义》一书里，则用一个著名的三角图对此做了直观的说明：

对此，美国传播学者斯蒂文·小约翰尝言："这个三位一体说仍成为符号论思想的核心。"①其中，意义一项尤为突出，意大利符号学家艾柯在其《符号学原理》里甚至写道："符号乃是一切用以在意义上替代他物的东西。"

以上三章我们主要围绕符号形式（能指）与其指称对象（所指）的关系展开论述，下面三章我们将转入对符号与思想（意义）、意义与对象之间关系的探析。其中，第四章专门解剖意义，第五章涉及对意义的诠释，第六章则将意义与诠释问题置于宏观而具体的社会历史环境中进行考量，即所谓话语分析。

第一节　弗雷格与胡塞尔

一、意义问题

什么是意义？简单地说，意义就是意思。比如，有人问"你说这话

---

① 〔美〕斯蒂文·小约翰：《传播理论》，陈德民等译，139页，北京，中国社会科学出版社，1999。

是什么意思"时，他想知道的就是这些语言符号所含的意义。再如，韩少功在《马桥词典·枫鬼》里写的一段哲理文字，不仅谈及意义，而且充满意义：

> 在神权独大的时候，科学是没有意义的；在人类独大的时候，自然是没有意义的；在政治独大的时候，爱情是没有意义的；在金钱独大的时候，唯美也是没有意义的。我怀疑世上的万物其实在意义上具有完全同格的地位，之所以有时候一部分事物显得"没有意义"，只不过被作者的意义观所筛弃，也被读者的意义观所抵制，不能进入人们趣味的兴奋区。

当然，这是为了便于理解这个问题而删繁就简的说法。事实上，关于意义的问题，无论是就其本身的复杂性而言，还是就其研究的艰深度而论，都丝毫不亚于符号的问题。虽然，意义隶属于符号，即任何意义都是特定符号的意义，正如任何符号都包含特定的意义，从来没有凌空蹈虚独往独来的意义，意义与符号总是难分难舍地纠缠在一起。但是，由于意义本身的重要性及特殊性，渐渐地意义研究以及相应的意义理论也就仿佛另立门户，俨然自成一家。希尔（T.E.Hill）在谈到哲学发展的线索时说过：

> 古代和中世纪哲学主要关心存在问题。近代哲学主要关心认识问题。到了现代，哲学却不断关心意义问题了。当然，大多数现代哲学也关心认识问题，但它接近这个问题既不从研究主客体关系的立场出发，也不从证明假设的正当性着手，而是通过意义辨别或语言表达的分析来解决。[①]

日常语言学派的赖尔（G. Ryle），甚至把专注于意义研究称为20世纪英语世界哲学家的"职业病"。

那么，人们为什么如此关注意义问题呢？归根结底，我们还得从人与人的沟通理解上寻求答案。不管是传播研究也好，还是其他什么研究也

---

① 徐友渔等：《语言与哲学》，98～99页，北京，生活·读书·新知三联书店，1996。

罢，人们解剖符号，探析意义，总是为了人类的沟通理解，为了大家的和睦相处。《圣经》里有个人所熟知的"巴别塔"故事：

> 那时，天下人的言语和口音都一样。他们往东边迁移的时候，在示拿地遇到一片平原，就住在那里。他们彼此商量说："来吧！我们要做砖，把砖烧透了。"他们就拿砖当石头，又拿石漆当灰泥。他们说："来吧！我们要建造一座城和一座塔，塔顶通天，为要传扬我们的名，免得我们分散在地上。"
>
> 耶和华降临，要看看世人建造的城和塔。耶和华说："看那！他们成为一样的人民，都是一样的言语。如今既做起这事来，以后他们所要做的事，就没有不成功的了。我们下去，在那里变乱他们的口音，使他们的言语彼此不通。"于是耶和华使他们从那里分散在全地上，他们就停工不造那城了。因为耶和华在那里变乱天下人的言语，使众人分散在全地上，所以那城名叫巴别（就是"变乱"的意思）。
>
> ——《旧约全书·创世记》

这则涉及语言的故事，情节浅显而寓意幽邃，其中蕴涵着这样一个哲理：人类彼此隔绝的惟一根源仅在于传播的隔绝，而人类的最终得救只能寄希望于彼此的传播、交流与沟通——人与人的沟通、人与自然的沟通、人与自我的沟通。这个问题随着当今全球化和多极化的趋势而日益突出，日益明显。从特定层面看，当代的许多国际争端乃至人际冲突，往往起源于沟通的缺乏、理解的失误及讯息的偏差。尽管当今的传播活动空前繁盛，讯息交流异常活跃，所谓信息爆炸、信息泛滥、信息社会等说法本身已足以说明问题。但是，讯息的快速而大量流通是一回事，人们的及时而适量消化又是一回事。传播不等于接受，接受也不等于理解，理解更不等于赞同。如果说，传播的发达只解决了符号的流通问题，那么人类或人们彼此间的真正沟通与理解则有待于意义的重构与敞现。这是一个有史以来即一直困扰着人类的难题，也是当今传播研究所面临的课题，而这个问题是同语言、符号、表达、理解等一系列项目直接关联的。

以研究弗雷格的语言哲学而著称的英国分析哲学家达米特（M.

Dummett），在其代表作《弗雷格哲学解说》里指出，意义理论就是理解理论，意义和理解这两个概念是紧密相关的，意义是理解的对象或内容，一个表达式的意义就是某人理解该表达式时所知道的东西。可见，所谓意义问题，无非是主体间的传播、交流及理解问题。按照徐友渔先生在《"哥白尼式"的革命——哲学中的语言转向》里的概括：

> 意义理论是现代西方语言哲学研究的中心问题，就这个问题发表的哲学论著真是卷帙浩繁……为什么研究语言的意义会成为大热门课题？我认为，从语言哲学的角度来看是不难理解的。如果我们已经把研究语言当成了研究哲学的出发点或者中心任务，那么，对于语言的这种研究就不是一种语言学的研究，也不是对语法的研究，而是对于语言何以能够起到交流作用，何以能够表达人的思想和对实在世界加以描述的研究，这正好就是对于语言意义的研究。①

由于语言既是主要的又是典型的符号系统，所以这种对语言意义的研究，同样适用于对一切符号意义的研究。

对意义的思索如同对符号的探索一样，主要集中在两个学科：一是语言学，一是哲学。语言学是从语义方面考察词语与事物的关系，哲学则是在此基础上通过名物关系去探求实在及其本质。随着现代语言学和现代哲学的发展，这两个学科对意义问题的研究都出现飞跃与突进。就前者而言，语义学（Semantics）同语形学（Syntactics）和语用学（Pragmatics）的结合，构成了莫里斯所说的符号学。就后者而论，语言哲学和分析哲学的异军突起则为显著标志。本章即以这两个学科的有关理论，对意义问题进行一番扫描。

二、弗雷格的意义理论

虽说关于"符号（表达式）／意义"的探讨源远流长，如先秦公孙龙

---

① 徐友渔：《"哥白尼式"的革命——哲学中的语言转向》，54页，北京，生活·读书·新知三联书店，1994。

子的"白马非马"说，但将意义问题凸显为思考的核心，并形成一系列各抱地势钩心斗角的意义理论，则始于20世纪勃然兴起的分析哲学和语言哲学。如果说古代哲学是本体论（如柏拉图的"理念"），追问世界的本质是什么；而近代哲学是认识论（如康德的"纯粹理性"），追问人们何以知道世界的本质；那么现代哲学就是语言论或符号论，追问我们怎样表述我们所知道的世界本质。这就是常说的西方哲学的第二次"转向"，而弗雷格就是导致这一转向的关键人物。他发表于1892年的著名论文《论意义和意谓》，为意义理论奠定了第一块思想基石。

1. 日常语言与形式语言

弗雷格（1848—1925），既是分析哲学的鼻祖，也是语言哲学的先驱。不过，这都是他身后的殊荣，而他生前和符号学创始人皮尔士和（现代）语言学奠基人索绪尔一样，均属默默无闻之士。作为耶拿大学的一位数学教授，弗雷格毕生为之奋斗的目标，就是想用逻辑符号把全部数学的概念和定理重新表述出来，从而为数学提供一个坚实的基础。而这套符号逻辑实际上就是一种严格精确的形式语言，它有别于模糊含混的自然语言。在他的第一部重要著作《概念文字》（1879年）里，他就开始构想这种"模仿算术语言构造的纯思维的形式语言"——符号逻辑（数理逻辑）：

> 我已经尝试用逻辑关系符号补充数学形式语言，这样由此出现了一种首先用于数学领域的、正像我描述的那样的理想的概念文字。由此并不排除我的符号用于其他领域。逻辑关系到处反复出现，人们可以这样选择表示特殊内容的符号，使得它们适应概念文字的框架。无论现在出现还是不出现这种情况，对思维形式的一种直观描述毕竟有了一种超出数学范围的意义。①

弗雷格把这种理想化的形式语言与生活中的自然语言之关系，恰当地比作显微镜和眼睛的关系：显微镜（形式语言）比眼睛（自然语言）看得精确，而眼睛则比显微镜用着灵活。如今，这种精确的形式语言不仅用于基

---

① 转引自弗雷格：《弗雷格哲学论著选辑》，"译者序"，王路译，15页，北京，商务印书馆，1994。

础数学的研究,而且作为一种普适性工具性的语言而用于哲学、语言学、自然科学、工程技术、人工智能等越来越广阔的领域。

为了建构这套理想的形式语言,弗雷格在《算术的基础》(1884年)一书的导言中,曾为逻辑分析方法规定了三条有名的原则:

(一)始终把心理的东西和逻辑的东西,主观的东西和客观的东西严格区别开来;

(二)决不孤立地询问一个词的意义,而只在命题的语境中询问它的意义;

(三)决不忽视概念和对象的区别。

这样,弗雷格从一开始就对任何形式的"心理主义"采取了拒斥的态度。按照心理主义的思路,要理解任何符号及其意义,就得关注主观的、内在的、心灵的活动过程,而那种歧义丛生、含混不清、充满情绪的自然语言或日常语言正是心理主义的温床。为此,他才致力于建立一种精确化、形式化、理想化的语言,其间的词与物、符号与对象、能指与所指,犹如桌上的刀叉和盘子一样,是严格的一一对应关系,就像他所说的:

如果一个侍者想要布置得使桌子上的刀子与盘子恰好一样多,那么他就没有必要去数桌子上的刀子或盘子;他必须做的就是直接将一把刀子放在每一个盘子的右边,他所注意的就是桌子上的每一把刀子是否直接在一个盘子的右边。①

而建构这套形式语言的关键,就在于解决表达式(符号)与其涵义(意义)的关系。

2. 意义与意谓

弗雷格对意义问题的关注和阐述,集中体现于《论意义和意谓》(又译《涵义和指称》)一文中,此文也是他一生思想成就的标志。在这篇语言哲

---

① 转引自俞吾金:《问题域外的问题——现代西方哲学方法论探要》,205页,上海,上海人民出版社,1988。

学的扛鼎之作里，他第一次明确区分了名称（符号）的两个要素——指涉的对象（即意谓或指称）和蕴涵的意义（即意义或涵义），并对二者的关系做了细致入微的论述。

他指出，符号的对象涉及的只是真假，而符号的意义涉及的才是内涵。以"飞马"一词为例，从它所指涉的对象上看，飞马肯定是不存在的，因为世上没有会飞的马；但是从飞马这个语言符号的内涵上看，飞马又是有意义的，比如在一篇童话故事里。所以，他说句子的意谓是它的真值，句子的意义是它的思想。他的意义理论，就是围绕这一著名论断而展开的。

虽说此文被公认为意义理论的里程碑文献——"它是现代意义理论的发端"[1]，但弗雷格发表此文的初衷并不在于提出一套意义理论，而在于阐明数学哲学里的"相等"概念，以便把数学建立在十分可靠的基础上。所以，开宗明义他首先说道：

> 由于相等涉及许多问题，而且这些问题并非十分容易回答，因此引起人们的思考。它是一种关系吗？一种对象之间的关系？还是对象的名字或符号之间的关系？[2]

也就是说，表达式所谓的相等，是指实际事物之间相互等同呢，还是指代表实际事物的符号之间彼此同义呢？举例来说，"$a=b$"表达的是a和b两个符号相等，还是两个符号所指涉的对象相等？如果是符号之间的关系，那么，只要a和b是表示同一个对象，那么a就可以是任意的符号，如c、d等。如此一来，则出现这样的问题：既然这里的符号是a而不是其他，就说明对象是以特定的方式呈现出来的，而不能是任意的。另外，如果相等是表示对象之间的关系，那么$a=b$同表示一个对象与其自身同一的$a=a$又有什么区别呢？

正是面对这一两难问题，弗雷格引入了"意义"（涵义）这个概念。他指出，符号不仅有其指称的对象（外延），而且还有其特定的意义（内涵）：

---

[1] 徐友渔等：《语言与哲学》，48页，北京，生活·读书·新知三联书店，1996。
[2] 弗雷格：《弗雷格哲学论著选辑》，王路译，90页，北京，商务印书馆，1994。

和一个符号（名称、词组、表达式）相联系的，不仅有被命名的对象——它也可以称为符号的指称——而且还有这个符号的涵义（内涵）、意义，在其涵义中包含了符号出现的方式和语境。①

那么什么是"符号出现的方式和语境"？他用下面这个三角形为例进行说明：

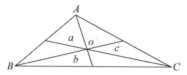

这个三角形的三条中线分别为 a、b、c，它们相交于同一点 o。根据几何学原理，a 与 b 的交点就是（等于）b 与 c 的交点，但是这并不简单地意味着 $o=o$。这里，"a 与 b 的交点"和"b 与 c 的交点"虽然指称的是同一个对象——o，但是两个表达式的意义却完全不同，也就是说"符号出现的方式和语境"各不相同。这就好像"中国""龙的故乡""东方睡狮"（拿破仑语）、"960万平方公里的土地"等表达式，其指称都是同一个对象，而其内涵却不一样。再如，"自由""民主""人权"等概念是不是放之四海而皆准，天下人对此理解都一致呢？对此，英年早逝的政治学者史天健教授的研究及其发现新人耳目。他从20世纪90年代开始，围绕"人的现代化"问题做了不少实证研究，其中包括民主问题。他发现，中国老百姓普遍认为，大陆现在的民主程度很高，在亚洲五国和两个地区中排第二。显然，这同西方式的"刻板印象"不尽一致，那么原因何在呢？经过进一步研究和分析，原来是中国人——包括大陆和台湾民众对民主及其意义的理解不同于西方。比如，台湾民众只有不到14%认同民主是选举、权力制衡，而将近五成的人则把民主定义为自由平等，还有33.7%的人认为民主就是政府听取人民意见，为人民服务。换句话说，绝大多数台湾人心目里的民主是孔孟的民本思想。由此他得出结论：中国人想要民主，但老百姓想要的民主可能更符合孔孟的民本思想，而不是西方意义上的竞争性选举式民主，尽管他们用"民主"这个词来形容他们的理想。

---

① 徐友渔：《"哥白尼式"的革命——哲学中的语言转向》，63页，北京，生活·读书·新知三联书店，1994。

为此，弗雷格举过一个俨然成为经典的例子：出现在早晨的金星被称为"晨星"，而出现在黄昏的金星被称为"暮星"。这里的"晨星"（a）和"暮星"（b）指的是同一个对象——金星（o），而其意义显然是不同的。所以，当我们面对同一个对象而采用不同的符号时，并不是多余的无谓之举，而是力图揭示其中新的意义、内涵或信息。比如，$a=a$和$a=b$虽然指称相同，但是前者除了表明自身与自身相等之外没有增加任何新的信息，而后者则蕴含着新的知识。同样，说"晨星是（等于）晨星"，不需要什么外在的根据，只需按照自明的原理就可成立；但是，说"晨星是（等于）暮星"，则需要具有新的天文学知识。

现在，我们不妨回想一下前面提到的弗雷格那个核心论断：句子（符号）的意谓是它的真值，句子的意义是它的思想。这是弗雷格意义理论的精髓，用《意义与意谓》里的话说：

> 符号、符号的意义和符号的意谓之间的有规律的联系是这样的：相应于符号，有确定的意义；相应于这种意义，又有某一意谓；而对于一个意谓（一个对象），不仅有一个符号。[①]

这里，他特别提到，有的符号（表达式）并不具有与其意义相对应的意谓，或者说与其涵义相对应的指称。比如：

> "离地球最远的天体"这一说法有一种意义，但它是否也有一个意谓，则十分可疑。"最小的收敛级数"这一表达有一种意义，但是人们证明它没有意谓，因为对每个收敛级数都可发现一个更小的，并且还在不断收敛的级数。因此，人们理解一种意义，但由此并不能肯定也有一个意谓。[②]

3. 意象与真实

在明确区分意义与意谓的基础上，弗雷格又进一步指出，应把与符号

---

① 弗雷格：《弗雷格哲学论著选辑》，王路译，92页，北京，商务印书馆，1994。
② 弗雷格：《弗雷格哲学论著选辑》，王路译，92页，北京，商务印书馆，1994。

相关联的"意象"再同"意义和意谓"区别开来。因为，对同一个意义，一方面不同的人可能产生不同的意象，如"亚历山大大帝的战马"在画家、骑手、动物学家心目中的意象；另一方面，同一个人在不同的情况下对同一意义也有不同的意象，如"母亲"在儿女的童年、成年和老年时的意象。三者的关系可以概括如下：

针对理解的意象完全是主观的，"常常浸透着感情，其各个部分的清晰性均不相同，也不确定"[①]，正如东西方人心目里对"殖民"一词的不同感受：

> 一九八六年我参观了美国弗吉尼亚州的一个"艺术家殖民地"，也就是一个艺术家创作中心。colony（殖民地）一词一直使我感到别扭。我后来才知道，在西方诸多殖民地宗主国，在很多西方人那里，colony并不具有殖民地人民记忆中杀人、放火、强奸、抢掠以及鸦片输入之类的形象，相反，它词义平和，只不过是侨居地、聚居地的别名；甚至还隐隐散发出开发者、开拓者的浪漫诗意，与帝国记忆里援外开发、航海探险、文明传播的种种法案和证词相联系。殖民地甚至是高尚者的驿地，英雄的营垒，胜利者的天堂。西方人用这个词指示艺术家艰难工作的处所，从来不会觉得有什么不合适。（《马桥词典·懒（男人的用法）》）

而针对解释的意义则能够为许多人所共享，人们之间之所以可以相互沟通其根源即在于此，或者说人类传播活动之所以可能的基础就在于意义的共享性和意义的普适性。这不同于前述施拉姆说的，在传播活动中人们分享的只是符号而不是意义，意义仅仅属于个人的观点。

由于意义与意象存在着这样的区别，所以，我们可以在约定俗成的基础上放心谈论共享的意义，而一涉及非个人莫属的意象则需判明它属于

[①] 弗雷格：《弗雷格哲学论著选辑》，王路译，93页，北京，商务印书馆，1994。

谁，属于什么时间。对此，弗雷格曾用下面这个比喻做了绝妙的阐述：

> 专名的指称就是这个名称所命名的对象本身。我们在那种场合下获得的意象完全是主观的。涵义处于所指的对象和意象之间；诚然，它不再像意象那样是主观的，但它也不是对象本身。下面这个比喻也许有助于说明它们的相互关系：有一个人用望远镜观察月亮，我们把月亮本身比作所指的对象（指称），它是通过它投射到望远镜内物镜上的真实影像和观察者视网膜上的影像而成为观察的对象的。我们把望远镜内物镜上的影像比作涵义，而把视网膜上的影像比作表象（或心理学意义上的意象）。望远镜内物镜上的影像确实是片面的，它取决于观察的地点与角度；但它毕竟是客观的，因为它能够被许多不同的观察者所利用；作些适当的调整，就可以使几个观察者都能利用它，但是，其中每一个人都将仅仅拥有自己的视网膜上的影像。①

简单说，就是月亮（意谓）—望远镜（意义）—视网膜（意象）。

弗雷格区分意义与意谓的初衷，始于对等同关系的追问。鉴于等同关系既不是对象之间的关系，也不是符号之间的关系，弗雷格特意引入了一个的新的概念即意义。那么，等同是意义之间的关系吗？回答是否定的。因为，"晨星"与"暮星"，"a和b的交点"与"b和c的交点"的意义显然不同。如此说来，弗雷格岂非劳而无功。当然不是。借用徐友渔的评价：

> 弗雷格区分涵义和指称的动机是为了在他的数学基础和数学哲学的研究中彻底阐明"等同"这个概念，但这种区分的后果却主要是澄清了有关意义的许多问题，这虽然并未直接产生导致或否定某一种意义理论的后果，但却为人们后来研究意义问题提供了一个构思精密的概念框架和一种注意细微差别的研究方法。这一点在当代意义理论的

---

① 涂纪亮主编：《语言哲学名著选辑》（英美部分），5～6页，北京，生活·读书·新知三联书店，1988。

发展中起着愈来愈大的作用……①

以传播研究为例，弗雷格的思想就具有多维的启发。比如，关于阅听人的选择性理解理论，就与"意谓—意义—意象"的思路彼此相通。再如，关于新闻报道的真实性问题，人们一直争论不休，其间除了政治倾向与阶级利益的分歧之外，也可从涵义与指称的区别上分析论争的逻辑起点。也许经过这样的分析，一些聚讼纷纭的问题可能就像分析哲学和语言哲学捅破的那些形而上学大气球，多属误用语言的伪问题。拿真实性来说，首先我们得判明它究竟说的是指称，还是说的是意义。按照弗雷格的理论，指称是符号所涉及的对象，其判断标准是"真值"（真或假）；而涵义则是辨识所指对象的方式，其判断标准是"思想"。具体到新闻报道上，相对于指称的是现实里的"新闻"，相对于涵义的是传播中的"报道"；前者是认知的对象，后者是认知的方式。只有对象才有真假的问题，至于报道本身则属"符号出现的方式和语境"。这就好比大家都在说o，但有的是从a和b相交的方式说的，有的则是从b和c相交的方式说的，而有的又是从c和a相交的方式说的。对此，我们不能用真假的标准加以评判，而只能说它们各自提供了不同的"思想"。

综上所述，弗雷格的意义理论不仅推动了哲学的第二次转向，而且将符号研究提到了一个新的层面。正是由于弗雷格（逻辑学）、皮尔士（符号学）和索绪尔（语言学）这三大家殊途同归的建树，语言才开始脱离了原始理解即听说读写行为及其产品，而成为一种语言符号、非语言符号和现代传播媒介的总称，从而为开拓人类的符号表达领域和能力（如现在的计算机语言、画面语言、终端语言等），提供了无限广阔的思想空间。

三、胡塞尔的意义理论

按照我国符号学专家李幼蒸先生的观点，近代以来西方意义研究主要

---

① 徐友渔：《"哥白尼式"的革命——哲学中的语言转向》，61页，北京，生活·读书·新知三联书店，1994。

出现在哲学和语言学两大领域,语言学方面以索绪尔为代表,哲学方面以弗雷格和胡塞尔为先驱,而他俩又分别开创了哲学语义学的两大方向:分析哲学和现象学①。上面谈了弗雷格的意义理论,下面再来看看胡塞尔的有关思想。

不言而喻,不管是分析语言及其意义,还是探讨符号及其内蕴,都离不开三个基点,即语言(意义)、世界(存在)和人(传者)。其中,人乃是第一位的因素,没有人也就无所谓语言和世界,自然也就无所谓意义和存在。换言之,任何语言都是人的语言,就像古希腊人说的——人是会说话的动物;而人所面对的世界又无不呈现在语言之中,没有"太阳"一词,我们就无法把握那个朝升暮降的"火球"——又是一个语言中的词语。拉康就曾指出,"人类现实"(human reality)有三个组成部分——实在(the real)、符号(the symbolic)和想象(the imaginary),像"爱情"这个现实,就离不开诗歌、音乐、玫瑰花等符号和浪漫的幻想。

关于语言、世界和人这种"三位一体"的关系,英国哲学家伯兰克本(S. Blackburn),在《扩展词语》一书里开宗明义就说道,语言哲学力图达到对讲话者、语言和世界这三个因素的理解,研究这三个因素的分别是心理学、意义和形而上学,而研究三者关系的分别是意义理论、真理论和知识论,如下所示②:

这里的问题是,在分析哲学和语言哲学的研究中,人的因素往往被忽略了,只剩下对所谓客观知识和外在真理的追寻。这一倾向在弗雷格那里已经显露端倪:

---

① 李幼蒸:《理论符号学导论》,213~215页,北京,社会科学文献出版社,1999。
② S. Blackburn, *Spreading the Word*, Oxford: Clarendon Press, 1986, p.3.

分析传统忽略人，可能是弗雷格起了带头作用。他是逻辑学家，只对语言符号与所指示的对象之间的关系感兴趣，他既不对语言如何发挥作用表示关注，又不去探讨意义形成的原因及机制，他把语词具有某种意义当成一个已经给定的事实。在他的学说中，一边是语言，一边是世界，上述三角关系变成了二元关系。①

与此相反，人这个因素在胡塞尔的哲学思想包括他的意义理论里，被赋予十分突出的地位：

在胡塞尔看来，意义来源于人的意识活动，通过意识对某个对象的念及，表达行为与对象性的东西才建立了联系。语言的符号本身没有任何意义，是人的意向性活动赋予它们以意义。意义不但与赋义活动有关，还与赋义活动的内容有关。②

从这个意义上，我们不妨说分析哲学是一种科学化哲学，而现象学以及与之一脉相承的存在主义、解释学等则可谓一种人本化哲学（正如存在主义哲学家萨特的一部书名所显示的——《存在主义是一种人道主义》）。在符号与意义的问题上，前者追求的是客观、精确、一丝不苟，甚至力图建立一套有别于自然语言的理想语言；而后者强调的是主体、价值、诗意灵动、生气沛然，理论旨趣里体现的是诗人哲学家荷尔德林那句名言的精神——"人，诗意地栖居在大地上"。

胡塞尔（1859—1938），与弗雷格既是同胞又是同龄人。他们一个被称为语言哲学之祖（达米特语），一个被视为现象学之父，而以这两大学派为先导又形成20世纪以来左右西方哲学与文化的两大潮流——科学主义与人本主义。关于胡塞尔的生平，值得一提的似乎不在于他本人有什么大起大落，倒是他的一个学生更引人注意，甚至青出于蓝胜于蓝，这就是1928年他退休后接替其哲学讲席的海德格尔，而海德格尔后来依附纳粹，算计乃师（胡塞尔是犹太人），又被视为有失忠恕之举。另外，还值得一提的就是海德格尔的一个学生，也成为开宗立派的一代名家，这就是下一章谈阐释

---

① 徐友渔等：《语言与哲学》，241页，北京，生活·读书·新知三联书店，1996。
② 徐友渔等：《语言与哲学》，242页，北京，生活·读书·新知三联书店，1996。

学时要论及的伽达默尔。这也算一段学界佳话。

胡塞尔关于符号与意义的思想，主要集中在他的《逻辑研究》第二卷里，特别是其中第一章关于"表达和意义"的讨论。在他的思想里，符号被分为两种基本的类型：一是自然符号，一是人为符号。自然符号只有指示某个对象的功能，而不具有意义，如标明古生物存在的化石，他称这类符号为"标记"（Anzeigen）。人为符号则是具有意指功能的符号，是有意义的符号，他称这类符号为"表达"（Ausdrucken）。表达又分为语言符号和非语言符号：

> 表达记号和其意义在现象学上是一回事，语言表达——词与其意义共同出现，构成了一切言语的基本条件。这就是说意义的内在出现和词的外在出现之间是严格相符的。这一立场后来成为德里达攻击胡塞尔形而上学意义观的主要方面之一。①

顺便说一下，德里达的硕士论文《记忆》，写的就是胡塞尔现象学的意义、结构和发生，而他未完成的博士论文《文学对象的理式》，同样是受了现象学的启发，至于他的代表作之一《声音与现象》，更是对胡塞尔现象学里的符号问题所做的专题研究。

胡塞尔认为，"任何符号都是某物的符号"，"但是，并不是任何符号都有一种意义，一种与符号一起被'表达'的意义"②。他指出，表达有三种功能：一是报告，即说明人的某种心理体验；二是意指（Bedeuten），即表达一个意义；三是指示，即指示某个对象。与此相应，一个表达式就有三层内容：一是作出这一表达的心理体验；二是这个表达式的意义；三是通过表达式的意义所指向的对象。其中，意指功能（意义）是表达的本质所在。胡塞尔认为，一个有意义的符号可以不报告心理体验（如内心独白），也可以不指示一个对象（如"飞马""金山""圆的方""木的铁"等），在这些情况下它都不失为一个表达；但是，如果它不表达一个意义，那它就绝不是表达了：

---

① 李幼蒸：《理论符号学导论》，228页，北京，社会科学文献出版社，1999。
② 〔法〕雅克·德里达：《声音与现象》，杜小真译，28页，北京，商务印书馆，1999。

在胡塞尔的意义理论中，表达的三种不同功能的区分至关重要。他反复强调，在意义与所报告的心理体验之间，在意义与所指示的对象之间，有着本质的区别，决不可将它们混淆。①

胡塞尔认为，主体之间可以交流的真正内容既不是主观的心理体验，也不是客观的实存对象，而是独立于主体与客体的逻辑内容，正是它们构成了语言表达式的"意义"。比如：

在表达心理体验的表达式中，所欲表达的体验本身并不能进入表达式的意义中。对于听者来说，说出的词语只是起着指示说话者心理体验的标记的作用，听者藉之而察觉到了此体验的存在。但是，对于此体验，"听者自己并未体验到它，他对它没有'内在的'知觉，只有'外在的'知觉"。听者对此体验的把握永远不可能与说话者的实际体验完全吻合。也就是说，语词符号对于心理体验只能加以指示，不能真正传达，真正可传达的仅是语词的逻辑意义，即某种一般之物。②

对于这种意义，胡塞尔真正感兴趣的问题不是其内容，而是其来源。在他看来，语言本身不产生意义，意义源自意识中授予意义的意向行为，语言只不过是承载着这一行为的桥梁。所以，意义研究不能只是局限于表达层面，它还得深入意识层面，去揭示意义形成的内在根源。从《逻辑研究》（1900年）开始，他一直在试图解决意义的根源问题。按照周国平先生的观点，胡塞尔在这个问题上实际上给出了两个答案：

其一，自在地存在着某种一般物，而意义则是它们在思维和表达中的显现。其二，意义是意识凭借其固有的意向性功能创造出来的。也就是说，意义兼有"客观"和"主观"两个方向上的根源。至于这两种根源之间的关系，胡塞尔并未作出清晰的解说。③

尽管弗雷格和胡塞尔的意义理论颇异其趣，然而，有一点两人却是一

---

① 徐友渔等：《语言与哲学》，123页，北京，生活·读书·新知三联书店，1996。
② 徐友渔等：《语言与哲学》，124页，北京，生活·读书·新知三联书店，1996。
③ 徐友渔等：《语言与哲学》，144页，北京，生活·读书·新知三联书店，1996。

致的、相通的，这就是他们都表现出鲜明的唯理主义倾向，这在胡塞尔的现象学中尤为显著。与唯理主义意义观相对的，是经验主义的意义观。前者的代表人物多在欧陆，后者的代表人物多在英美。而唯理主义与经验主义的对立，向来是欧陆传统与英美思想的一大分野，两者的区别有点类似于"宏大叙事"与"私人叙事"。

第二节　维特根斯坦

在整个人类的历史上，能够形成一套思想学说的哲人代为不绝，而一生能够建构两套理论体系者就不多见了，至于能够创立两套互为否定的哲学话语者迄今为止只有一人，这就是被称为"哲学家的哲学家"——维特根斯坦。在他身上仿佛集合着两位声名赫赫而又互相对立的思想家，如理智的黑格尔和诗意的叔本华、入世的孔子和出世的老子。

一、《逻辑哲学论》与《哲学研究》

维特根斯坦，1889年生于维也纳一个富有的家庭，他母亲对音乐的爱好使他家成为当地一个音乐活动中心，维也纳古典乐派最后的传人勃拉姆斯就是他家的常客。或许是受了做工程师的父亲影响，维特根斯坦从小对工程技术很感兴趣，曾鼓捣过纺织机、发动机、滑翔机等玩意儿，1908年在英国的曼彻斯特大学机械系注册为研究生。其后，他的兴趣不断变化，先由工程到数学，再由数学到哲学。

1911年，维特根斯坦前往德国，想投师弗雷格门下。而弗雷格劝他去剑桥大学，拜罗素为师，因为当时剑桥人文荟萃，俊采星驰，罗素更是声望日隆，如日中天，他与怀特海合著的《数学原理》简直被当作哲学史和逻辑史上的一座丰碑，对维特根斯坦转向哲学研究也产生了重大影响。这样，维特根斯坦就到了剑桥的三一学院，成为罗素的学生。罗素对维特根斯坦非常赏识，他甚至说过认识维特根斯坦是他生命里最令人兴奋的智慧奇遇。罗素还曾在《哲学家与白痴》一书里写过这样一段故事：

维特根斯坦在第一学期结束时曾跑到罗素家里问他:"请你告诉我,我是不是一个纯粹的白痴。如果是,我就去当飞行员,但是,如果不是,我就去当哲学家。"罗素让维特根斯坦在假期中写一点东西给他看,然后再回答他。维特根斯坦在第二学期开始时把自己写的东西果然交给了罗素。罗素只读了第一句便说:"不,你一定不要当飞行员。"①

第一次世界大战爆发后,维特根斯坦加入了奥地利陆军,1918年成为战俘,在意大利度过了9个月的铁窗生涯。战争期间,他不断把自己的哲学思考记到笔记本上,后来利用休假时间进行整理修改,写成了他的第一部著作、也是他早期思想的代表作——《逻辑哲学论》。被俘后,他在监狱里写信同罗素取得联系,借助当年剑桥的同学、后来成为著名经济学家的凯恩斯,把书稿的副本送给了弗雷格和罗素。他在序言里提到了他们的著作对他思想的"激发"。此书在罗素的协助下出版,罗素兴奋之下还写了篇序言,其中第一段写道:

> 维特根斯坦先生的"逻辑哲学论"不管它是否证明就所考察的问题提供了最后真理,由于其广度和深度,确实应该看做是哲学世界的一个重要事件。它从符号系统(Symbolism)的原则和在任何语言中词与物之间所必需的关系出发,把这种研究的结果应用到传统哲学的不同部门,在每个场合表明传统哲学和传统的解决办法怎样从对于符号论原则的无知和误用语言而产生。②

可惜,维特根斯坦对这篇序言并不满意。

《逻辑哲学论》问世后,维特根斯坦认为自己的哲学使命已经完成,于是他放弃了父亲留给他的丰厚遗产以及相应的豪华生活,独自到奥地利的一个偏远林区当起了小学教师,一干就是6年,直到1929年才在朋友的劝导下重返剑桥大学。在剑桥,他先注册为研究生,半年后即获博士学位,学位论文就是那部已成经典的《逻辑哲学论》。翌年,他当选为三一学院的院

---

① 〔英〕维特根斯坦:《哲学研究》,范光棣等译,"中译者序",2页,北京,生活·读书·新知三联书店,1992。
② 〔奥〕维特根斯坦:《逻辑哲学论》,郭英译,2页,北京,商务印书馆,1962。

士，同时加入英国国籍。此后，他一直在剑桥执教。正是在这期间，他的思想发生转折，开始放弃《逻辑哲学论》的基本思想，并用16年断断续续写下哲学笔记（"断想"），从而形成了他的第二部著作、也是他晚期思想的代表作《哲学研究》。"《哲学研究》的写作风格同《逻辑哲学论》迥然不同。假如说《逻辑哲学论》是用诗的语言精致构筑的一座格言庭院的话，那么《哲学研究》便是用日常口语编织的一块地毯。"①

和他所钟爱的哲学家叔本华一样，维特根斯坦也是终生未婚。1951年，这位"同爱因斯坦和弗洛伊德一样伟大的人物"②，在刚过62岁生日后病逝。他的临终遗言是："告诉他们，我有过一个美好的人生。"

二、"指示论"

一般认为，弗雷格是分析哲学和语言哲学的先驱，而维特根斯坦是这一哲学流派的重镇。就意义问题而言，他在《逻辑哲学论》里是持"指示论"的主张，而在《哲学研究》里则持"用法论"的观点。

关于指示论，可用罗素《数学原理》中的一句话来概括："所有的语词作为代表自身以外的某种东西的符号，在这种简单的涵义上它们是有意义的。"③也就是说，符号之所以有意义，是因为它们代表着外部的某种事物，即意义等于指称对象。这样一来，许多传统哲学的问题如本体、存在等，就可转化为代表外在世界的语言（符号）问题。《逻辑哲学论》的主旨，便在于划清语言表达的界限。对此，维特根斯坦写下一句几成警句的话：

> 这本书的整个意义可以概括如下：凡是能够说的事情，都能够说清楚，而凡是不能说的事情，就应该沉默。④

---

① 〔英〕维特根斯坦：《哲学研究》，范光棣等译，"中译者序"，6～7页，北京，生活·读书·新知三联书店，1992。
② 《泰晤士报·文学增刊》，1959-05-01。
③ 徐友渔：《"哥白尼式"的革命——哲学中的语言转向》，68页，北京，生活·读书·新知三联书店，1994。
④ 〔奥〕维特根斯坦：《逻辑哲学论》，郭英译，20页，北京，商务印书馆，1962。

既然我们所在的世界是能够说出的世界，那么这个世界的界限也就是语言的界限。不过，这里的语言是指逻辑严密的理想语言，而不是歧义丛生的日常语言或自然语言。在理想语言里，"名称意指对象。对象就是它的意义"（维特根斯坦）①。

基于这一思想，维特根斯坦提出了有名的"图像"（das Bild）理论，即语言是由命题组成的，而命题是现实的图像。作为现实的图像，语言与现实之间的同构关系不同于绘画与景物的关系，而类似于地图与城市的关系，它是一种逻辑上的对应关系：

> 每一种形象（即图像——引者注），不管具有何种形式，要一般地描画——正确地或错误地——现实，必须与现实具有共同的东西，这种形式就是逻辑形式，即现实的形式。②

举例来说：

> 留声机唱片、音乐思想、记谱法、声波，都互相处于如存在于语言与世界之间的关系一样的形象的内在关系中。③

《逻辑哲学论》里的这些论述，为人们从符号与外部世界的关系上探讨意义问题提供了新颖而深刻的启迪。但是作为一种意义理论，指示论本身则存在不少漏洞与缺陷，正如徐友渔先生所概括的：

> 如果语词的意义即在于它所指称的对象，那么语词的意义和对象之间就是严格的一一对应关系。但事实上当然不是如此，"第一本《形而上学》的作者"和"亚历山大大帝的老师"都指同一个对象，即亚里士多德，但这两个短语的意义在直观上显然是不同的。另一方面，像"我""你""这里""现在"这样的词，随着说出它们的时间、地点、场合的不同而指称不同的对象，虽然它们的意义一直保持不

---

① 徐友渔：《"哥白尼式"的革命——哲学中的语言转向》，68页，北京，生活·读书·新知三联书店，1994。
② 〔奥〕维特根斯坦：《逻辑哲学论》，郭英译，27页，北京，商务印书馆，1962。
③ 〔奥〕维特根斯坦：《逻辑哲学论》，郭英译，39页，北京，商务印书馆，1962。

变……因此，意义等于指称对象的主张显然是不正确的。①

为此，指示论引发了许多批评，乃至嘲笑。有人就说，你可以从口袋里掏出手帕，但绝对掏不出手帕的意义。还有人说，我们可以说"亚里士多德死了"，但绝对不能说"亚里士多德的意义死了"。维特根斯坦后来也认识到，把意义等同于对象确实难以成立。他在《哲学研究》里曾写道：

> "意义"一词如果是用来指称与词相对应的东西，那么它的用法就是不当的。这样做混淆了一个名称的意义同这个名称的拥有者（bearer）。当 N. N. 先生死的时候，我们说这个名字的拥有者死了，而不说这个名字的意义死了。这样说是荒唐的，因为假如名称不再有意义，再说"N. N. 先生死了"就毫无意思。②

所以，维特根斯坦在《哲学研究》里开始清算《逻辑哲学论》里的思想，并从指示论转向用法论。当然，这种转变并非突兀的，两者之间其实存在学理上的内在联系。对指示论来说，探寻意义的根本动因在于求真，即意义与其指示对象是否相符，而要判定语句的真假，就自然得考察语句发生的现实条件，也就是言语的行为。可见，从指示论到用法论，是一种顺理成章的演化过程。

三、"用法论"

分析哲学和语言哲学有两大流派：一是逻辑实证主义，一是日常语言学派。前者以弗雷格为先驱，后者以后期维特根斯坦为重镇。关于日常语言学派及其学术取向，从程巍博士论文所述的如下对举中可以略知概貌：

> 一个居住在苏格兰北部的农夫可能觉得他同村的一个喜欢说故事的鞋匠是比简·奥斯汀更伟大的作家，因为他编的故事不仅能听得

---

① 徐友渔：《"哥白尼式"的革命——哲学中的语言转向》，68～69页，北京，生活·读书·新知三联书店，1994。
② 〔英〕维特根斯坦：《哲学研究》，范光棣等译，30页，北京，生活·读书·新知三联书店，1992。

懂，幽默风趣，而且具有打动他的邻居们的力量。简·奥斯汀与这个农夫以及他的村子有什么关系？他连最近的城市都没有去过，当然更谈不上伦敦。他哪里知道伦敦的高雅男女的那种"标准英语"（King's English 或 Queen's English），哪里知道他们在客厅里和舞会上打情骂俏、争风吃醋时的机智？他只听得懂本地的方言俚语。简·奥斯汀不会使这个农夫感动，而且她原本就不是为这个农夫写作，她的潜在读者是受过良好英语教育并懂得上流社会礼仪的人。①

维特根斯坦前期的《逻辑哲学论》固然高标出世不同凡响，但它基本上还是沿着弗雷格和罗素所开辟的方向进行拓展，关注奥斯汀式的标准英语。而他后期的《哲学研究》则不仅提出一套全新的思想，而且还彻底扭转了分析哲学和语言哲学的方向，使之从追求理想语言的逻辑实证主义转到关注日常语言的行为主义，好似韩少功生趣盎然的《马桥词典》。受此影响形成了有名的牛津日常语言学派，而《哲学研究》就是这个学派的"圣经"。附带说一下，这部名为《哲学研究》的著作，其实主要是论述语言或语言哲学，包括词句及其意义、专名、符号、语言的使用和理解、个体语言或私人语言、思想与思维等。

在意义问题上，《哲学研究》提出了一个看似寻常而实则深刻的观点："一个字词的意义是它在语言中的用法。"②说它寻常，因为它所说的无非是个常识，谁不知道"爸爸"的意思就是子女用到它的意思。说它深刻，因为它实际上针对的是人类思想史上一种源远流长的趋向，即相信并且努力探求存在于种种个别事物中所谓共同的、一致的、本质的属性，同时把这种属性作为理解各种个别事物的前提，如所谓普世价值等教条主义。

在《哲学研究》中，维特根斯坦批判了这种"渴望统一性"（craving for generality）的趋向，指出这种从个别里寻求本质的弊端之一，就是把词语的意义视为隐匿于形形色色的语言现象中的某种统一的东西，而这种东西又与语言在日常生活中的用法了不相干。与此相应，这种趋向自然导致对理

---

① 程巍：《中产阶级的孩子们：60年代与文化领导权》，217页，北京，生活·读书·新知三联书店，2006。
② 〔英〕维特根斯坦：《哲学研究》，范光棣等译，31页，北京，生活·读书·新知三联书店，1992。

想语言的虚幻追求,这也是《逻辑哲学论》的主要目标之一。而如今他发现,语言的误用确实导致许多哲学上的伪问题,但是问题不是出在日常语言,相反倒是出在理想语言:

> 说在哲学中我们考察一种与日常语言相反的理想语言,这种说法是错误的。因为这使得看起来好像我们认为我们可以对日常语言加以改进。但日常语言是完全正确的。①

不仅如此,日常语言或自然语言还是其他符号系统的典范。所以,要寻求意义,只能从日常语言及其实际应用方面入手,正如他在《哲学研究》开篇处引用奥古斯丁《忏悔录》里的一段话所揭示的:

> 我已经不是一个不言不语的婴儿,已经成为牙牙学语的孩子了……听到别人指称一件东西,或看到别人随着某一种声音做某一种动作,我便记下来:我记住了这东西叫什么,要指那件东西时,便发出那种声音。又从别人的动作了解别人的意愿,这是各民族的自然语言:用面上的表情、用目光和其他肢体的顾盼动作、用声音表达内心的情感,或为要求、或为保留、或是拒绝、或是逃避。这样一再听到那些语言,按各种语句中的先后次序,我逐渐通解他们的意义,便勉强鼓动唇舌,借以表达我的意愿。
>
> 从此,我开始和周围的人们使用互相达意的信号……②

总之,"意义不是个人的问题,而是由人组成的共同体或社会的问题。意义不是语词和事物的关系所呈现出来的,而是人们在学习中获得的。意义不是作出解释的问题,而是一个实践的问题"(徐友渔)③。

为了说明"意义即用法",维特根斯坦提出了一个相对于上述图像理论的游戏理论。图像理论属于静态的逻辑构造论,着眼于从符号与其对象的

---

① 转引自俞吾金《问题域外的问题——现代西方哲学方法论探要》,242页,上海,上海人民出版社,1988。
② 〔古罗马〕奥古斯丁:《忏悔录》,周士良译,11~12页,北京,商务印书馆,1963。
③ 徐友渔:《"哥白尼式"的革命——哲学中的语言转向》,229页,北京,生活·读书·新知三联书店,1994。

关系上揭示意义；游戏理论则属于动态的语言使用论，着眼于从语言的实际应用即语言的功能上考察意义：

> 解释一个语言表达式的意义就是揭示它的使用；而一个语言表达式的使用又可以通过研究它在某种适当的语言游戏中的那种使用得到澄清。①

他甚至觉得，"意义"这个概念都该放弃，因为压根就没有什么"意义"，有的只是"用法"。用他的一句格言似的话来说："别找寻意义，去找寻用法。"②他举例说，箭头符号"→"作为路标可以指示方向，但它到底指示什么方向，就得看它在实际场合中的应用："箭头只在应用中指示，正是应用赋予箭头以生命。"③就此他所举的一个最有名的例子，就是把语言的使用比作下棋，把词语比作棋子：

> 如果一个人把国际象棋中的王指给另一个人看并且说："这就是王"，这并没有告诉他这颗棋子的使用——除非他已经知道这种游戏的规则而仅仅不知道最后这一点：王的形状。你可以想象他已经学会游戏的规则但从来没有见过实际的棋子。在这里棋子的形状同一个词的声音或形状相对应……我们可以说，只有知道怎样用一个名称做某种事情的人才能有意义地问起这个名称。④

这里我们自然会想起，索绪尔在论述语言结构的共时态特征时，也曾用过下棋作比喻，以说明符号的作用不是取决于自身，而是取决于整个符号系统的结构以及各个符号彼此之间的关系，就好像一个棋子被奉为"王"并不在于它是用木头做的还是用象牙做的，而在于它在整个棋局中的地位。与此相似，符号的意义也取决于实际的用法：

---

① 转引自俞吾金《问题域外的问题——现代西方哲学方法论探要》，244页，上海，上海人民出版社，1988。
② 李幼蒸：《理论符号学导论》，237页，北京，社会科学文献出版社，1999。
③ 李幼蒸：《理论符号学导论》，237页，北京，社会科学文献出版社，1999。
④ 〔奥〕维特根斯坦：《哲学研究》，李步楼译，22~23页，北京，商务印书馆，1996。

如果有人不懂象棋中"王"是什么意思，你把这个棋子拿给他看并告诉他"这就是王"，这是毫无意义的，因为你没有告诉他王的走法，而任何形状的棋子在象棋中充作王都是可以的。只有知道王的走法，它在棋盘上的位置、活动范围，如何吃掉别的棋子以及可能被对方将军，等等，这时说"这样的棋子就是王"才有意义。①

后期的维特根斯坦强调语言的游戏性，目的在于把人们的注意力引到词语在各种场合的具体运用方面，通过运用确定意义——无论是哲学的意义，还是语言的意义。换言之，任何词语的意义，只有考察它在某种语言游戏中的实际运用才能确定。为了进一步说明这个思想，他又把词语比作工具：想一想工具箱中的工具：

有锤子、钳子、锯子、起子、尺子、熬胶的锅、胶、钉子和螺钉。——词的功能就像这些东西的功能一样，是多种多样的。②

综上所述，"游戏"也罢，"工具"也罢，语言的生命都在于也只在于它在作为社会实践的交流活动里所起的作用，词语的意义都在于也只在于它的实际用法，把语言当成固定的、静止的、逻辑严密、一丝不苟的东西，就会在哲学上产生问题。就像他说的：

当哲学家使用一个词——"知识""存在""对象""我""命题""名称"——并试图把握事物的本质时，人们必须经常地问自己：这个词在作为它的老家的语言游戏中真的是以这种方式来使用的吗？——

我们所做的乃是把词从形而上学的使用带回到日常的使用上来。③

后期维特根斯坦的意义用法论，是意义理论中一种重要而影响深远的学说，"把提出意义的用法理论视为意义理论研究过程中一种里程碑式的转

---

① 徐友渔等：《语言与哲学》，70页，北京，生活·读书·新知三联书店，1996。
② 〔奥〕维特根斯坦：《哲学研究》，李步楼译，9页，北京，商务印书馆，1996。
③ 〔奥〕维特根斯坦：《哲学研究》，李步楼译，72~73页，北京，商务印书馆，1996。

折,并不算夸大其词"①。它对后来的一系列重要理论产生了直接启发和推动作用,其中最明显的就是牛津学派(日常语言学派)及其言语行为理论。

第三节　意义的行为理论

一、日常语言学派

英国自由主义思想家伯林在论述托尔斯泰的名著《刺猬与狐狸》中,曾区分了精神活动的两种类型:一种是力图认识一件大事物的"刺猬";一种是满足于认识许多小事物的"狐狸"。一部人类精神活动的发展史,不妨说也是一部"刺猬"与"狐狸"或交相辉映或此消彼长的演进史。比如,我国古代有汉学与宋学之争,汉学重小学,重考据,重训诂,相当于"狐狸";而宋学重义理,重微言大义,则类似于"刺猬"。

在语言哲学和分析哲学领域,也存在着"刺猬"与"狐狸"两种类型。"刺猬"是理想语言学派(逻辑实证主义),总想透过表层去寻找或建构一种深度模式;而"狐狸"是日常语言学派,就喜欢在家长里短的层面说事儿。理想语言学派以弗雷格、罗素和前期维特根斯坦为代表,认为日常语言含混、模糊、充满歧义,有碍于思想的正确表达。比如,日常语言的一个典型缺陷,就是容易产生"说谎者悖论":如果有人说"我在说谎",那么人们就无法断定他是否在说谎。因为,要是他在说谎,那么他说的和他做的完全一致,则他又在说真话;而要是他说的是真话,按照他说的,则他又在说谎。为此,理想语言学派主张发明一套逻辑严密形式完善的语言,或将日常语言改造成这样的语言。

与之相反,日常语言学派则认为日常语言本身并没有问题,只是哲学家在思考哲学问题时误用了日常语言。所以,解决问题的途径不在于另搞一套形式语言,而在于通过分析日常语言而澄清混乱和谬误。其代表人物

---

① 徐友渔:《"哥白尼式"的革命——哲学中的语言转向》,129页,北京,生活·读书·新知三联书店,1994。

有摩尔、奥斯汀、赖尔、斯特劳森和后期维特根斯坦：

> 摩尔（G.E. Moore）是与罗素同时开创分析方法的，尽管罗素劝他学一些数学和逻辑，但他还是坚持以耐心、细致地推敲语句的微妙差别的方法搞哲学，开日常语言的先河。到了二战前后，以牛津的赖尔（G. Ryle）、奥斯汀（J. L. Austin）和斯特劳森（P.F. Strawson）为代表的日常语言分析已成语言哲学的主流，而维特根斯坦的后期名著《哲学研究》（*Philosophische Untersuchungen*）则是这种倾向的辉煌代表。[①]

日常语言学派的旨趣与追求，可以摩尔为典型。摩尔是剑桥大学的哲学教授，与罗素属同学（比罗素低两届），与维特根斯坦属师生，不过他一直虚心地向这位天才的学生学习。维特根斯坦的《逻辑哲学论》发表后，他曾一遍遍地阅读，维特根斯坦重返剑桥后，摩尔又连续几年去听维特根斯坦的课，1939年维特根斯坦也是接替他而受聘剑桥教授。摩尔的语言分析以捍卫常识而闻名，就连他的作品也像凯恩斯说的那样，简单朴素，老老实实。用他这位学生略带调侃的话说，他甚至不能把真善美同家具区别开来，因为，"它们都有轮廓的限定，有着同样稳定的、坚实的、客观的质量和常识公认的现实性"[②]。按照摩尔的其实也是常人的看法，日常语言中一些常识性的概念是自明的、不言而喻的、毋庸置疑的，它们构成人类理解和交流的基础，没有它们，没有这个基础，我们就无法相互理解，相互沟通。下面就是他捍卫常识的几个有名的例子：

> 有人说："没有物质的东西。"
>
> 摩尔反驳说："你肯定错了，因为这里是一只手，这里是另一只手；因此至少有两个物质的东西。"
>
> 有人说："时间是非现实的。"
>
> 摩尔反驳说："如果你的意思是说，任何事件都不会在另一个事件之后或之前，那么你肯定是错的；因为我在午饭之后散了一会儿步，

[①] 徐友渔等：《语言与哲学》，34页，北京，生活・读书・新知三联书店，1996。
[②] 转引自M.怀特编著：《分析的时代》，杜任之主译，20页，北京，商务印书馆，1981。

散步之后我洗了澡,洗澡之后我喝了茶。"

有人说:"任何人都感知不到物质的东西。"

摩尔反驳说:"如果你所谓'感知'是指'听''看''感觉'等等,那么不会有比你说的更错的东西了;因为我现在既看见又感觉到这支粉笔。"①

日常语言学派对语言及其意义进行了许多别开生面的分析,对哲学、语言学、符号学以及传播学都产生了深远的影响,限于篇幅,下面我们只重点考察一下奥斯汀及其美国学生塞尔的言语行为论。

二、言语行为论

意义的言语行为论,导源于维特根斯坦的意义用法论,行为论是用法论的发展。这种理论从一种新的角度即人的行为上来看待意义问题,从而将言语意义归结为言语行为(Speech Acts)。用塞尔的话说:"研究语句的意义在原则上和研究言语行为没有区别。确切地说,它们是同一种研究",因此,"语言理论是行为理论的一部分"②。

根据当代的研究状况,在日常语言学派中,奥斯汀和后期维特根斯坦的影响最大,追随者也最多。维特根斯坦的地位已如前述,至于奥斯汀追随者多的原因则如王路先生在《走进分析哲学》里所分析的:

首先,奥斯汀的学生塞尔忠实地继承了奥斯汀的思想和研究方向,出色地发展了言语行为理论。其次,这方面的研究非常多地依赖于语言学的成果,特别是由于现代逻辑的引入,语言学在50年代以后有了很大发展,因此言语行为理论的研究不是单纯的经验的具体的分析,而是成体系的。第三,除了一些哲学家从事这方面的研究以外,大量的语言学家加入到这个行列里来……他们都打着奥斯汀的旗号,自诩

---

① 王路:《走进分析哲学》,167页,北京,生活·读书·新知三联书店,1999。
② 徐友渔:《"哥白尼式"的革命——哲学中的语言转向》,89页,北京,生活·读书·新知三联书店,1994。

为言语行为理论的研究。第四，近二三十年来，非经典逻辑的发展为言语行为理论的研究提供了强有力的武器，促进了这方面的发展。最后一点，在哲学研究中，交际理论，有人称语用学（如莫里斯、哈贝马斯等——引者注），如今已经成为一个比较热的领域。交际理论主要探讨的是人们在交际过程中的表达与理解，而奥斯汀的理论似乎自然成为最好的参照物之一。①

这里特别提到了言语行为理论与传播学（即所谓交际理论）的关系，尤其值得我们注意。

同日常语言学派里的赖尔、斯特劳森一样，奥斯汀也是牛津大学的语言学家和哲学家，故这个学派又称牛津学派。奥斯汀生前只发表过几篇论文，他的主要著述都是在他去世后，由他的学生根据一些讲课笔记整理出版的，其中影响最大并被视为经典的，是出版于1962年的《如何以言行事》（*How To Do Things With Words*），这与当年索绪尔《普通语言学教程》问世的情形颇为相似。

《如何以言行事》是奥斯汀1955年应哈佛大学邀请，为威廉·詹姆斯讲座所做的系列报告。此前，他曾在牛津大学开过类似内容的课程和讲座，名为"语词与行为"，以对日常语言的细腻分析取代了传统哲学的宏言伟论。体现在这些学术话语里的一个核心思想，可用一句简单的话来概括——说话就是做事。那么，这个思想是针对什么问题提出的呢？

奥斯汀发现，哲学家们往往只对"那些真实地或虚假地报道事实或描述情况的表述"（陈述）感兴趣，而按照逻辑实证主义所持的意义证实论（即命题的意义在于证实其为真为假），那些已被证实为假的命题就无意义可言。正是针对这一点，奥斯汀提出了质疑：

> 在那些将要被作为无意义的东西而抛弃掉的陈述中，是否其中有一些当真是在提出陈述。难道它们不可能本来就没有打算去报道事实而是以这种或那种方式去影响人们（《中国青年报》曾经有过一场内部讨论，一派记者主张新闻是"记录历史"，一派记者主张新闻是"影

---

① 王路：《走进分析哲学》，234~235页，北京，生活·读书·新知三联书店，1999。

响未来"），或是以这种或那种方式去发泄情感吗？①

而这样的陈述（statement），即不属于描述事实因而也无所谓真假的陈述，被奥斯汀称为"完成行为式表述"（performative utterance）。他指出，完成行为式表述不是在"说"事而是在"做"事，人们用它是来完成某种行为，如作出许诺、表示感谢、发布命令等：

> 如果一个人作出了一个这样的表述，我们应该说他做了些什么，而不仅仅是说了些什么。这听起来有些奇怪，但从我要举的例子来看，这一点也不奇怪，甚至极为正常。这里，我举三四个例子。例如，假设在我的婚礼上，我像其他新郎一样说："我愿意"——（娶这个女子为我合法的妻子）。又如，假设我踩了你的脚，然后我对你说："我向你道歉。"再如，假设我拿一瓶香槟酒说："我把这条船命名为伊丽莎白女王号。"再假设我说："我跟你打六便士的赌，明天准下雨。"在所有这些情况中，把我说出来的东西看成是一种对那种无疑是被完成了的行为——打赌行为、命名行为或道歉行为——的报道是不合理的。我们应该说，当我说出我的所做时，我实际上就完成了那个行为。当我说"我把这条船命名为伊丽莎白女王号"时，我不是在描述这个命名仪式，我实际上是在完成这次命名。②

对这样的陈述来说，不存在为真为假即陈述与事实是否相符的问题，只存在恰当与否的问题。比如，你被委派去为伊丽莎白女王号命名，可就在你要把酒瓶摔向船头的一刹那，不知从哪儿突然冒出一个人，他从你手中夺过酒瓶，摔向船头，大叫道："我命名这条船为斯大林元帅号。"这个完成行为式表述就是不恰当的（unhappy）。

至此，问题似乎已经辨别清楚了，楚河汉界已经判然分开了：一边是报道事实的陈述——叙述式话语（constative utterance），其意义在于是否真实；一边是完成行为的陈述——实行式话语（performative utterance），其意义在于是否恰当。

---

① 〔美〕A.P.马蒂尼奇编：《语言哲学》，牟博等译，210页，北京，商务印书馆，1998。
② 〔美〕A.P.马蒂尼奇编：《语言哲学》，牟博等译，211页，北京，商务印书馆，1998。

然而，事实又不这么简单。经过进一步的分析，奥斯汀发现，其实即便当我们在陈述、描述或报道什么的时候，我们也还是在完成一种行为，这种行为与一种命令行为几乎是一样的。为什么呢？因为，对事实的陈述和对行为的表述一样，问题也主要在于是否恰当而不在于是否真实。他说：

> 你能对任何事情做出任意的陈述吗？例如，假设你对我说："我感到今天上午真无聊"，而我却对你说："你不是。"你问我："你说的到底是什么意思，什么叫'我不是'？"我回答说："噢，没什么，我只是在陈述你不是，这是真的还是假的？"你又说："你先不要问是真还是假，问题是你对某人的感觉做陈述是什么意思？我告诉你我感到很无聊，你就不能够去陈述我不是。"这表明，你恰恰不能对他人的感觉做陈述（尽管如果你愿意的话你可以做出种种猜测），而且由于存在着许许多多根本不知道的东西、无法对它们作出判断的东西，所以你根本不能去陈述。对于陈述以及通过同样的语言符号去描述和报道的情况，我们所需要的是把我们对它们的原有看法转变一下，认识到它们是言语行为，认识到它们是同我们一直谈论的并且是作为完成行为式来讨论的所有其他的言语行为一样的言语行为。①

如此说来，似乎没有什么言语可用真假来衡量，即可用是否符合事实来衡量了。显然，这既乖离常理，也违背奥斯汀的本意。其实，在他看来，不仅事实性陈述有个真假尺度，而且就连许多完成行为式表述也同样得放在"与事实符合的一般尺度中来作出估价"。比如寓言里的那个孩子说"狼来了"而狼并没有来，这个警告行为之所以不恰当，就是因为它是一个虚假的警告。但是问题在于，无论对叙述性的陈述还是对行为性的陈述来说，为真为假仅仅属于一般的评价尺度，除此之外还有各种不同的评价尺度，如是否准确、恰当、公平，是否夸大其词，是否容易使人产生误解等，用奥斯汀的话来说：

---

① 〔美〕A.P. 马蒂尼奇编：《语言哲学》，牟博等译，225页，北京，商务印书馆，1998。

你越对真与假的问题进行思考，你就越感到我们说出的陈述极少仅仅是真的或仅仅是假的。通常还存在着它们是合理的还是不合理、是合适的还是不合适的、是言过其实的还是符合实际的问题，以及它们是粗略的还是十分精确的、准确的等等问题。对于在我们所说的东西和事实之间有着这样或那样关系的整个不同评价尺度来说，"真的"与"假的"仅仅是一般的衡量标志。因此，如果我们把我们的真与假的观念放宽，我们将会看到，作出与事实相关的评价的那些陈述到头来与劝告、警告、裁决等等并无太大的区别。①

奥斯汀就此举了几个典型的例子，如"法国是六角形的""牛津距离伦敦60英里"等。"法国是六角形的"这句话，对普通人来说是真的，而对地理学家来说则不然，因为它是一个不精确的陈述，但是我们也不能直截了当地说这个陈述是假的。同样，"牛津距离伦敦60英里"也只在一定程度上说是真实的。

概而言之，一方面，作出某种陈述恰恰与发出一个命令、提出一个警告一样，是在完成一种行为；另一方面，发出一个命令、提出一个警告时，同样存在一个它们如何与事实相联系的问题。如此看来，实行式话语和叙述式话语的差异，就显得有点模糊、混乱、似是而非。而且，更重要的问题还在于，难以提出一个区别两者的明确标准。有鉴于此，后来奥斯汀就放弃了这种二分法，而是将所有言语行为分为三种：

1. 以言表意行为（locutionary act）；

2. 以言行事行为（illocutionary act）；

3. 以言取效行为（perlocutionary act）。

其中第二种以言行事的行为最重要，奥斯汀又将它分为五类：

（一）判定式（Verdictives），即是作出判定或裁决，就像法官、裁判、仲裁人所做的那样，这里的关键是要对由于种种理由难于确立的事情作出判决；

---

① 〔美〕A.P.马蒂尼奇编：《语言哲学》，牟博等译，226页，北京，商务印书馆，1998。

（二）施行式（Exercitives），即是施加力量或影响，行使权力，等等，例子有如指定、投票、命令、怂恿、劝告、警告等；

（三）承诺式（Commissives），即许诺、承担义务、宣布意向等，订婚就是其中的一种，它与前两者有关系；

（四）行为式（Behabitives），这一种颇为复杂，而与态度和社会性行为有关，例如道歉、祝贺、表扬、咒骂、挑战，等等；

（五）阐释式（Expositives），即是澄清原因，进行论证和交流等，如"我答复……"，"我主张……"，"我假定……"，"我提出……"。①

后来，塞尔对奥斯汀的这个分类提出批评，认为它不是对以言行事的行为进行分类，而是对以言行事的动词进行分类，而且缺乏一个清楚的、一以贯之的标准作为分类的基础。于是，他提出了十二条分类标准，并据此而把以言行事的行为分为如下五类：

（一）断定式（assertives），讲话者承认某件事是怎样的，承认所说命题的真实性；

（二）指令式（directives），讲话者试图让听话者去做某件事；

（三）承诺式（commissives），与奥斯汀的定义相同；

（四）表情式（expressives），表达心理状态，如感谢、道歉、哀悼、欢迎等；

（五）宣告式（declaratives），使命题的内容和实在之间产生一种对应关系，人们如果成功地宣告了某个事态的存在，这个事态因此就得以存在，如指定某人为主席，宣告一对男女为夫妇，等等。②

小结一下，意义的行为理论，从人们的日常生活和日常语言出发，不把语言当作静态的逻辑符号，而将它视为用于人类传播和社会交往的工具，强调意义与行为的关联，具有鲜明的实践性和生活性，可谓"看似寻

---

① 徐友渔：《"哥白尼式"的革命——哲学中的语言转向》，95~96页，北京，生活·读书·新知三联书店，1994。
② 徐友渔：《"哥白尼式"的革命——哲学中的语言转向》，97页，北京，生活·读书·新知三联书店，1994。

常却奇崛",正如德国当代哲学家斯太格谬勒评价奥斯汀时所言:

> 说起来这真是荒唐。而且对于过去2500年间所有那些以任何一种方式研究语言的人来说这也是一件令他们感到羞耻的荒唐事,即他们竟然没有远在J.L.奥斯汀之前就做出这样一种其本质可以用一句很简短的话来表示的发现:我们借助于语言表达可以完成各种各样的行为。特别值得注意的是,到有一位哲学家发现存在着像言语行为这样的东西时,甚至可能已经是现代哲学中"语言学转向"几十年以后的事了。叔本华曾说过,我们觉得很难把最常见的事物和最切近的事物当成问题,这是因为它们都是很显然的,所以就逃脱了我们的注意。对于他的这种说法,恐怕不可能有比言语行为这种现象更好的证明了。①

联系新闻传播等实践环节,这一理论也有许多值得深思之处。比如,关于新闻报道的真实性问题,一直是学界普遍关注的问题,特别是西方总喜欢拿这个问题做文章,动不动就指责这个不真实那个不客观,而一些自以为是的"精英"也往往鹦鹉学舌。其实,按照言语行为理论,新闻报道也好,日常说话也罢,首先为的是"做事"而不是"说事"。比如,流言决不仅仅只是说说而已,其旨其归首先在于"生事"。再如,我们知道,在新疆、西藏、台湾等问题上,西方媒体倒是没少说事,然而,那仅仅是在"说"吗?他们的"说",其实不也是"做"吗?对此,如果仅以是否真实进行衡量(且不论是否真实),岂不本末倒置吗?反过来讲,发展中国家基于本身的实际情况,为了更有利于自己的发展或"做事"而去"说事",不也是同样合情合理、顺理成章吗?既然如此,那么,衡量新闻报道的标准就不仅仅在于是否符合客观意义上的真实,而首先在于是否符合以言行事的"恰当"。因为,如前所述,为真为假仅仅属于一般的评价尺度,除此之外还有各种不同的评价尺度,如是否准确、恰当、公平,是否夸大其词,是否容易使人产生误解等。

---

① 〔德〕斯太格谬勒:《当代哲学主流》,下卷,66页,北京,商务印书馆,1992。

第四节　语义与语用

在日常语言学派及其言语行为理论出现之前，研究表达式字面意义的语义学和确定表达式实际意义的语用学是泾渭分明、各行其是的。语义学只关注命题的本身涵义，属于静态的研究；语用学着眼意义的现实语境，属于动态的研究。而随着意义用法论的兴起，语义学与语用学的此疆彼界就变得模糊了，塞尔（J.R. Searle）甚至认为二者之间没有明显区别，可以把语义学视为语用学的一个部分。事实上，近几十年的许多研究也的确显示出这种合流之势，下面谈到的三家就是其中的代表。

一、哈贝马斯及其"普通语用学"

维特根斯坦的"意义即用法"，导致了奥斯汀的"说事即做事"；而奥斯汀的意义行为理论，又启发了哈贝马斯的"普通语用学"。至于普通语用学，则属哈贝马斯"交往行为理论"的核心。

1. 对话与交往

哈贝马斯是法兰克福学派第二代的领袖人物，为此也被视为传播学批判学派的思想重镇。1954年，他获得波恩大学的哲学博士学位，当了两年记者后，进入法兰克福大学社会研究所——法兰克福学派大本营，成为阿多诺的助手。其间一件学界轶事，有助于理解他与阿多诺及其学派的私淑关系：

> 1961年，在西德图宾根召开了一次研讨会。会上唇枪舌剑，俨然一场两军对垒。发起进攻的一方，是英国哲学家卡尔·波普尔。
>
> 在其发言中，老波攻击法兰克福学派，指其批判理论是一种失效的历史决定论。学派掌门人阿多诺，仅做了一个扼要回应，就扔下波普尔，安然观战。他的助手、年方32岁的哈贝马斯，英气勃勃、一跃登台，同那位年近花甲的实证派大腕一路缠斗，最终打成

平局。①

然而，就在当年，哈贝马斯的处女作却遭到霍克海默、阿多诺等学派元老的拒斥。本书原是用于申报研究所教授的资格论文，翌年出版后使他声名鹊起，这就是《公共领域的结构转型》。前些年，国内新闻传播的学者与学子，也曾热衷于讨论"公共领域"话题，其实即使不论赵月枝教授揭示的理论误读（见《传播与社会：政治经济与文化分析》），仅就问题及语境而言也难免南橘北枳。按照赵一凡的分析，"波普尔引领战后英美自由派，阿伦特代表中间偏左的德国哲学传统。小哈1962年发表《公共领域》，则是凭借左翼批判，与波普尔形成激烈对攻"②。1969年，随着法兰克福学派分裂以及新"左"派烟消云散，哈贝马斯在阿多诺身后出任法兰克福大学社会研究所所长，成为学派第二代领军人物。十几年后，他在一篇《我与法兰克福学派》的访谈录里，谈到后来思想立场的转变，"选择折中立场，即改造（学派）对物化的批判，而不放弃现代化方案"。而这一折中立场，集中体现于晚近的代表作、洋洋千余页的《交往行为理论》。

这套理论的精髓，是以"传播"（"交往"）为核心概念而构建的"交往行为理论"，而交往行为理论的基础就是所谓"普通语用学"。根据美国学者麦卡锡的分析，哈贝马斯的社会批判理论分为三个层次：第一个层次是关于交往的一般理论，哈贝马斯称之为普通语用学；第二个层次是社会化理论，主要探讨交往能力或曰传播能力（competence of communication）；第三个层次是重建历史唯物主义的社会进化理论。③

哈贝马斯认为，晚期资本主义固然矛盾重重，危机四伏，但矛盾的根源已不在于生产力与生产关系、经济基础与上层建筑，而在于他所谓的交往行为。在他看来，晚期资本主义由于工具理性膨胀，导致人性全面异化，人不仅沦为"单面的人"（马尔库塞语）、"物化的人"（卢卡奇语），而且人与人之间越来越缺乏信任和理解，人的交往行为越来越趋于不合理，

---

① 赵一凡：《从卢卡奇到萨义德：西方文论讲稿续编》，703页，北京，生活·读书·新知三联书店，2009。

② 赵一凡：《从卢卡奇到萨义德：西方文论讲稿续编》，706页，北京，生活·读书·新知三联书店，2009。

③ 〔德〕哈贝马斯：《交往与社会进化》，张博树译，"英译本序"，11页，重庆，重庆出版社，1989。

从而引发社会的全面危机。面对这种现实,他认为马克思主义学说由于缺乏"交往"的内涵而已不适用[1]。于是,他提出以"交往行为理论"重建历史唯物主义,希望通过建立主体间的交往,实现他所说的"解放的人类利益"。

那么,什么是交往行为呢?所谓交往行为(Kommunikativen Handeln),就是以符号、语言、意识和文化等方式表现出来的人与人之间的相互关系和相互作用,或者说是主体之间借助语言符号、通过对话而达到相互理解、信任与和谐的过程。如前所述,交往行为理论颇受意义用法论的影响,后者关注三个环节即对话、理解和主体间交往,而交往行为的核心概念在于"生活世界、话语伦理、行为规范"(赵一凡)。正如欧力同在《法兰克福学派研究》里所概括的:

> 第一,交往行为是两个以上的主体之间产生的涉及人与人关系的行为;第二,它是以符号或语言为媒介,并通过这一媒介来协调的,因而语言成为交往的根本手段,它"是为建立和改善人际关系服务的";第三,它必须以社会规范来作为自己的规则,这种"行为规则"是"主体之间行之有效的并以一定的仪式巩固下来的行为规范,不能用工具行为或策略行为的规则来解释";第四,交往的主要形式是对话,通过对话以求达到人们之间的相互"理解"与"一致",因此,交往行为是以"理解为导向的行为"。[2]

不用多说,这种观点,这种把历史的动因归结为语言与交往的"合理化"、把改造社会的希望寄托于"纯粹交流思想"的对话等思想,是一种历史唯心主义的乌托邦幻想。借用《伊索寓言》来说,如果不改变狼与羊的弱肉强食法则,仅凭"交往""沟通""理解"等,结果将是怎样残酷,也就不言而喻了。所谓弱国无外交就是典型。不过,应该承认,在他的这些思想里确有发人深省的内容。下面就重点看看他的普通语用学

---

[1] 事实上,马克思、恩格斯都有一整套关于传播与交往的学说,而且体大思深,非同凡响。详见陈力丹《精神交往论——马克思恩格斯的传播观》,北京,开明出版社,1993。

[2] 欧力同等:《法兰克福学派研究》,418页,重庆,重庆出版社,1990。

(Universal Pragmatics)。

哈贝马斯把人的行为分为两种：一是作为"工具性行为"的劳动，一是作为"符号性行为"的交往。劳动的目的在于创造物质财富，交往的意义在于人与人之间的理解。他的普通语用学即一般交往理论，就是研究人们如何以语言为媒介，如何通过对话达到理解的学说。这里，他对语言情有独钟。他曾宣布："使我们人类超出自然之外的只有一件东西：语言。"[①]为了建构其交往行为理论，他详细研究了语言哲学中涉及交往对话的各家学说，其中尤其青睐言语行为理论。他承认，普通语用学的出发点就是奥斯汀和塞尔的语言哲学："在言语行为理论的讨论中，已经产生了某些观念，它们可以成为普遍语用学（即普通语用学——引者注）基本假设的基础。"[②]事实上，他的普通语用学大量借用和改造了言语行为理论。换言之，言语行为理论构成了普通语用学的底色。

我们知道，关于语言的研究可以分为两大领域。一是语言学自身的领域，一般又分为语音学、词汇学和语法学；一是语言与社会联系的领域，主要涉及语义学、语用学、符号学、传播学、语言哲学等方面。其中，有关语言应用问题的语用学，是沟通言语行为与社会行为的直接桥梁。哈贝马斯十分重视语用学，但他所说的语用学并不关心语言的具体应用，而是着重于把握交往对话的社会性机制或普遍性原则。所以，他用"普通的"语用学来区别于"经验的"语用学。关于这种普通语用学，韩少功《马桥词典》后记中讲述的一段故事，为我们提供了生动有趣的说明：

> 一九八八年我移居中国的南方之南，最南端的海南岛。我不会说海南话，而且觉得这种话很难学。有一天，我与朋友到菜市场买菜，见到不知名的鱼，便向本地的卖主打听。他说这是鱼。我说我知道是鱼，请问是什么鱼？他瞪大眼睛说，"海鱼么。"我笑了，我说我知道是海鱼，请问是"什、么、海、鱼？"对方的眼睛瞪得更大了，显得有些不耐烦。"大鱼么！"

---

① 〔德〕哈贝马斯：《交往与社会进化》，张博树译，"英译本序"，11页，重庆，重庆出版社，1989。
② 〔德〕哈贝马斯：《交往与社会进化》，张博树译，26页，重庆，重庆出版社，1989。

我和朋友事后想起这一段对话，忍不住大笑。

海南人有全国最大的海域，有数不尽数的渔村，历史悠久的渔业。我后来才知道，他们关于鱼的词汇量应该说是最大的。真正的渔民，对几百种鱼以及鱼的每个部位和鱼的各种状态，都有特定的语词，都有细致、准确的表达和描述，足可以编出一本厚厚的词典。但这些绝大部分无法进入普通话。即使是收集词条最多的《康熙字典》，四万多汉字也离这个海岛太遥远，把这里大量深切而丰富的感受排除在视野之外，排除在学士们御制的笔砚之外。当我同这里的人说起普通话时，当我迫使他们使用他们不太熟悉的语言时，他们就只可能用"海鱼"或"大鱼"来含糊。

我差一点嘲笑他们，差一点以为他们可怜得语言贫乏。我当然错了。对于我来说，他们并不是我见到的他们，并不是我在谈论的他们，他们嘲啾呕哑叽哩哇啦，很大程度上还隐匿在我无法进入的语言屏障之后，深藏在中文普通话无法照亮的暗夜里。他们接受了这种暗夜。

在哈贝马斯看来，普通语用学的功能有三项："呈示世界中的某种东西、表达言说者的意向、建立合法的人际关系。"[①]交往行为理论的重点在第三方面，即建立合理的人际关系。他认为，语言的意义不仅在于日常语言学派所主张的行为上面，而且在于它所体现的特定的人际关系方面。他说："一个句子在被言说时，就被嵌入特定的人际关系中，通过一定的方式，每一个清晰的施行性话语既建立又呈示了某种人际关系。"[②]所以，看待"以言行事"就不能只局限于行为本身，还需看到它所衍生的外在关系。为什么有的言语行为成功了而有的却失败了呢？个中原因就在人际关系上面："只有当接受者不仅懂得被言说句子的意义，而且实际进入了言说者所欲求的关系时，一个言语行为才能是成功的。"[③]我们想想触龙说赵太后的故事，以及《红楼梦》的许多言说情景，就不难理解他的意思了。

---

① 〔德〕哈贝马斯：《交往与社会进化》，张博树译，33页，重庆，重庆出版社，1989。
② 〔德〕哈贝马斯：《交往与社会进化》，张博树译，35页，重庆，重庆出版社，1989。
③ 〔德〕哈贝马斯：《交往与社会进化》，张博树译，60页，重庆，重庆出版社，1989。

针对语用学的三项功能即呈现事实、建立关系和表达意向，哈贝马斯提出了三点要求，即相应于事实的真实性、相应于关系的正确性和相应于表达的真诚性：

(1)在语言的认识式运用中，陈述内容的真实性就居于显著地位；(2)在语言的相互作用式运用中，人际关系的正确性（或适宜性）就居于显著地位；(3)在语言的表达式运用中，则是言说者的真诚性居于显著地位。①

他认为，每一个言说的话语都可以依据这三个标准进行检验，"看它是真实的还是不真实的，正确的还是不正确的，真诚的还是不真诚的"。②举例来说，凡是办得成功的电视节目，其叙述的事情都是真实的，表达的态度都是真诚的，与观众的关系都是得当的。相反，凡是不成功的节目，则问题往往出在这三个方面。总之，"任何交往都以理解为目的。为求理解，交往者必须：（1）有能力说出明晰言语；（2）让他人理解；（3）与他人达成共识"③。

最后，我们可用哈贝马斯的一个语言交往模式为其普通语用学做个概括④：

现实领域	交往模式：基本态度	有效性要求	言语的一般性功能
关于外在自然的"那个"世界	认识式：客观性态度	真实性	事实之呈示
关于社会的"我们的"世界	相互作用式：遵从性态度	正确性	合法人际关系之建立
关于内在自然的"我的"世界	表达式：表达性态度	真诚性	言说者主体性之揭示
语言	—	可领会性	—

---

① 〔德〕哈贝马斯：《交往与社会进化》，张博树译，67页，重庆，重庆出版社，1989。
② 〔德〕哈贝马斯：《交往与社会进化》，张博树译，69页，重庆，重庆出版社，1989。
③ 赵一凡：《从卢卡奇到萨义德：西方文论讲稿续编》，730页，北京，生活·读书·新知三联书店，2009。
④ 〔德〕哈贝马斯：《交往与社会进化》，张博树译，70页，重庆，重庆出版社，1989。

2. 理解与接受

如今看来，哈贝马斯及其交往理论存在诸多问题，特别是其乌托邦似的理性构想更是频遭质疑。在2009年出版的《西方文论讲稿续编》里，赵一凡概括了这方面的批评意见：

> 最近十多年，欧美学界对于老哈的接受，可谓先热后冷、日趋刻薄。简单说，他的《合法性危机》颇受重视，他的《交往》则饱受奚落。仅在一本《剑桥伴侣：哈贝马斯》（1995）中，就汇集欧美学界针对他的不满如下：
>
> （1）英美学界冷淡老哈，那是因为他心中只有德国。
>
> （2）老哈晚年意志消沉。他发表《社会主义在今天意味着什么？》，胡说社会主义行将就木……他肯定"自由主义没有错，只是它看不见自己眼中的光点"。对此，美国女学者拉夫揶揄道："马克思主义的光点，早就从老哈眼中消失了，只剩下一种流亡话语（Discourse-in-exile）。"
>
> （3）老哈以交往代替劳动、以伦理置换革命。他像康德那样鼓吹普遍平等。然而马克思早在《哥达纲领批判》中揭露：形式上的平等，无法消除特权与压迫。①

这里，赵汀阳的一篇国际会议论文《理解与接受》也许更富启发性与思想性，更具理论意义和实践价值，更显全球视野和历史意味，虽然此文不在于批评哈贝马斯，而在于阐发一种新的对话理论。鉴于哈贝马斯的思想，特别是交往行为以及公共领域理论盛极一时，包括中国新闻传播学界一度也貌似言必称哈贝马斯，下面不妨转述一下赵汀阳的这一新颖立论。

英国电信有句令人振奋的口号——开口有益（Good to talk），中国有句老话——话不投机半句多，将两句话合在一起才有酒逢知己千杯少的愉快交流。而这正好暗示着我们时代的一个重大问题——对话与冲突，犹如常说的"和平与战争""生存与毁灭"。然而，众所周知，对话的道路却是如

---

① 赵一凡：《从卢卡奇到萨义德：西方文论讲稿续编》，732页，北京，生活·读书·新知三联书店，2009。

此艰难、崎岖、坎坷、布满荆棘，看看阿以和谈、朝核对话、六方会谈等就不难体会其中的一波三折。那么，问题何在呢？为此，赵汀阳提出他的见解：以往的对话理论都将理解视为核心，而问题的关键在于接受，理解的出发点是自己或曰主体，而接受的立足点是他人或曰他者。

就他人而言，西方哲学关注的是他人的"心思"（mind），而中国哲学看重的是他人的"心事"（heart）。西方式对话与中国式对话的区别就在这里：在西方式的对话里，人们认为最重要的是能够生产真理的逻辑论证，因为它可以澄清"谁对谁错"；而在中国式的对话中，着眼点在于获得对话各方都喜欢的、至少都能接受的互利结果，如果不能获得这样的结果，那么就共同发明一个新的想法，这个想法无所谓谁对谁错，对错在这里不重要，重要的是大家都喜欢。如果只考虑谁对谁错，那就等于承认有个绝对的标准存在于对话之外，不管在自然那里还是在上帝那里，总之高过了对话，高过了人心的标准。而假如不考虑对错，思想的标准就被内化为对话本身，也就是落实在人心与人心之间的互相期待之中，心与心的和谐而不是知识与对象的一致就成为绝对的要求。当今世界的重要问题，不是知识与事实之间是否符合的问题，也就是真理问题，而是不同知识体系之间是否和谐问题，这是一个建设性对话问题。如果哲学以及人生的根本问题，不是通常所说的真理问题，而是关于幸福的问题，那么，每个人的幸与不幸，他的爱与欢乐、成功与骄傲、和平与安全、好运与厄运、失败与痛苦等，就必然永远与他人相关并决定于他人。简言之，幸福和痛苦来自他人。

赵汀阳特别指出，对话中形成的这种心与心的和谐与现代西方哲学所说的"主体间性"（inter-subjectivity）貌合神离。主体间性其实仍然是心灵在理性方面的一致，而并不能保证价值观或生活方面的一致。在他看来，主体间性这个概念都有些多余，因为人们在理性上本来就一致，而且不可能不一致。对话的难题不在于主体之间的"思与思"，而在于人与人之间的"心与心"。前者的目标是理解，而后者的归宿是接受。理解他人心思固然容易，而接受他人心事则非常困难。

如今，每个国家都愿意自诩"开放"，每个人也喜欢将自己视为"开放"，而问题在于"对什么开放"？人们似乎更容易对新事物而不是异质事物开放。向新事物开放的时候，谁也不会真正感到深刻的痛苦。西方人最后都接受了日心说、进化论、精神分析等当初非常新奇而令人愤怒的思想，但是一旦面对同样具有巨大价值的异质思想，虽然西方人可以像欣赏风景一样把玩它们，却根本不予接受。当然在对话与理解方面，过去几十年西方人作了大量思想探求，也取得不少积极成果，如理解他者的一条成功途径是人类学的认识论，就像格尔兹（Clifford Greertz）利用赖尔最先倡导的"深描"（Thick discription），对他者文化的地方性知识进行语境化理解。这种从"普世价值"向"地方知识"的转向，虽然提供了有关他者的准确信息，让人从更多细节和更广阔的语境里进入事物，但理解他者的问题并没有就此根本解决。在这个信息爆炸的时代，我们已经拥有其他文化共同体的大量知识，但海量的知识与信息并不意味着对他者的理解。因为，理解他者不仅仅是知道得更多一些，更细一些，而是创造一种对话关系，进而共同产生建设性的结果，只有共同创造出来的新结果才是真正的理解。换言之，理解不是单方面的知识，也不是多方面的互相知识，而必须是共同的产品，这样才能产生社会生活的丰富性、创造性和公共性。

他者的核心问题被界定为他人心事之际，关于对方的知识就涉及不同乃至矛盾的利益和价值观，而人们很少在利益和价值观上让步。因此，即使对他者在知识上彻底理解，也不能保证对他者的付诸行动予以接受。"理解但不接受"的基本语法是："是的，我完全理解你，但是……"这个矛盾一直令哲学家烦恼。现代发达的理性以及审慎习惯的确使人们的互相埋解大为改观，可同时也产生了以文化多元论或文化相对论为名而实际上相互冷漠的"政治正确"。正如"卖"总得被"买"才有意义，"说"也总得被"听"，"做"总得被"认可""接受"才有意义。而冷漠则是通过"没有感觉、不给反应"而取消他者，表面上看起来客客气气，互相尊重，实际上互不关心、各行其是、互相歧视，就像鲁迅先生所言：最高的轻蔑是无言，甚至连眼珠子都不转过去。

理解而不接受，是对话的真正症结。即便处于哈贝马斯的"理想言说状况"，情况依然如此。事情看来是这样的：对于形成人类良好的共同生活来说，仅仅掌握关于他人的科学知识固然远远不够，于是需要进一步理解他人，如所谓"温情与敬意""同情与理解"，但理解他人仍然不足以让人们形成良好的共生局面，因为还缺乏可使大家全都接受的信念、价值观和生活想象，因此，"接受"问题便成为人际关系、不同文化与共同体之间关系的最后问题。理解他人心思不意味着接受他人心事——这才是对话与交往理论的关键难题。针对这一难题的出路，也许在于重写对话与交往理论，重新思考他者的概念。这里，哈贝马斯的普通语用学仍然不失为一个必要的出发点，它将人们对语言的注意力从语言游戏内部的制度性规则引向外部的应答性实践，"谁在说话"以及"我们在对谁说话"就变成了语言的基本问题。由此出发，语用学还需进一步变成关乎生活政治和文化政治的语言政治学。由此说来，语言问题的发展顺序如下：先是对任何文本的意义进行分析，进而走向"说者与听者"的互相理解，最后进抵互相接受"各自所说的"对话境界。

这种新型的对话既不同于苏格拉底式的吹毛求疵的智者对话，也有别于含糊其辞的政治对话，而是具有"重构文化"功能的对话。这种对话寻求的是互惠的文化建构而不是作为唯一答案的普遍真理，其中各种文化都通过对话而获得思想的新资源，从而开始某种新文化的生成过程。它的侧重点不是主体而是他者，不是理解而是接受。在理解层面，主体的发言是中心所在；而在接受层面，听者的倾听才是核心，听者及其倾听构成更为本质的问题。倾听远比发言更能触及接受的问题。发言多少暗含教训他人和指导对方的霸权。如果话不投机，可能引起反作用，这种反作用虽然能够拨乱反正，就像萨义德的"东方学"，但同时也有副作用，即缺乏建设性，妨碍甚至阻断建设性的对话。

最后，赵汀阳特别强调，以他者为核心的对话方式绝不能混同于多元论和相对主义。前者希望在各方面的他者都有权利参与的循环性对话中生成某种被共同认可的普遍性知识空间，从而形成一种不断的互相接受的过程；而自由主义乐意宣称的多元论和相对主义仅仅是宽容他者的存在，并不承认他者的思想价值，充其量属于比较温和的"异教徒模式"。诸如"我不同意你的观点，但我誓死捍卫你发表观点的权利"，无非是鼓励价值观之间永远不合作，总之是永不接受他者。[①]

---

① 赵汀阳：《没有世界的世界观：政治哲学与文化哲学文集》，91~112页，北京，中国人民大学出版社，2003。

赵汀阳的上述思想无论对符号与意义问题，还是对传播与交流问题都颇有启发，包括对外传播、国际传播、全球传播、跨文化传播、跨语际传播等，在知识论、认识论、方法论上无不涉及这些思想命题。为此，下面再以王蒙的"伊犁系列小说"为例，进一步说明上述思想及其意味。

在当代中国的传世作家中，王蒙无疑属于最多产、最有思想、最富创造力的佼佼者之一。虽然他的著述等身，但能够真正传世的最终恐怕还属这组"在伊犁"小说，包括茅盾文学奖作品《这边风景》，至于"组织部"等只在文学史以及文艺批评上有其价值。这组小说固然充盈着蓬蓬勃勃的生命活力，洋溢着蓊蓊郁郁的生活气息，人物活灵活现，故事妙趣横生，语言质朴自然，达到极高的艺术水平和美学境界。同时，更值得在此讨论并深思的是，小说以艺术化的表现形式活生生地传达了一种令人神往的交往对话，包括人与人的理解、情与情的交融、心与心的会通。其间既没有高高在上的绝对律令或普世价值，也没有冷冰冰的"尊重差异""包容多元"，而只有不同文化背景的和谐对话以及由此形成的良性文化生态。诸如《哦，穆罕默德·阿麦德》里的青年阿麦德，《虚掩的土屋小院》里的房东老爹和大娘等，无不以中国人与普通人的纯粹自然书写了一部无字的人生大书，其中也富含交往对话的鲜活内容，随举一例：

> 这一年我的情绪很不好，放眼祖国，满目疮痍，思前想后，阴云迷雾。然而，老爹是镇静的，他用他的语言劝慰我："不要发愁，呵，无论如何不要发愁！任何一个国家，都需要有'国王''大臣'和'诗人'，没有'诗人'的国家，还能算一个国家吗？你早晚要回到您的'诗人'的岗位上的，这难道还有什么怀疑吗？"
>
> 在维吾尔语里，"诗人"比"作家"更古老也更有神圣的意义。维语里"作家"与"书写者"是一个词，你说一个人是作家，他还可能以为你是记工分的记工员呢。然而只要一提诗人，就都明白了。
>
> ……
>
> 不知为什么，虽然我早已远离伊犁，虽然这些年我是在完全不同的境遇下与完全不同的人打交道和从事完全不同的工作，虽然我由衷欢呼和拥抱这新时期，包括我个人的新的开始、新的生活，但我一想

起穆敏老爹和阿依穆罕老妈妈来，就有一种说不出的爱心、责任感、踏实和清明之感。我觉得他们给了我太多的东西，使我终生受用不尽。我觉得如果说我二十年来也还有点长进，那就首先应该归功于他们。他们不贪、不惰、不妒、不疲沓也不浮躁、不尖刻也不软弱、不讲韬晦也不莽撞。特别是穆敏老爹，他虽然缺乏基本的文化知识，却具有一种洞察一切的精明，和比精明更难得的厚道与含蓄。数十年来我见的各种人物可谓多矣，但绝少像老爹这样的。我常从回忆他们当中得到启示、力量和安抚，尤其是当我听到各种振聋发聩的救世高论，听到各种伟大的学问和口号，听到各种有关劳动人民的宏议或者看到这些年相当流行的对于劳动人民的嘲笑侮弄或者干脆不屑一顾的时候。
（《虚掩的土屋小院》）

2011年，王蒙出版了一部《你好，新疆》的作品集，在题为《永忆新疆》的代自序里，他饱蘸情思写下的文字不仅令人动容，而且也为体悟人与人的交往、心与心的对话提供了思想启迪：

> 我与维吾尔等各族农民、与铁依甫江等各族知识分子，结下了深厚的友谊。我们同室而眠，同桌而餐，有酒同歌，有诗同吟。我们将心比心，相濡以沫，情如手足，感同一体。我学会了维吾尔语，阅读了不少维吾尔文书籍。
>
> ……
>
> 在"五七干校"，我与各族文艺工作者一起住宿、劳动、闲话、交流，称兄道弟，天南海北，吟诗作文，尤其是推敲探讨维汉语文的相互翻译。包括那时的背诵语录、天天学，我也都是参加了维吾尔文一组，变教条主义与个人迷信为学习兄弟民族语文的大好机遇。即使在"文革"这种非正常的形势下，多民族的团结和情谊，仍然留下了最最美好与深情的记忆。
>
> ……
>
> 新疆留给我的有艰难、有曲折、有沉重，同时也有青春、有友谊、有新鲜的知识与多彩的生活经验，尤其是从不同的民族的文化与风习中获得的灵感与启示。世界是多么广大！祖国是多么辉煌！文化是多

么多彩！人心应该有多么包容！在新疆的记忆令我激动，令我回忆起人生最最珍贵的一切，超过了个人遭际的是真情、是善良、是质朴，也是共同的命运与共同的心田。我永远感念祖祖辈辈生活在伟大祖国西陲的各族友人，是的，谁也离不开谁。

的确，天下谁也离不开谁——如果这个世界上的人，不同的国家、不同的文化、不同的共同体、不同的价值观与知识体系等，都能意识到这一点，进而多从他者的角度考虑问题，并在这个基础上展开共同参与、共同创造的对话，那么，大同世界就不是一个遥远的梦想。

二、莫里斯及其行为主义语用学

在英美经验主义的学术源流中，莫里斯前承皮尔士的实用主义精神，后启符号学的行为主义传统，以其系统的理论学说而在符号研究领域开疆辟土，对意义理论同样产生显著的影响。

莫里斯（1901—1979），是第一位试图按照符号学观点来审视和描述世界的哲学家，也是符号学系统理论的创始人之一。他一生先后出版过三部符号学著作，即1938年的《符号理论基础》（*Foundation of the Theory of Sign*）、1946年的《符号、语言与行为》（*Sign, Language and Behavie*）和1964年的《表意与意义》（*Signification and Significance*）。其中，《符号、语言与行为》是他的代表作，被公认为符号学的一座里程碑。

莫里斯符号学理论的哲学基础，是主导美国思想文化传统的实用主义与行为主义（美国传播学经验学派也与这一传统密切相关）。他的意义理论主要受三家思想的影响，一是哲学家皮尔士（又译皮尔斯），二是社会学家G.H.米德，三是本章开篇提到的奥格登和理查兹。皮尔士是实用主义的创始人，和索绪尔一道被视为符号学的开山人物，在阐述其哲学和符号学思想时，他把观念的意义和实际效果联系起来，断言一个观念的意义就是这个观念可感觉的效果，没有效果，就没有意义。米德是实用主义的主要代表，美国社会学的先驱人物，他受皮尔士的启发而提出的"符号互动论"（symbolic interactionism），更强调意义与人的社会行为的联系。所谓

"符号互动"就是个人与个人、个人与社会、个人与自我之间，通过符号而彼此影响相互确认的行为过程，其代表作《心灵、自我与社会》(*Mind, Self and Society*)的副标题就是"从一个行为主义者的立场出发"，故其学说也被称为社会行为主义。这些思想特别是其中关于符号的论述，直接影响了莫里斯对意义的认识，他在《符号、语言与行为》的前言里上来就写道：

> 本书采用了由皮尔士（Chales Peirce）最先提出的那个观点：要确定任何符号的意义，"我们……只要确定指号所引起的习惯"。因此，我们就应用指号在它们的解释者身上所引起的行为倾向来描述和区分指号。这种研究方法，是广义的行为主义的；它主要归功于米德（G.H. Mead）、杜威（J. Dewey）等人的行为理论。[①]

不过，对莫里斯意义理论产生最直接影响的，还要属奥格登和理查兹合著的《意义的意义》（1923年）。莫里斯承认《意义的意义》在其符号学思想形成中的作用，说他在该书的帮助下"识别了一般符号理论的轮廓"。奥格登（C. K. Ogden）和理查兹（I.A. Richards），都是英国语言学家和文艺理论家，由奥格登首创而由理查兹发展的"基础英语"（Basic English），曾广为流传，影响甚大，理查兹（又译瑞恰兹）还曾带着这套只含850个单词的英语来清华大学讲学（1929—1930年）。另外，由他们所开创的"新批评"（New Criticism），后来发展成为20世纪文艺思潮的一大流派。

在《意义的意义》(*The Meaning of Meaning*)这部语言哲学的名著里，他们把语言看作是一种工具，一种在各种情境中对各种人有各种效果的工具，因而更突出语言的使用与作用："研究语言和各种符号在人类事务中所起的作用，特别是研究它们对思想的影响。"[②] 类似"美"这样的概念，就不存在什么固定的意义，而是根据使用者的兴趣和目的而以各种各样的方式被界定的，如"任何引起欢乐的东西都是美的""任何增强生命力的东西都

[①]〔美〕莫里斯：《指号、语言和行为》，罗兰等译，"前言和鸣谢"，1页，上海，上海人民出版社，1989。（按："指号"即"符号"，下同。）

[②]〔美〕F.N.麦吉尔主编：《世界哲学宝库——世界225篇哲学名著述评》，《世界哲学宝库》编委会译，931页，北京，中国广播电视出版社，1991。

是美的""任何天才的作品都是美的"等。所以，词语只有在被人们使用时才有意义。于是，他们在探索了"意义的意义"之后得出结论："意"一词具有许多种意义。这在文学里表现得最突出，文学作品中词语的意义往往具有"多重性"，"认为一个符号只有一个实在的意义"乃是一种"迷信"①。理查兹的学生、新批评的代表人物燕卜荪（William Empson，曾任燕京大学和西南联合大学教授），就是在这一思想的启发下提出了有名的"复义理论"，即一词多义，相辅相成。

受上述各家的影响，莫里斯构建了一门涉及言语、行为与文化的系统符号学及其意义理论。在符号研究（符号学）的各种可能的方式中，他选择了行为主义的方式，从刺激与反应的关系方面考察有机体的符号行为：

> 由于采用这种方式研究符号，莫里斯一开始便分析了动物行为的情形和人类行为的情形，二者都是符号行为的事例。训练一条狗，让它在蜂鸣器响时去一个能看到或闻到食物的地方，后来蜂鸣器一响，即使看不到或闻不到食物，它也会去这个地方。一个人开车沿着一条公路走，另一个人拦住他，告诉他前方道路被塌方所阻塞，驾驶员会转向旁路或走另一条路到达他的目的地。在这两种情形中，某种东西（蜂鸣器、提供情况人的话）在对一种需要（饥饿、达到目的地的欲望）的满足中控制着有机体的行为，其方式大致类似于对象（实际的食物、实际的塌方）限制他的行为的方式。二者都是寻求目的的行为的情形。在这种行为中任何实行这类控制的东西就是一个符号，由此被显示的行为便是符号行为。②

符号行为不一定都是实际行为，有时它只是一种潜在行为或"反应倾向"（disposition to respond）。比如：

> 一个饿汉突然见到餐馆的指号，在他身上自然会产生加快步伐的

---

① 理查兹：《论述的目的和语境的种类》，见《"新批评"文集》，298、300页，北京，中国社会科学出版社，1988。
② 〔美〕F.N.麦吉尔主编：《世界哲学宝库——世界225篇哲学名著述评》，《世界哲学宝库》编委会译，1200页，北京，中国广播电视出版社，1991。

倾向，很可能他的唾液已经开始分泌了，肠胃也开始活动起来。但由于囊中无钞，他只能止步不前，或装作视而不见。人们无法观察到他的任何行动，但"餐馆"的意义确实在他身上发生了行动的倾向。①

总之，对不同符号的不同用法可以导致不同的行为或行为倾向，而不同的行为或行为倾向又显示出不同的意义。换句话说，没有使用，就没有行为；而没有行为，就没有意义。所以他认为，符号学就其基本原理而言是一种语用学。

在《符号理论基础》里，他将符号学分成三个部分即语形学（句法学）、语义学和语用学，这种分类方式至今仍被广泛沿用。在他看来，意义理论是包括这三个方面的一个整体结构，所以必须将三个方面结合起来才能形成完整的意义理论。具体说来：

> 逻辑句法研究意义的句法方面（即词语和其他词语的关系）；逻辑语义学研究意义的语义方面（即语词及其指称对象之间的关系）；而语用学则研究意义的实际用法方面（即语词及其使用者之间的关系）。②

其中，语用学的提出最具特色，并且最为莫里斯所重视。哈贝马斯在阐述其普通语用学时，对此也给以高度评价，他甚至把《符号理论基础》视为一般交往理论（实即广义的传播理论）的一个源头，认为一般交往理论就是莫里斯语用学模式和申农信息论模式的综合③。

在《符号、语言与行为》中，莫里斯又对符号的使用作了细致分析。他认为，符号可有四种用法：

1. 告知用法（informative use），如"那里有一头鹿"；
2. 评价用法（valuative use），如"那头鹿真漂亮"；
3. 激励用法（incitive use），如"赶快套住那头鹿"；

---

① 徐友渔：《"哥白尼式"的革命——哲学中的语言转向》，84页，北京，生活·读书·新知三联书店，1994。
② 徐友渔：《"哥白尼式"的革命——哲学中的语言转向》，57页，北京，生活·读书·新知三联书店，1994。
③〔德〕哈贝马斯：《交往与社会进化》，张博树译，6页，重庆，重庆出版社，1989。

4. 系统用法（systemic use），如宗教宣传、组织传播等。

与此相应，符号也被分为四种：

1. 指示符号（designator），如"黑夜""白天""麋鹿"等；
2. 评价符号（appraisor），如"好的""坏的""美丽的"等；
3. 规定符号（prescriptor），如"必须""应当"等；
4. 形式符号（formator），如"不""是""有些"等。

将这四种符号用于上述四种用途，就形成十六种话语（discourse），如下所示[①]：

方式	报导的	估价的	鼓动的	系统化的
指谓的	科学的	虚构的	法律的	宇宙论的
评价的	神话的	诗的	道德的	批评的
规定的	技术的	政治的	宗教的	宣传的
形式的	逻辑-数学的	修辞的	语法的	形而上学的

这里有一点特别引起我们注意，即莫里斯在论述符号的用法时，专门谈到了"传播"（communication），包括"传播者"（communicator）、"受传者"（communicatee）、"传播内容"（content of communication）、"传播手段"（means of communication）等，他说：

> 根据交际内容的意谓方式，交际分别是指示的、评价的、规定的或形式的。在某些情形下，建立交际可能是应用指号的惟一目的。但是，人们想要交际，通常地是为了要实现某个进一步的目的，不论这个目的是报导的、估价的、鼓动的或系统的[②]。

三、普通语义学

就在莫里斯探索行为主义语用学的同时，另一位美国学者也在构建一

[①]〔美〕莫里斯：《指号、语言和行为》，罗兰等译，153页，上海，上海人民出版社，1989。
[②]〔美〕莫里斯：《指号、语言和行为》，罗兰等译，145页，上海，上海人民出版社，1989。

套别出心裁的语义学理论,而且这套理论比莫里斯的学说更实用,更得到美国社会的青睐。这就是一度风行美国的普通语义学。

1. 起源与发展

对于历史上的人和事来说,常见身前风光而身后依然名扬(不管是美名还是恶名)。除此之外,还有两种极端而相反的情况,一是当时默默无闻而后世名扬天下;一是当时风风火火而后世寂寂寥寥。前者如符号学创始人皮尔士,生前潦倒得跟曹雪芹似的,然而身后却被奉为一代大师;后者则如这里的普通语义学(general semantics)。作为美国传播研究的一个支流,这个学派(学科)当年着实风光过一阵,极盛时可谓横扫北美如卷席。可惜,曾几何时它便烟消云散,无影无踪,仿佛世间从来就没有发生过这档事。不过,普通语义学也还是留下一些可资吸纳的内容,对传播符号及其意义的探讨尤其提供了启发。

从学科背景上讲,普通语义学是语言哲学的一个流派,着重研究语词及语义对人类行为的影响;而从理论的适用与影响范围看,普通语义学又主要同传播活动和传播问题相关联,特别是对符号、意义、理解、反应等用力甚勤。它盛行于20世纪30年代至60年代,这期间既是现代语言学又是现代传播学成长壮大的时期。其创始人柯日布斯基(Alfred Korzybski,1879—1950),是位原籍波兰的美国哲学家,生于华沙一个贵族家庭,年轻时风流倜傥,以剑术高超闻名,屡次决斗,从未失手。第一次世界大战期间,在俄军总参谋部工作,1915年因军事任务被派往美国和加拿大,1917年沙皇政府垮台后滞留美国。后来潜心研究,1933年出版了代表作《科学与精神健全:非亚里士多德体系和普通语义学概论》(*Science and Sanity: An Introduction to Non-Aristotelian Systems and General Semantics*),奠定了普通语义学的理论基础。1938年,他又创办了普通语义学研究所,自任所长。1942年国际普通语义学协会成立,翌年该会机关刊物《等等:普通语义学评论》(ETC)创刊。到五六十年代,普通语义学已在美国广为流行,当时有百十所大学开设了普通语义学课程,甚至小学里也试行语义学教学法。一时间在美国哲学界、语言学界以及新闻传播界,都掀起了一股普通语义学的热潮。

作为"教主"的柯日布斯基，其麾下曾聚集了一批弘扬"教义"不遗余力的忠实"教徒"，他们自然都成为普通语义学的代表人物，其中著名者有温德尔·约翰逊（Wendell Johnson）、斯图尔特·蔡斯（Stuart Chase）、早川一荣（Samual Ichiye Hayakawa）等。约翰逊从小口吃，为此曾多方求医，终不见效。1936年的一个晚上，朋友带给他一本书。第二天，他突患阑尾炎，住进了医院。于是，他就利用开刀之后的休养期间读完了那本书。他后来对人说，此书改变了我对口吃的看法，读完以后我就不再口吃了。这部说起来近乎神奇的书，就是柯日布斯基的《科学与精神健全：非亚里士多德体系和普通语义学概论》。从此，约翰逊对柯日布斯基及其普通语义学推崇备至，成为一名他引以为荣的"普通语义学者"。

柯日布斯基的另一位大弟子早川一荣，曾做过大学校长，还当选过美国参议员（1977—1983），"因在语义学方面深受欢迎的著作及任州立旧金山学院（现为州立旧金山大学）院长期间的建树而闻名"（《不列颠百科全书》）。从1943年《等等：普通语义学评论》创刊起，他就一直担任主编，直到1970年。这个杂志对传播普通语义学的思想起了不小的作用，而他本人也通过多年的授课、著述和讲学而积极推动着这门学科的发展。

至于蔡斯，不仅最早致力于柯日布斯基学说的普及化，同时着力于将普通语义学的原理运用到社会政治领域。他认为，社会上出现的种种混乱、冲突和纠纷，原因都在于人们把某些抽象名词人格化，使之变成相互之间进行激烈斗争的现实之物。在他看来，类似利润、资本、私有制、剥削、侵略、殖民主义、帝国主义等等，本来都是一些空洞的、没有实际内容的抽象名词（他曾以人们无法给运转中的"资本"拍照为由而否定其存在），可人们把它们人格化以后，就使它们仿佛成为现实之物，并为之争吵不休，甚至大动干戈，引发种种混乱、冲突和纠纷。他举"法西斯主义"为例：

> 我在写《词的暴虐》这本书时，大家都在议论——如果不是大喊大叫的话——"法西斯主义"。我询问了一百名社会各阶层人士，要他们告诉我他们怎样理解法西斯主义。他们都厌恶这个词，但他

们对这个词的理解却各不相同。在解释这个词的许多答案中，有十五种不同的看法。这使人感到，人们对这些高级术语的理解是极其混乱的。①

因此，他主张废除那些无法确认经验对象的抽象名词，声言凡是找不出所指者的抽象名词，都是语义学上的空话或毫无意义的无稽之谈。显然，这种论调不仅有悖常识，而且也显出普通语义学在意识形态方面的倾向性。按照他的逻辑，消除社会矛盾，解决现实问题，并不需要采取实际行动，而只需要进行语言变革，具体说来，就是推广他们的普通语义学。所以，他极力倡导普通语义学。他的《词的暴虐》（1938）是第一部通俗解释普通语义学的著作，与约翰逊的《困惑中的人：个人调节语义学》（*People in Quandaries: The Semantics of Personal Adjustment*）、早川一荣的《思想与行动中的语言》（*Language in Thought and Action*）一样，都是为一般人所写的普及读本，所以拥有较多读者。人们大多是从这些著作里而不是从柯日布斯基艰涩的原著里，了解到普通语义学的原理。

2. 基本原理

与语言哲学的其他流派不同，普通语义学对学院式乃至学究式的探讨不感兴趣，甚至认为此类研究有害无益。柯日布斯基就指责其他语义学理论，说它们"极其混乱和难于理解；它们归根到底是没有希望的，而且显然对人类的健全思想有害"②。对普通语义学来说，重要的问题不是形而上的玄想，而是形而下的应用。普通语义学的宗旨，就是把语言哲学的某些原理运用到社会政治与实际生活层面，以帮助人们正确思维，增强人们相互理解，甚至医治精神疾病，从而缓解社会矛盾，消除社会弊端，解决社会问题。柯日布斯基曾特意说明：

> 普通语义学不是通常意义的"哲学""心理学"或"逻辑学"。这门新学科的目的在于使我们养成一种最有效地利用我们神经系统的

---

① 转引自涂纪亮主编《当代美国哲学》，124页，上海，上海人民出版社，1987。
② 转引自涂纪亮主编《当代美国哲学》，117页，上海，上海人民出版社，1987。

习惯。①

早川一荣更明确地把普通语义学的任务规定为"使人接受一种训练",以便对周围的事物、事件和符号作出"正确的评价"。他在《普通语义学和冷战心理》一文中写道:"普通语义学是关于我们思维的一种思想方法,其任务在于辨别我们的思考机能是否适当地发挥作用。"②蔡斯则为普通语义学确定了三个具体目标:

(1)帮助个人评价他周围的世界;
(2)增进人们相互之间的交往,增进各个集团内部和相互之间的交往;
(3)帮助排除精神上的疾病。③

由此看来,普通语义学与其说是语义学,不如说是语用学,它所关注的实际上是语言的运用及其对人类行为的影响。普通语义学正是从这个角度,提出其基本理论的。

按照普通语义学的观点,各种社会问题的根源多在于误用语言。所谓误用并不是指用词不当或胡言乱语,而是指人们不自觉地受制于语言的内在机制而形成的偏颇思维习惯,其中最典型的就是亚里士多德提炼的同一律、排中律和矛盾律。举例来说,现在人人都发疯似的想做个"成功者",如果没有达到目的,没有成为歌星、影星、球星,没有赚大钱,没有出人头地,那么他就会觉得自己是个"失败者"。可事实上,人生在世并不是只有所谓成功与失败两种可能,而是条条大道通罗马,如果按照不成功即失败的逻辑,他就只剩下春风得意和万念俱灰两条道儿了。类似的例子还有好人和坏人、左派和右派、进步和落后、正确和错误、专制和民主,等等。这种思维习惯和语言习惯,实际上体现的是一种非此即彼的"二元评价"(two-valued evaluation)。它与丰富多彩并且变动不居的现实,显然格格不入。

当今"讲真话"在中国已然成为一种主流言说,由此还衍生一系列相关说辞,包括真话何其难、假话何其多等。细究起来,这一言说及说辞

---

① 转引自涂纪亮主编:《当代美国哲学》,116页,上海,上海人民出版社,1987。
② 转引自涂纪亮主编:《当代美国哲学》,117页,上海,上海人民出版社,1987。
③ 转引自涂纪亮主编:《当代美国哲学》,117页,上海,上海人民出版社,1987。

隐含两层寓意：第一，人间只有两种截然不同的话，要么是真话，要么是假话；第二，正人君子只说真话而不说假话，至少也应该保留真话，但绝不说假话。诸如此类的言说通过各种各样的文本，特别是标举既往政治运动的污点，俨然具有泰山压顶的政治正确，并占据不容置疑的伦理与美学高地。有违这一潮流，就似乎面临"文革"式"全党共讨之，全民共诛之"的心理压力与舆论氛围。当然，"讲真话"以及隐含的"不说假话"作为一般性原则毋庸置疑，也不言自明，面对真假之辨尤其不能作违心之论，更不能说假话、谋私利，就像小布什以子虚乌有的所谓"大规模杀伤性武器"，将伊拉克推入伏尸百万流血千里的境地，以谋取华尔街、垄断财团、军工联合体以及布什家族的一己之私。对政治、对人生、对学问而言，实事求是永远属于美德。不过，问题在于一旦将之置于非黑即白的极致状态，弄得仿佛只有真假两种极端话语，而且，在这种对立情形中必须时时处处讲真话，不得一言半语说"假话"，则无论学理上还是实践上恐怕都是大可存疑的。首先，鹰击长空鱼翔浅底的话语汪洋，并非仅有真假两极，善恶、美丑、得体、恰当、应酬等也是常见的景观，西方人常说的"白色谎言"（white lie）与中国人爱说"寿比南山""阖府安康""心想事成"等，都不是单一的真假标准所能判定的。其次，真假本身有时也是相对的、模糊的，除了全知全能的神明，没有谁能够时时处处断言何谓真、何谓假。如果非按真假标准，那么大量社会交往就没有多少真话可言了。不需怎样求证，只需吾日三省吾身，扪心自问一天中有哪些属于真话或内心想说的话就清楚了。最后，假如天下人只说真话，不说"假话"，那么不难想象世界会陷入何等境地：政治、外交、军事、商贸等经国大业自然一片狼奔豕突，人与人的日常关系也难免乱七八糟。不妨想想奥巴马在国际会议上屡次忘关麦克风，结果私下聊天传出去而引起的尴尬与纠纷。总之，讲真话可以也应该作为立身处世的一般性原则，特别对政治人物以及公众人物尤其如此，而眼下政界、业界、学界等假大空话语也确实比比皆是。但如果绝对化、极端化，强求人人、时时、处处都奉行唯谨，则不仅忽略现实生活的丰富内涵和人类话语的广泛意味，而且在大千世界也无法行得通。事实上，对普通人来说，说话得体并心存善意就足矣，不可能也没必要动用严苛的真假二元标准，即使"讲真话"，更多意谓也在于正心诚意而不在于真假之辨，就像雷锋一代新人的"毫不利己专门利人"与新新人类的"宁在宝马车上哭，不在自行车上笑"都是"真（心）话"而不是"假话"一样。

针对"亚里士多德体系"所导致的语言误用，柯日布斯基提出了他的"非亚里士多德体系"。它包含三个基本原理：非全原理、非同一性原理和自我反射原理。非全原理又是最基本的原理。

所谓非全原理，是说一方面事物具有无限丰富的特征；另一方面语言只有有限数量的词语。所以，以有限的语言表现无限的世界，结果只能是"抓住一点，不及其余"。对此，柯日布斯基有句名言：地图（语言）代表不了全部的领土（世界）。蔡斯解释道："地图不是领土，我们的词不是自然界……事件具有无限的特征。我们的语言省略了许多特征，因而可能对判断作出歪曲的解释。"① 柯日布斯基曾举狗的例子来说明非全原理。我们知道，现实里的狗多种多样，其品种、外貌、习性、特征千差万别，可人们用来说狗的词语只有一个——狗。韩少功《马桥词典》里，谈到马桥人的一种奇特用语：所有好吃的东西一言以蔽之都称为"甜"，吃糖是"甜"，吃肉吃鱼也是"甜"，就像西方人将所有刺激性味道，如辣椒味、胡椒味、芥末味、大蒜味等，通通称为"hot"：

> 直到今天为止，对于绝大多数的中国人来说，辨别西欧人、北欧人以及东欧人的人种和脸型，辨别英国人、法国人、西班牙人、挪威人、波兰人等民族的文化差异，还是一件极为困难的事。关于欧洲各个民族的命名，只是一些来自教科书的空洞符号，很多中国人还不能将其与相应的脸型、服装、语言、风俗特征随时联系起来。这在欧洲人看来有点不可思议，就像中国人觉得欧洲人分不清上海人、广东人以及东北人一样不可思议。因此，中国人更爱用"西方人"甚至"老外"等笼统概念，就像马桥人爱用"甜"字。在一个拒绝认同德国的英国人或者拒绝认同美国的法国人看来，这种笼统当然十分可笑。
>
> 同样，直到今天为止，对于绝大多数中国人乃至相当多数的经

---

① 转引自涂纪亮主编：《当代美国哲学》，119页，上海，上海人民出版社，1987。

济学者来说,美国的资本主义、西欧的资本主义、瑞典等几个北欧国家的资本主义、日本的资本主义,似乎也没有什么重要的差别;十八世纪的资本主义、十九世纪的资本主义、二十世纪战前的资本主义、二十世纪六十年代的资本主义以及二十世纪九十年代的资本主义,还是没有什么重要的区别。在很多中国人那里,一个"资本主义"的概念就足够用了,就足够支撑自己的爱意或者敌意了。

按照非全原理,既然事物如此丰富而语词如此单一,那么人们所用的任何词语任何概念也就没有确定的意义,用柯日布斯基的话说:"一物无论说它是什么,它都不是。"有鉴于此,有鉴于我们不可能用语言表现事物的全貌,普通语义学就建议人们不管说什么,最后都再加一句"等等",以示你所说的只是实际情况的一部分而非全貌。即便不把"等等"说出来或写出来,起码内心也得有这个意念。普通语义学的专业刊物取名为《等等:普通语义学评论》,正是为了突出这一点。

非同一性原理,是针对亚里士多德的同一律提出的。按照同一律,一就是一,二就是二,贝多芬就是贝多芬,玫瑰花就是玫瑰花。而普通语义学则认为,根据事物运动的绝对性——"你不可能同时踏进同一条河流;因为新的水不断地流过你的身边"(赫拉克利特),任何个体、客体、事物、事件等在时间的过程中都不可能是同一的——"六月的玫瑰花就其颜色、香味和形状而言都不同于九月的玫瑰花"(蔡斯)。所以,用静态的概念以及表达概念的固定词语,根本不可能准确表现千变万化的动态世界。比如,现在的北京和50年前的北京相比已经大不一样,如城区扩大、人口激增、现代化水平大幅度提高等,而与500年前相比更是完全两样,可语言里的"北京"还依然如故。再如,15岁的贝多芬血气方刚,50岁的贝多芬已饱经风霜,可他的名字依然如故。为此,普通语义学主张用标数字的办法来显示这种变化。比如,北京$_{1999}$、北京$_{1949}$、北京$_{1499}$等,贝多芬$_1$、贝多芬$_2$、贝多芬$_3$等。这些自然都是理论上的设想,听着新奇而又匪夷所思,没想到在《马桥词典·渠》里,我们却可以看见类似情境:

在马桥,与"他"近义的词还有"渠"。区别仅仅在于,"他"是远处的人,相当于那个他;"渠"是眼前的人,近处的人,相当于这个他。马桥人对于外来人说普通话"渠"与"他"不分，觉得不可思议，委实可笑。

他们还有些笑话：比如"他的爷渠的崽"，是描述人前卑下人后狂妄的可笑表现——在这个时候，"他"和"渠"虽是同指，但性质决然二致，切切不能混同。

……

远方的人，被时间与空间相隔，常常在记忆的滤洗下变得亲切、动人、美丽，成为我们梦魂萦绕的五彩幻影。一旦他们逼近，一旦他们成为眼前的"渠"，情况就很不一样了。

马桥语言明智地区分"他"与"渠"，指示了远在与近在的巨大差别，指示了事实与描述的巨大差别，局部事实与现场事实的巨大差别。

总之，为使思维机器得以正常运转，人们需要接受"非同一律的训练"，用早川一荣的话说：

> "同一律"是亚里士多德的逻辑学的基础："某物就是它所是的那种东西。"按照"同一律"，A 就是 A，一个美元就是一个美元，一罐豆子就是一罐豆子。
>
> ……
>
> 非亚里士多德体系的基本思想方法——普通语义学的中心观念——是非同一律，它表现为这样的公式：A_1 不是 A_2。因此，桌子$_1$不是桌子$_2$，椅子$_1$不是椅子$_2$，共产主义者$_1$不是共产主义者$_2$。[①]

自我反射原理，指的是人们在用语言表述客观事物时，会不自觉地映射出自己的主观感受、印象或评判。简言之，自我反射（unconscious projection），就是表面上在说客观，实际上在谈主观。比如，我说"这间教室真漂亮"，表面上看是在说教室，而实际上在表达自己的印象，即"我觉得，这间教室真漂亮"或"在我看来，这间教室真漂亮"等。自我反射与直抒胸臆的不同在于：它是隐蔽的而不是公开的，是无意识的而

---

① 转引自涂纪亮主编：《当代美国哲学》，126页，上海，上海人民出版社，1987。

不是有意识的，是拐弯抹角的而不是直截了当的，是无所不在的而不是偶然为之的。所以，约翰逊说："基本上，我们说的话，从来都是在讲自己。"类似下面这些话："这部电影非常感人""那部小说非常有趣""今天天气特别冷""他长得很帅"等，乍一听仿佛都是在说客观的事物，但稍一琢磨就不难发现映射在这些话里的主观身影。所谓电影感人其实是他自己的感受，即他认为电影感人（你未必认同）；所谓天气冷也是他个人的体验，即他觉得冷（你可能觉得热）。即便别人的说法与他相同，那也并不表明他的表述具有纯然的客观性，也并不排除其中反射的自我身影。总之，任何看似独立的话语都与话语的主体千丝万缕地纠缠在一起，撕扯不开。所以，任何传播者如记者想追求纯客观的、不含什么主观内容的表达，就像揪着自己头发脱离地球一样，简直是异想天开。针对自我反射现象，普通语义学曾提出一条对策，就是在每句话上加一个短语"对我来说"（或"在我看来"）。比如，"在我看来，这间教室真漂亮"，"对我来说，今天天气特别冷"等。这就等于把隐蔽的自我化为公开的自我了。当然，不一定非把这个短语说出来，只需说或听的时候心里想到这一点就是了。

柯日布斯基提出上述三个基本原理，意在把似是而非的日常语言变成恰如其分的科学语言，以便把事物说得一分不多一分不少。他声称，人们一旦掌握了这三条科学原理，就能够具备"健全的精神"。显然，这与弗雷格所开创的逻辑实证主义传统一脉相通。这里，可把普通语义学看作语言哲学两大流派的杂糅或杂交，其中即有对日常语言及其使用的关切，又有对理想语言及其构建的追求。同时，普通语义学在其理想性或科学性上不无形而上学的偏颇，只知（顾）其一，不知（顾）其二，只是片面强调事物的复杂性、变动性和差异性，而否认事物在质上的规定性，进而否认语言的表现性。拿非同一性原理的例子来说，"马的机体虽然每时每刻都在发展和变化，但是，马不可能一会儿是马，一会儿又变成牛"[1]。如果依据普通语义学三条基本原理的逻辑严格推导下去，那就势必走向不可知论。

---

[1] 转引自涂纪亮主编：《当代美国哲学》，122页，上海，上海人民出版社，1987。

虽然普通语义学在理论层面暴露了遭人诟病的漏洞，但在实际层面却留下了可堪继承的遗产，对传播活动以及传播研究不无价值。这也是它得以风行的原因之一。下面再来看看这方面的一些内容。

3. 实际应用

按照普通语义学的理论，语言是静止的、有限的、抽象的，与此相反，事物则是运动的、无限的、具体的。因此，语言对事物的表现存在很大的局限。如果认识不到这种局限，就会导致许多认识上的偏差，进而引发各种问题和矛盾。这方面，最突出的就是非此即彼的二元评价。

非此即彼原属极端化的思维方式，它只看到两个极端而对立的可能，忽略两个极端之间存在的一系列其他可能。小孩爱问"他是好人还是坏蛋"，就是其典型反映。这种二元评价的思维方式，由于语言里常常只有两个对立的字眼而更趋强化。诸如黑与白、对与错、好与坏、爱国与卖国、聪明与愚蠢、勇敢与懦弱、民主与专制等，都是两极对立的字眼。在这些两极对立非此即彼的字眼之间，本来还存在着一系列不同程度或不同层面的选择，比如，政治体制并不是只有民主与专制两种情况，政治态度也不是只有"左"派与"右"派两种可能。然而这一切都被非此即彼的语言，在无形之中给不经意地消解了，仿佛人们只能在两个极端中任选其一，除此之外别无可能。

普通语义学指出，这种二元评价的思维习惯及语言习惯是错误的、不科学的、背离实际的，它往往把人引入歧途。比如，人们常说，既听正面意见，也听反面意见。殊不知，除了正反两种对立的看法之外，还有第三面、第四面，甚至第十面不同的观点，正如黑白之间还有众多不同层次的色彩，而这些观点都被非此即彼的语言（正面或反面）排除在考虑之外了。不仅如此，按照约翰逊的说法，非此即彼的二元评价还是导致精神病的一大原因。如果有人总是这样考虑问题："不成功即失败"，而不知两者之间还有多种可能，那就会给自己造成精神压力。一旦没有达到所谓的成功，他就认为自己已经失败，于是悲观绝望。一些人的自杀，就与这种心态有关。得过诺贝尔文学奖的海塞在《荒原狼》里说得好：

可以想象这么一个花园,那里生长着百种树、千种花、百种水果、百种草。假如这个花园的园丁除了知道"可吃的"和"野草"之外,对区别植物一无所知的话,那他就不知道该把花园的十分之九的面积用来做什么,他一定会把最美丽的花枝拔去,把最珍贵的树木砍掉,或者用憎恶和猜疑的目光观察它们。①

为此,普通语义学告诫人们,对事物务必做多种估计,切忌陷入非此即彼的思维陷阱。针对二元评价,早川一荣还提出了一种"多元评价":

> 除了争吵相骂和激烈辩论之外,日常生活语言表现出一种可称为"多评价定向"的方法。我们有各种不同的评价等级,用"很坏""坏""不坏""还好""好""极好"来代替"好"和"坏"。②

另外,早川一荣所探讨的三种陈述方式——报告(report)、推论(inference)和判断(judgement),对解决新闻报道的客观性问题,也提供了一种切实可行的思路。按照早川一荣的界定,所谓报告是可以验证的表述。如"犯罪嫌疑人已被警方抓获"这一表述可以得到验证,所以属于报告。所谓推论,是指从已知推测未知的表述。比如,你看见他泪流满面,这是已知;如果你据此说他悲痛不已,那就属于推论。因为,他是否悲痛是个未知数,他流泪也许是由于其他原因而不是悲痛。既然推论可能正确,也可能错误,对新闻记者来说,确保准确客观的稳妥选择,就是多报告,少推论。不过,从已知推测未知的表述总是不可避免的,特别是说到未来的情况时更是如此。如记者在报道里写道:"根据目前情况判断,受旱面积还将继续扩大。"目前情况是已知,受旱面积继续扩大则是未知,所以这个表述是个推论。对此该如何处理呢?早川一荣建议:设法把推论变成报告。比如,在上述这个推论里再加上一句"农业专家认为",这个推论就成为报告了,即"农业专家认为,根据目前情况判断,受旱面积还将继续扩大"。因为,这个表述是可以找农业专家验证的。

至于判断,则是对客观事物的主观评价,带有鲜明的个人色彩。比

---

① 〔瑞士〕赫尔曼·海塞:《荒原狼》,李世隆等译,61~62页,桂林,漓江出版社,1986。
② 转引自涂纪亮主编:《当代美国哲学》,127页,上海,上海人民出版社,1987。

如，记者报道说"演出十分精彩"，就是一个包含自我反射的判断，它表达的其实是他个人的看法，并不一定是事实，也许在其他人看来这场演出非常糟糕。总之，借用传播学者沃纳·赛佛林和小詹姆斯·坦卡德在《传播理论：起源、方法与应用》一书里的概括：

> 为了新闻的客观性，一位新闻记者可以采用很多办法，如尽可能消除推论和判断，尽可能多用报道。但是这些还不能保证客观性。还必须考虑另一个因素，正如早川一荣指出的，偏向的因素。偏向（slanting）是选择对所描绘的事物有利或不利细节的方法。
>
> ……
>
> 绝对的客观性也许不可能，但在事实上，新闻记者（或其他传播者）却可以尽量坚持客观报道，排除推论与判断，有意识地避免偏向，而尽可能达到客观[①]。

本章我们粗略梳理了意义问题的有关研究和理论。严格说来，这里的每一种理论都只在某一个方面具有效用，而无法涵盖意义问题的全部内涵，正如每一种哲学都只能是一家之言而不能穷尽一切。这一方面是由于意义本身的不确定性，借用罗素的说法：

> 一个词的意义不是绝对确定的，从来都有一种或大或小程度上的模糊性。意义是一块区域，就像靶子一样，它可能有一个靶心，但靶子的外围部分依然或多或少地处于意义的范围之内，当我们从靶心向外移动时，这意义也逐渐地减弱。当语言发展得更为精确时，靶心之外的部分就会愈来愈小，靶心本身也会越变越小；但靶心决不会退缩成一点，总有一块模糊不定的区域环绕着它，不管这区域是多么小。[②]

据说，有位语言教授做过一次试验，在课堂上说出"革命"一词，让学生们谈谈听到这个词时一闪而过的脑海形象。答案各不相同：有红旗，

[①]〔美〕沃纳·赛佛林、小詹姆斯·坦卡德：《传播理论：起源、方法与应用》，郭镇之等译，99页，北京，华夏出版社，2000。

[②] 徐友渔：《"哥白尼式"的革命——哲学中的语言转向》，116页，北京，生活·读书·新知三联书店，1994。

有领袖,有风暴,有父亲,有酒宴,有监狱,有政治课老师,有报纸,有菜市场,有手风琴……大家用完全不同的个人生命体验,对"革命"作出了完全不同的下意识诠释。

另一方面,也是由于意义研究牵连广泛,包罗万象。有人认为,一种完整的意义理论应由如下部分构成:

> 核心是指称理论,研究语词及其所指称的外部对象的关系;其次研究语词的涵义,涵义是我们直接从语词中得到的辨识指称对象的特征或条件;然后是语力理论,所谓语力,就是意义中的这些因素,它们的有无使形式上相同的语句分别起到陈述、命令、祈使、询问等不同的作用;再外围的可以称为"表示理论",它研究人们用非言辞的手段(如沉默、皱眉、耸肩、摊手,等等)来表达自己的意思;最外围的是语用理论,它研究讲话者在不同情境中为了不同目的对语言的理解和使用。①

由于受制于这两个方面即意义本身的模糊性和意义研究的多重性,所以,意义理论就只能是盲人摸象似的不断趋近那个"靶心"了。

---

① 徐友渔:《"哥白尼式"的革命——哲学中的语言转向》,57页,北京,生活·读书·新知三联书店,1994。

第五章　文本与诠释

在解析符号的构成与意义时，各种理论事实上已从不同层面和不同角度，涉及文本与诠释的话题。可以说，符号及其意义与文本及其诠释，均属符号研究所关注的内容。只不过，前者多从具体的符号现象入手，以揭示符号的构成要素以及它们所显示的意蕴和内涵，因此更侧重于微观的分析；而后者则多由整体的符号现实出发，以剖析它们对人类社会和精神交往的意义，因此更着眼于宏观的把握。如果不揣浅陋的话，不妨说符号的集成就是文本，而意义的彰显就是诠释。当然，这只是粗略的界定。其实，符号及其意义也好，文本及其诠释也好，往往说的是一回事，只是说的层面和角度不同而已。托多罗夫曾把文本比作一次"野餐"：作者即传播者带去词语（符号），而读者即阅听者带去意义（诠释）[1]。

以探讨象征符号而著称的卡西尔认为，人类实际上是生活在一个由符号组成的世界里，也就是说人类生活在一个充满意义的世界里。因此，对符号的感知，对意义的领悟，对文本的诠释，就成为人们与生俱来无所不在的生存方式。用萨丕尔那个生动的说法："假如'自由'、'理想'这些词不在我们心里作响，我们会像现在这样准备为自由而死，为理想而奋斗吗？"[2]的确，古往今来的仁人志士之所以视死如归慷慨赴难，不也正是因为他们理解自由的意味，懂得理想的涵义吗？

这里的关键在于"理解"（understanding），理解是一切诠释的核心与旨归，正如"代表"（represents / stands for）是一切符号的通性与要义一样。对此，哲学解释学家伽达默尔曾精炼地概括道：

> 解释学的基本问题是：在通过写作而固定下来的意义与通过读者进行理解的意义之间的距离如何能够达到沟通。这个问题在近代成为解释学最首要的问题。[3]

所谓"通过写作而固定下来的意义"就是文本，又称本文（text）；而"通过读者进行理解的意义"就是诠释，又称阐释或解释（interpretation）。

---

[1] 转引自艾柯等：《诠释与过度诠释》，王宇根译，28页，北京，生活·读书·新知三联书店，1997。
[2] 〔美〕爱德华·萨丕尔：《语言论》，陆卓元译，15页，北京，商务印书馆，1985。
[3] 〔德〕伽达默尔：《赞美理论——伽达默尔选集》，夏镇平译，149~150页，上海，上海三联书店，1988。

第一节　文本世界

如果承认人类生活在一个由符号所限定的世界——符号的边界也就是世界的边界，进而承认这个世界的符号化特征——万事万物无不浸润于符号与意义的海洋，那么，自然也就会承认人类社会实际上是由各种文本所构成的世界。

一、何谓文本

什么是文本？对此，并没有一个明确而统一的答案。一般来说，文本是被人言说并且往往是反复言说的东西。这个不是定义的定义，至少可从三个方面理解。

首先，文本的所指非常宽泛，可以无所不包。其中，既有历史的，如五四运动，如唐宗宋祖，也有现实的，如改革开放，如西部开发；既有整体而宏观的，如宣传战，也有具体而微观的，如消息树；既有精神的，如文献档案，也有物质的，如考古文物。总之，言说的范围有多广，文本的范围就有多广。

其次，文本是一个（一套）具有独立意义的符号或符号集成。当人们说到符号时，往往针对的是一种原子式的东西，如词语、标记、信号等；而说到文本时，则总是意指一种相对完整的构成，如作品、文件、碑刻等。即使符号和文本说的是同一对象，如作为一种符号的蒙娜丽莎笑容和作为一种文本的"永恒的微笑"，这种原子式与物质式的区别依然存在。

最后，文本可大致分为两类，即意大利符号学家艾柯所说的"作为世界的文本"和"作为文本的世界"：前者指人类所寄寓的这个符号化世界，其中包括各种物质发明和精神创造；后者仅指文献记录，如著述、文档、作品、新闻报道、历史文物等。

虽说诠释是就所有文本而言的，但实际上只是也只能是针对文献文本。比如，五四运动是个历史事件，而对这一事件无穷无尽的诠释，却只能在各种各样的记录、言说、故事的基础上进行，即在历史文献的基础上进行。用法国哲学解释学家保罗·利科的话说：

> "诠释"一词的基本意思与解释记载我们的文化的文献有关。我假设这样一个前提是在与威海姆·狄尔泰（Wilhelm Dilthey）所说的Auslegung保持一致……Auslegung（解译，诠释）暗含着[比理解，领会]更具体的东西：它仅涉及有限的一类符号，那些被写作固定下来的符号，包括各种含有与写作类似的固定形式的文献与记录……①

也就是说，诠释所面对的文本，主要是以各种方式如写作、描画、凿刻而固定下来的文本。面对如此庞杂繁复的文本世界，人们自然需要通过诠释才能理解其间的各种关系和意义。

二、羊皮纸上的历史

关于文本的普遍性和诠释的多重性，美国天主教神学家特雷西（D.Tracy），在其《诠释学·宗教·希望——多样性与含混性》一书里，以法国大革命为例做了令人难忘的解说。稍微有点历史知识的人都知道，在这一重大历史事件中，涌现过一系列的人物、事件、象征、仪式、思想与意识形态等。两百年来，围绕着法国大革命的这些历史文本，产生过无穷无尽的争论、辩驳与言说，而且这些言说本身又成为新的文本不断得到诠释。于是，法国大革命便仿佛成为"一张可以不断重新涂写的羊皮纸"（特雷西），写在其上的文本也就成为克里斯蒂娜·布鲁克-罗斯所称的"羊皮纸上的历史"（Palimpsest History）②。下面就是这些不断被涂写的文本：

> 我们如何才能对每一孤立的事件作出充分的解释？更不消说它们之间的因果联系：1787至1788年贵族的叛乱、三级会议的召开、网球场宣誓、农民起义、攻陷巴士底监狱、凡尔赛的进军、路易十六逃往瓦伦、俱乐部的出现（特别是雅各宾俱乐部的出现）；攻打杜伊勒里宫、九月大屠杀、

---

① 〔美〕肯尼斯·博克等：《当代西方修辞学：演讲与话语批评》，常昌富等译，266页，北京，中国社会科学出版社，1998。
② 〔意〕艾柯等：《诠释与过度诠释》，王宇根译，151页，北京，生活·读书·新知三联书店，1997。

旺代起义、征兵和战争、审判和处死国王、欧洲列强的反应、瓦尔密战役、恐怖时期、热月事变和督政府时期、雾月事件和拿破仑胜利。

对有关这次革命的种种文本我们该作何解释？最早的文本如卢梭的著作、孟德斯鸠的著作和18世纪法国哲学家的著作；在先的文本如《美国独立宣言》和《美国宪法》；同时代的文本如西耶士神父的《什么是第三等级》，马拉、德穆兰以及埃贝尔的小册子，被接受或被否决的不同宪法草案，《人民和公民权宣言》，局外人彼此冲突的评价，例如伯克和潘恩的经典性著作。对此，我们应如何解释呢？

对革命中出现的新象征，我们如何才能作充分的分析呢？"马赛曲"与"这就好"；被传奇化了的"无套裤汉"；自由帽与玛丽安娜……街垒、囚车、断头台；德治的共和国变成恐怖的共和国（"无德治的恐怖是盲目的；无恐怖的德治是软弱的"）。所有这些，我们如何才能对之作充分的分析呢？

什么样的意识形态分析，才能对众多的政治团体和政治运动的目标和成败提供一个公正的说明呢？对流亡贵族、贵族主义改良派、1789年的共和主义者、吉隆特党人、雅各宾党人、赦免派、埃贝尔派、督政府，我们应如何去评价呢？

谁能对革命中的那些历史人物，那些任何小说家都难以凭空创造出来，任何传记家都难以写尽道完的一个个人物作出足够的阐释呢？路易十六、玛丽·安托瓦内特、内克尔、米拉波、拉斐德、布里索、马拉、科黛、巴伊、罗兰夫人……富歇……丹东……罗伯斯比尔……拿破仑。对这些人物，我们应如何去阐释呢？

种种关于仪式的研究，如何才能对这次革命具有仪式性质的各个方面予以充分的说明呢？巴士底七囚犯的挨次释放……对去世已久的黎塞留的尸体进行审判和斩首的奇异景观；走向断头台的囚车队列；那些被执行公开处决的可怜人们的没完没了的游街示众。对这些，我们应如何研究和解释呢？①

---

① 〔美〕特雷西：《诠释学·宗教·希望——多元性和含混性》，冯川译，6~9页，上海，上海三联书店，1998。

从上引法国大革命这些令人眼花缭乱的历史文本里，我们已经足以体会到文本的普遍性和诠释的多重性。而上述这一切的情形及特征并非特例，事实上在大大小小的所有历史文本中都不难看到类似的图景，如第二次世界大战，如巴勒斯坦问题，如六十年代波及全球激荡世界的文化革命。为了进一步说明这一点，下面再来看看更加纷繁庞杂的现实文本。

三、"超真实"与"超文本"

近代以来，随着传播媒介的日趋发达，随着印刷、广播、电视、网络的相继问世，整个社会信息系统及其运行变得越来越复杂，其地位和功能也随之变得越来越显赫。在这个进程中，新奇的符码（code）、变幻的讯息（message）、层出不穷的文本（text），如滔滔涌来的钱塘江大潮，一浪高过一浪。传播学两大学派之一、具有深厚文化底蕴的欧洲批判学派，始终关注的就是这样一个日趋符号化和文本化的世界。不管是批判学派的思想先驱如法兰克福学派对好莱坞式大众文化现象的思考，还是批判学派的当代中坚如以威廉姆斯（R.Williams）、霍尔（S.Hall）为代表的"文化研究"（Culture Studies）对大众传播与意识形态的解剖，都一直贯穿着一条鲜明的思想主线，那就是对符号化／文本化而非实体化／物质化世界的审视。像威廉姆斯的代表作《关键词》（*Keywords*）、霍尔的代表理论"编码／解码"（encoding／decoding）等，都犹如一枝红杏透出了这一思想史学术史的气息。所谓关键词，无非就是那些影响当代文化与生活的核心文本，而所谓编码／解码，则涉及这些文本的形成、传播和接受。

特别是进入以信息社会为标志的所谓后现代时期，整个世界更是呈现出一派前所未见的文本狂欢。著名的后现代主义文论家詹明信认为，在后现代社会里：

> 现代化的过程已经大功告成，"自然"已一去不复返地消失。整个世界已不同以往，成为一个完全人文化了的世界，"文化"变成了

实实在在的"第二自然"。①

按照詹明信的意思，如果"现代"是指资本主义前一轮征服"自然"（Nature）的活动，那么"后现代"就是新一轮在"文化"（Culture）层面的扩张。这个正被征服的人文化的第二自然，其实就是一个彻头彻尾的文本世界。以中国为例，进入世纪之交的状况正像陈晓明在《文化研究：后-后结构主义时代的来临》一文里所描绘的：

> 中国在90年代快速城市化和消费化，使得中国的城市也迅速进入文化幻象的时代。光怪陆离的写字楼，大型现代化商场，广告，休闲读物，周末版报纸，滚动式的电视节目，卡拉OK，点歌，体育竞赛，时装以及多媒体电脑的日益普及，等等，城市生活已经完全为符号和幻象所重新结构和编码。例如，中国的数个大城市的空间已经迅速审美幻象化了，过去不过是用于居住和工作的空间，完全按照实用的目的建立起来的空间，现在却为各种现代化的新型建筑材料所重新编码，特别是那些华丽的、魔幻般的建筑材料的广泛运用……它们并不仅仅是在物理时空的意义上重建中国城市，而且以中国最新、亚洲最高、世界最大等宏伟叙事，使这些空间打上奇特的关于中国、中国关于自身的21世纪的想象。这只是一个方面的事例而已，事实上，电视的普及和印刷物等传媒的迅速扩张，使中国的大众文化正在强有力地改变当今中国的现实状况，改变着人们的感觉方式和思维方式。②

好出惊人之语的法国当代思想家让-鲍德里亚（Jean Baudrillard），干脆将这样一个文本世界视为一种没有实在性的符号体系。他认为，当代生活就是一个符号化的过程，不仅客体被符号化，而且连主体也同样被符号化。任何物品（goods）想要被人把握比如消费，就必须首先成为符号或符号化的文本，只有符号化的东西，如成为广告的描绘对象、得到媒介的

---

① F.Jameson, *Postmodernism, or, the Cultural Logic of Late Capitalism*, Duke University Press, 1991, p.9. 转引自盛宁《人文困惑与反思——西方后现代主义思潮批判》，19页，北京，生活·读书·新知三联书店，1997。

② 陈晓明：《文化研究：后-后结构主义时代的来临》，载《文化研究》第1辑，39页，天津，天津社会科学院出版社，2000。

传播，才可能进入人们的现实生活。在符号如此繁衍扩张的时代，仿真（simulation）就成为社会生活与文化秩序的主导形式，人们实际上生活在一种由各种符号和文本构成的"超真实"（hyperrealism）的世界里，所谓现实生活反倒成为对这种超真实或超现实的模仿。正如他在美国游记里所说，迪斯尼乐园比现实中的美国社会更加真实，而且美国社会正在变得越来越像迪斯尼乐园。所以，就当今世界而言，最具影响力的不是大工业的生产流水线，而是制造和传播各种文本的大众媒介。

对包括詹明信在内的后现代主义理论家所指出的、这一"现实"（reality）与"呈现"（representation）已经难以截然分开的历史状态，1998年美国上映的一部影片《楚门的世界》（*The Truman Show*），做了幽默风趣而发人深思的反映。影片主人公楚门（英文的寓意是"真人"），与妻子生活在一个风景如画的小岛，过着十分普通十分寻常的小日子。然而，事实上他却是一个极不普通极不寻常的人物——一个年年岁岁朝朝暮暮被连续播放从不间断的超级肥皂剧的主人公，而该剧就是《楚门的世界》或译《真人活剧》。不过，当全世界的观众每时每刻都在注视着他的一举一动时，楚门本人却浑然不觉。原来他是一个弃儿，一出生就被一家媒介公司收养。这家公司以他为主角设计了这部前所未有的大型肥皂剧，全天候卫星实况转播，其内容就是楚门每天的日常生活。所以，他一出生就是一个戏中人，而他生活的小岛实际上是世界上最大的摄影棚，其间巧妙地设置了几万台摄像机，无论楚门在什么地方，无论他干什么，都有镜头捕捉他的身影。另外，为了让这个"真人"生活在真实的世界里，媒介公司还用一支庞大的演职员队伍构成了他的生活社区：从他的父母、妻子、朋友、邻居、同事到所有他认识或不认识的店员、警察、行人等。于是，"真人"楚门几十年来，就一直这样"真实"地生活在一个大众传媒制造的影像世界里[①]。

虽然，影片笼罩着一层轻松的戏剧气氛，但它留给人的思考却相当沉重。除了"控制""异化"等已经耳熟能详的内容，它等于再次把柏拉图"洞穴比喻"所昭示的命题，既逼真又严峻地呈现出来：影像（文本）世界的

---

① 关于本片的内容及剧情，主要参考王华之的《媒体与今日之现实》，载《读书》，1999（8）。

"真实"与客观世界的"真实"之间的界限和区别何在？既然人类用以判断"真实"的标准不过是易受蒙蔽的感官，如我们平时常说的"眼见为实"，那么，当媒体构筑的影像世界／文本世界与客观世界具有一样的"可视性"（visuality）时，甚至将来有可能达到可触性、可嗅性时，我们怎么知道什么是真的，什么是假的，哪里是实地，哪里是幻境呢？

这个问题，随着网络媒介的兴起，随着所谓超文本（hypertext）和"虚拟真实"（virtual reality）的出现，特别是热火朝天近在眼前的"元宇宙"而更为凸显。当年，纳博科夫曾敏锐地察觉到后现代文本与现实脱节的征兆，从而指出："'现实'（reality）是一个永远应该在引号中出现的词。"信息科学的奠基人之一N.维纳，也在20世纪50年代初说过："所谓真实的世界在一定意义上将会被偶然瞥入眼帘的现象世界所取代。"而20世纪初，李普曼在《舆论》里所阐述的"拟态环境"（pseudo-environment），就更是这一思路的先声。按照李普曼的思想，我们已经不可能时时处处去亲自了解客观环境的方方面面，因为客观环境已经变得无限广大，远远超出人们感同身受的范围，诸如关税、贸易、财政预算、战争与和平等问题，已远远不是每个人耳听目见所能直接把握的，于是，人们只能借助于"拟态"的信息环境，才能把握所谓"身外世界"（the world outside）。

如今，这些预见都已成为铺天盖地的现实。面对栩栩如生的虚拟空间元宇宙，我们不由地想到德里达的那句名言——"文本之外一无所有"[①]，而这越来越成为后现代的一大特征，借用盛宁的概括：

> 所谓"现代"，是实实在在的世界对人们产生意义的时代；而所谓"后现代"，它所面对的是一个文本的世界、语言的世界、象征（符号）的世界。[②]

[①] 原文是"il n'y a pas de hors-texte"。其英译有两种：一是"There is nothing outside of the text"，即"文本之外一无所有"；一是"There is no outside-text"，即"根本没有文本之外这种情况"。详见盛宁《人文困惑与反思——西方后现代主义思潮批判》，83页，注释[39]，北京，生活·读书·新知三联书店，1997。

[②] 盛宁：《人文困惑与反思——西方后现代主义思潮批判》，62页，北京，生活·读书·新知三联书店，1997。

第二节　诠释与诠释学

身处文本的空间，浸润符号的世界——这是人类无可规避的生存境地。面对这么庞杂而层出不穷的文本——历史的文本或现实的文本，实在的文本或虚拟的文本，诠释就成为人生在世的题中应有之义，为此甚至还形成一门专门的学问——诠释学或解释学：

> 解释学可以宽泛地定义为关于理解和解释"文本"（text）意义的理论或哲学。这里所说的"文本"，可以一般地解释为一切以书面文字和口头语言表达的人类语义交往的形式。而"意义"是一个抽象而难以明确统一定义的概念，它体现了人与社会、人与自然、人与他人、人与自我的种种复杂交错的文化关系、历史关系、心理关系和实践关系。对"文本"意义解释的范围大致包括：对文本作者、文本的结构和意义、读者接受文本等的理解和说明。解释学的核心是"理解"问题，它通过作者、文本和读者的意义关系的研究，考察解释过程中整体与部分的关系，弄清历史传统对理解的影响，区分说与听以及写与读这两种对话模式，探讨作者心态对原文意义的涉入，释明理解原文意义以及读者自我理解的关系。[①]

下面就来看看有关诠释及诠释学的内容。

一、诠释三维

任何诠释或诠释空间，都在三个维度上展开，即作为起点的文本、作为过程的诠释和作为旨归的理解。换言之，三位一体的文本-诠释-理解，便构成一个完整的诠释活动。用特雷西的话说：

> 任何解释活动，至少涉及三种现实：某种有待解释的现象（即文本——引者注），某个对那一现象进行解释的人（即诠释——引者注），

---

① 王岳川：《现象学与解释学文论》，167~168页，济南，山东教育出版社，1999。

以及上述两者之间的某种相互作用（即理解——引者注）。①

那么，为什么要对各种文本进行诠释呢？这个问题看似简单——有文本就有诠释，而实则蕴涵着人之为人的根本。我们知道，诗人、哲学家、思想家最爱探究的事情就是，"我们是谁""我们从哪儿来，到哪儿去""生命／生活的意义何在"，等等。这些类似屈原《天问》的玄奥问题，其实遍布于日常生活中，种种司空见惯而名不见经传的言行举止，说到底都在回应这些问题，都是基于对这些问题的理解和解释，只不过有人意识到而有人意识不到而已。正是基于对这些问题的不同理解和解释，人们才得以确定自己在"人生坐标"上的位置——在历史时间与社会空间坐标上的位置，而这也就是确立自己的人生意义，从而规范自己的行为及行为模式。

以历史和传统为例，这些在普通人看来似乎和自己了不相涉的名堂（文本），实际上一刻都不曾离开自己。"我是人"的确认，自然来自对人之为人的历史和传统或深或浅的理解和解释；"我是中国人"的确认，更是来自对祖先、黄河、历代传说、各种习俗与法度或隐或显的体认和领悟；"我是现代中国人"的确认，同样来自对鸦片战争、新中国、改革开放等一系列文本或多或少的认识和把握。如果没有这些关乎人生在世的种种对历史传统的理解和诠释，任何人都将像失去记忆一样茫然不知所措。美国历史学家卡尔·贝克尔说得好，历史绝不是锁在书本里的僵死知识，而是融会在活生生的现实人生里的记忆。所以，

> 每一个正常的人——每一个男人、女人、小孩都懂得一点历史，而这一点就能满足他们当前的需要了，否则，他们真的就成了亡魂。例如：假定我自己今天早上醒来时失去了记忆，而其他一切功能都很正常，可是我却想不起过去发生的任何一件事，结果是什么呢？结果就是我不知道我是何许人，在何处，去何方或做什么。我不能到大学去上课，不能在研究会上宣读这篇文章。总之，我的现状是难以理解的，我的前途是毫无意义的。这是为什么呢？就是因为我突然不再知道任

---

① 〔美〕特雷西：《诠释学·宗教·希望——多元性和含混性》，冯川译，16页，上海，上海三联书店，1998。

何历史。平日早晨我醒来时所发生的是:我的记忆闯进了过去的领域,把过去发生的事情、见过的东西、讲过的话、考虑过的想法等等的印象集合在一起,这些印象是使我在一个秩序井然的世界里生活,是使我认清个人的处境所必需的……历史,只不过是记忆的延伸罢了。①

正是在这个意义上,克罗齐提出了看似惊世骇俗而实则平实如话的著名命题——"一切历史都是当代史",而科林伍德则提出同样理路的命题——"一切历史都是思想史"。我们言说历史——仔细地辨别历史事实、不断地解析历史文本、反复地发掘历史意义,并非发思古之幽情,而首先是为了自己的安身立命。就像"文革"之后,中国共产党对一些重大历史问题的重新审视,为的是当前的改革开放。特雷西在列举法国大革命堆积如山的文本之后,对阐释的这番醉翁之意做了如下的概括:

> 对任何一个思考这场革命的后果和影响的当代阐释者,主要的追问必然会转向这样一个问题:今天之法国革命究竟是什么?对我们这些后来的叙述者、评论者和继承人来说,法国革命究竟是什么?我们中任何一个人能够声称知道如何调和个人自由和平等,调和理性与传统,调和历史之连续性和历史之断裂吗?像对所有重要事件、文本、象征、仪式和人物的严肃追问一样,"法国革命究竟是什么"这样一个问题,很快便成为一种询问:我们是谁?我们这些躁动不安的后现代继承人继承了这个多元与含混历史的遗产?法国革命究竟是什么?②

这也就是诠释与诠释学的意义之所在。

二、理解、前理解及误解

如前所述,诠释的关键在于理解。形形色色的诠释学(解释学)理论,都是围绕"理解"这一核心而展开的,而且各自都具有对"理解"这一范

---

① 张文杰等编译:《现代西方历史哲学译文集》,239~240页,上海,上海译文出版社,1984。
② 〔美〕特雷西:《诠释学·宗教·希望——多元性和含混性》,冯川译,11页,上海,上海三联书店,1998。

畴的不同理解:"为了能够根本地理解,我们必须去解释。我们甚至可能发现:为了理解,我们需要对理解即解释(understanding-as-interpretation)这一过程本身作出解释。"①如我国古代对经籍的诠释与理解,就存在着考辨章句的汉学和辨析义理的宋学之别。

在西方,解释学的初始形态也是有关经文释义和文献考辨的章句义理之学,这类出自中世纪的圣经释义学(exegesis)、古典文献学(philology)以及逻辑学的学问与学说,同我国古代的所谓小学、训诂学、考据学等如出一辙。这些堪称原始的解释学,都把文本视为高高在上和远离自我的东西,希望通过对文字符号点点滴滴的解析,以显露各种文本的本真面目和发掘其间的微言大义。这是一种自然的、朴素的、经验主义的解释学。

直到18世纪,德国宗教哲学家施莱尔马赫才从具体的解释经验中,抽取出一般的解释学方法和解释学原则,从而建立起一套方法论意义上的解释学。稍后的另一位德国哲学家、被誉为"解释学之父"的狄尔泰,在此基础上把解释学发展成有别于自然科学方法论的整个精神科学(Geisteswissenschaften)的方法论。一般认为,这套解释学有三个特点:

> (1)一般解释学脱离了具体的学科门类成了一般方法论;(2)解释学方法的基本原则与目标仍然是在自然科学认识论的框架内来设想的,即消除误解以达到正确客观的理解,因而它又被称为客观解释学;(3)在一般解释学那里,理解与解释只具有方法论意义而与本体论无关。②

从方法论解释学向本体论解释学的转向,是由海德格尔开其端绪而由其弟子伽达默尔总其大成的。在《存在与时间》一书里,海德格尔第一次指明,理解是人生在世的基本方式,是每个人即所谓"此在"自我确立的基本方式,理解的本质就是作为此在的人对存在的理解。所以,理解不是一个方法论问题,而是此在的本体论问题。换言之,理解不是人对世界的认识方法,而是人在世界的存在方式;理解的目的不是寻求外在于己的知识,

---

① 〔美〕特雷西:《诠释学·宗教·希望——多元性和含混性》,冯川译,11页,上海,上海三联书店,1998。
② 朱立元主编:《当代西方文艺理论》,271~272页,上海,华东师范大学出版社,1997。

而是把握内在于己的人生。

既然如此,任何理解就只能从生存的时间性和历史性出发,即我们不可能脱离自己的处境而进行所谓纯粹客观的理解,理解之前必然具有一种"先见"或"前理解"。因此,根本不存在客观解释学所说的那种超越时间和历史的纯客观理解:

> 海德格尔认为,理解不可能是纯然客观的,不可能具有所谓的客观有效性,理解不仅是主观的,理解本身还受制于决定它的所谓"前理解"。一切解释都必须产生于一种在先的理解,解释的目的是为了达到一种新的理解,这种新的理解可作为进一步解释的基础。[①]

伽达默尔从海德格尔的思想里获得两点重要启示,这就是理解的本体性和理解的历史性。他所创立的现代哲学解释学,就是对这两大原则的系统论述、阐释和发挥。他指出,理解是永无止息的对话,是一种"我与你"的"视界融合"(Horizontverschmelzung)。视界融合,是他在描述理解现象时提出的一个核心概念。按照他的意思,所谓理解就是理解者的视界与文本的视界相互交融,从而超越各自原有的视界而达到新的视界。所以,任何文本的意义"总是由解释者的历史环境乃至全部客观的历史进程共同决定的",总是一个不断生成、不断流动、不断更新的过程。人们之所以要把前人说过不知多少遍的历史再不厌其烦地说来说去,原因就在于此。

既然一切理解过程都在本质上包含着理解者本人——他的视界、他的感悟、他所身处的历史传统和当下处境等,那么,误解与偏见就是不可避免的。意大利有句格言"Tradutore, traditore",意为翻译即背叛。引申开来,任何理解与诠释都难免对原意的背离。在古典解释学那里,这些主观性的内容被视为需要在理解过程中尽量克服的消极因素,而在伽达默尔看来,传者与受者由于时空距离而导致的误解、偏见与成见,却能产生积极的结果。没有偏见,就没有理解,偏见是理解的前提:

> 偏见并非必然是不正确的或错误的,并非不可避免地会歪曲真理。

---

① 王岳川:《现象学与解释学文论》,197页,济南,山东教育出版社,1999。

事实上，我们存在的历史性包含着从词义上所说的偏见，为我们整个经验的能力构造了最初的方向性。偏见就是我们对世界开放的倾向性。①

伽达默尔的这一思想，对后来的接受美学和读者反应批评流派产生了直接影响，人们甚至认为这两个流派就是哲学解释学的分支。至于接受美学和读者反应批评与传播研究里的受众分析和效果分析之间的关系，则是有目共睹不待多言的。这里我们只想指出，欧洲的传播研究与美国的传播研究在这些方面的内在理路或思考范式完全相反。从学术渊源上考察，美国的经验学派一向侧重于传播—讯息—效果，欧洲的批判学派总是青睐于文本—诠释—理解。这是两种颇异其趣的取向与进路：前者立足于传播主体，想的是如何通过对文本内容的传播而去影响传播对象；后者立足于接受主体，想的是如何通过对文本内容的解析而去把握传播主体。用一个简单的模式来概括就是：

经验学派：传播主体→文本→接受主体
批判学派：接受主体→文本→传播主体

此式表明，经验学派的落脚点在接受主体即受众，而批判学派的落脚点在传播主体即传者。用拉斯韦尔的5W模式来说，一个操的是Whom的心——对"谁"说以及产生什么效果，而一个想的是Who的事——"谁"在说以及说了"什么"。

这两种完全相反的思路或范式，在看待文本与解释的问题时也表现出明显的差异。简单地说，经验学派为了保障传播意图的有效贯彻，自然更强调文本与解释的客观性及有效性；而批判学派为了揭示传播意图的深层背景和权力关系，则更注重这一过程的主体性及能动性。借用德里达在《结构，符号，与人文科学话语中的嬉戏》里那段常被引述的话来说：

> 存在着两种不同的对于阐释、结构、符号、自由嬉戏的阐释。一种是致力于破译、或梦想去破译一种不受自由嬉戏和符号系统制约的真实或本源，又像一个被放逐者似的去经受必要的阐释。另一种则不再去追寻本源，它肯定自由嬉戏，试图超越人和人文主义；人的名称

---

① 〔德〕伽达默尔：《哲学解释学》，夏镇平等译，8页，上海，上海译文出版社，1994。

只是一种存在的名称，而这种存在在整个形而上学或本体神学的历史，亦即他整个历史的历史中，都梦想着一种完满的此在，一种确凿无疑的基础，一种本源和游戏的终结。①

三、语言问题

不管是古典解释学还是现代解释学，无不主张所有的理解均具有语言学亦即符号学特征——"我们经由语言去理解并且就在语言中理解"②。所以，解释学的问题，归根结底是语言学的问题：

> 所有的理解都完全是语言学的……没有纯粹的思想和观念，任何思想观念都不可能摆脱语言之网。不存在纯粹的信息；无论任何信息，无论任何主题，都只能凭借其形式才能出现在我们面前并被我们理解，无论它是一句短短的谚语还是一首长长的史诗。③

语言学与解释学的同一性，一方面表现在作者对文本的编码；另一方面表现在读者对文本的解码。这里，解码如阅读报纸自然属于解释的过程，而编码如采写报道同样包含着解释的行为。如果一个传播者对所传播的事情没有理解、前理解乃至误解，没有自己的判断和解释，那么他只能说出一通不知所云的代码或符码了。这在西文"解释学"（Hermeneutics）一词的来源上也可略见一斑。Hermeneutics源于古希腊神话里的赫尔墨斯（Hermes）。他是众神的使者或信使，负责在天上人间传达各种信息。传达自然离不开理解，理解是传达的前提。此例虽小，却耐人寻味。它从一个侧面说明，文本的传播与文本的解释总是相互关联的。

不言而喻，不管是对文本的传播，还是对它的理解和解释，都得在一套语言学／符号学的代码系统内进行：

---

① 王逢振等编：《最新西方文论选》，148页，桂林，漓江出版社，1991。
② 〔美〕特雷西：《诠释学·宗教·希望——多元性和含混性》，冯川译，80页，上海，上海三联书店，1998。
③ 〔美〕特雷西：《诠释学·宗教·希望——多元性和含混性》，冯川译，70~71页，上海，上海三联书店，1998。

从词到句，从句子到段落，从段落到篇章，从篇章到整个文本，贯串其中的路线需要一种释解，或许需要一种释解理论。我们从文本中接受到的不是纯粹的信息，我们接受到的是编了码的信息（coded messages）。如果我们要相对充分地理解这些信息，我们就必须破译它们的代码。①

不过，语言与诠释的关系，在方法论阐释学和本体论阐释学那里具有不同的理解。前者只是把语言当作诠释所用的工具，这也是一般常识所理解的语言；而后者则从形而上学的层面对语言做了深入的思索，其中尤以海德格尔和伽达默尔为代表。事实上，现代西方哲学，无论是英美的分析哲学还是欧陆的阐释哲学都已阐明：并不存在"主体"和"对象"的非历史和非语言的相符与一致。他们的思想一言以蔽之，就是海德格尔那句诗意的名言——"语言是存在的家园"。极而言之，语言不仅是世界的符号，而且就是世界本身。用卡西尔的话说：

> 凡被名称所固定的东西，不但是实在的，而且就是实在。"符号"和"意义"之间的势能转化了：在原来多多少少是充分的"表达"的地方，现在我们发现了"意象"和"对象"之间、名字和事物之间的一种同一的关系，一种全然合一的关系。②

所以整个的理解过程，亦即整个人生在世的过程都漂浮在语言之海。人只能以语言的方式拥有世界，理解的界限也就是语言的界限。普鲁士语言学家威廉·冯·洪堡说过：

> 人主要地——实际上，由于人的情感和行动基于知觉，我们可以说完全地——是按照语言所呈现给人的样子而与他的客体对象生活在一起的。人从其自身的存在之中编织出语言，在同一过程中他又将自己置于语言的陷阱之中；每一种语言都在使用该语言的民族周围划出

---

① 〔美〕特雷西：《诠释学·宗教·希望——多元性和含混性》，冯川译，69页，上海，上海三联书店，1998。
② 〔德〕恩斯特·卡西尔：《语言与神话》，于晓等译，80页，北京，生活·读书·新知三联书店，1988。

一道魔圈,任何人都无法逃出这道魔圈,他只能从一道魔圈跳入另一道魔圈。①

由此说来,我们不能把语言仅仅视为一种随拿随放的工具,一种借以把握、理解和阐释世界的工具。毋宁说,语言就是理解本身。"因为,人对其自身情境和计划可能达致的理解,只能经由语言的分节性媒介(articulatory medium)加以说明,并从而被理解。因而Auslegung(解释)是作为Verstehen(理解)的语言阶段而出现的。"②

总之,不管从本体论还是从方法论上看,理解活动都同语言密不可分。理解的界限,只能是语言的界限。正如哈贝马斯在论述文本与诠释问题时所说的:

> 一句被写出的语句、一次行动、一个姿势、一部艺术作品、一种工具、一种理论、一种日用品、一份被传递的文献,等等,如果它们的意义是不清楚的,那么,有关其意义的解释,将首先指向这种符号化构成物的语义学内容。③

说到语言问题,也就说到那个一直困扰解释学的问题——"解释学循环"。什么是解释学循环呢?这个问题得追溯到早期的圣经释义学。当时,人们就发现这么一个悖论:为了确立宗教信仰,就必须先对教义有所理解;而为了理解教义,又必须先有信仰。这就是解释学循环的最早形态。后来,在现代解释学奠基人施莱尔马赫和狄尔泰那里,这个问题又被表述为整体与部分的关系:要理解整个文本,就必须先把握它的每个细节;而要把握每个细节,又必须先理解整个文本。按照狄尔泰的说法:

> 我们遇到了各种解释的一个共同困难:整个句子应当根据个别的词及其组合来理解,而充分理解个别部分又必须以对整体的理解为前提。④

---

① 转引自恩斯特·卡西尔《语言与神话》,于晓等译,37页,北京,生活·读书·新知三联书店,1988。
② 〔法〕保罗·利科主编:《哲学主要趋向》,李幼蒸译,381页,北京,商务印书馆,1988。
③ 〔德〕哈贝马斯:《交往与社会进化》,张博树译,12页,重庆,重庆出版社,1989。
④ 王岳川:《现象学与解释学文论》,194~195页,济南,山东教育出版社,1999。

比如，要想对美国社会进行理解和解释，就得对其中的各个文本进行理解和解释；而要对这些个别的文本进行理解和解释，又得依靠对这个社会的整体理解和解释。

这个令人左右为难的解释学循环，就像苦恼科学家的"测不准原理"，或如传说中那个哈里发的诡辩：他派人烧了亚历山大图书馆，然后说："要么，图书馆的那些书籍表达了《可兰经》同样的意思，这样一来它们就是多余的；要么，它们表达了不同的意思，这样一来它们就是错误的、有害的。"[①] 各种解释学理论，可以说都是从不同角度对这一难题的回应。下面就让我们来看看几家有名的理论。

第三节　伽达默尔及其哲学解释学

"解释学在西方文化中具有悠久的传统，它的萌芽可以一直追溯到古希腊。在长达两千年的历史长河中，对解释学的创立和发展作出杰出贡献的哲学家有施莱尔马赫、狄尔泰和海德格尔，而伽达默尔则是哲学解释学的真正创始人和最主要的代表人物。他于1960年出版的《真理与方法》一书亦被学术界公认为哲学解释学的奠基作和最主要的代表作。"[②] 所以，在接触伽达默尔及其哲学解释学之前，有必要先对西方解释学传统略做一番考察。

一、客观诉求

在海德格尔及其弟子伽达默尔之前，西方的解释学传统一直追求诠释的客观与准确，一直将趋近文本的原意作为衡量诠释的主要标准，其间体现着一种鲜明的科学理性倾向。这在逻辑实证主义哲学家卡尔纳普为解释概念所提的四条要求里表现得非常突出：

---

① 〔意〕艾柯等：《诠释与过度诠释》，王宇根译，35页，北京，生活·读书·新知三联书店，1997。
② 〔德〕伽达默尔：《哲学解释学》，夏镇平等译，"译序"，1页，上海，上海译文出版社，1994。

（1）解释（the explicans）应该与被解释者（the explicandum）一致，也就是说，解释应能在所有场合取代被解释者。（2）应该有某些规则，以便将解释的运用（与其他科学概念相联系）固定在某种严格的程式中。（3）对一般命题的阐释来讲，解释应能证明自身是富有成果的。（4）如果前三项要求已经满足，解释应尽可能地简单化。①

作为从古典解释学向现代解释学的过渡人物，施莱尔马赫已为客观解释学确立了一些基本原则。比如，在他看来，只有通过对当时历史情境或生活环境的准确重建才能发现文本的真实涵义，只有通过客观的解释才能揭示作者的原意。再如，在他提出的44条解释学法则里，就有这么一条关键性的原则：对任何有待解释的文本，必须根据作者当时的语言特征来确定其意义。这样一来，实际上等于排除了解释者自己所处的当下情境，而赋予理解以追求外在知识的自然科学的性质。

狄尔泰继承并发扬了施莱尔马赫的这种思想，最终建立了系统的客观解释学。尽管他的解释学在于为人文科学或精神科学奠定一个坚实的认识论和普遍的方法论基础，从而与自然科学划清界限。但是，这种关于人类世界的精神科学在知识层面上，每一步其实都像关于自然界的自然科学知识一样严密。正如保罗·利科对此所做的评价："在解释性学科中推测与证实的相互作用，的确完全可与自然科学中的假说与证明相比拟，而且可适用于精神科学的全部领域。"②

像施莱尔马赫一样，狄尔泰也把文本及其意义等同于作者的主观意图。对他来说，解释者的任务就是从那些已成历史的文本出发，如当时留存下来的文献、人造物以及人类活动遗迹等，通过"体验"（Erlebnis）和"理解"（Verstehen），恢复他们所暗含的原初经验和原初世界，并同原作者或当事人理解自己一样地理解他们。所以，理解在本质上是一种自我转换或一种想象的投射。在此过程里，解释者否定了把他与文本隔开的时间距离，从而使自己与文本同处于一个时代。

尽管各种客观主义解释学理论彼此之间存在许多差异，但有一点却是

---

① 转引自哈贝马斯：《交往与社会进化》，张博树译，13页，重庆，重庆出版社，1989。
② 〔法〕保罗·利科主编：《哲学主要趋向》，李幼蒸译，381页，北京，商务印书馆，1988。

共同的,那就是它们均接受一种类似自然科学的知识范型,即唯有中立的、不带偏见的意识才能保证知识的客观准确。他们在承认所有文本的历史性和相对性的同时,却否认解释者也如其解释对象一样具有历史性和相对性:

> 对于施莱尔马赫和狄尔泰,认识者自身当时的情境只具有消极的价值。作为偏见和曲解的根源,阻碍了正确的理解,这正是解释者必须超越的。根据这种理论,历史的理解就是清除了一切偏见的主观性的活动,而能否做到这点,则与认识者通过一种有效的历史方法以消除自己的视域的局限的能力成正比。在这种关于人的有限性和历史性的假定的影响下,施莱尔马赫和狄尔泰仍然表现了对笛卡儿主义和启蒙运动理想的尊敬,这种理想认定有一种自主的主体,它能成功地使自己从历史的直接缠绕和伴随这种缠绕的偏见中解脱出来。于是,解释者所否定的,就是作为过去之活生生扩展的他自己的当下情境。①

将自然科学作为样本的客观解释学,始终在追求一种理想化的真实、真相或真理。这种追求在传播领域,集中体现于一度风行的"新新闻学"(New Journalism)——现实是由纯粹的数据和事实构成的,而这些数据和事实不经解释就已实际地存在着。然而,问题是自然科学本身尚且只是一种解释,尚且无法排除解释者的主观视域,那么作为把握人类世界的精神科学,解释学又如何达到纯然的或理想的客观真实呢?关于自然科学的解释性和主观性,特雷西有段精彩的概括:

> 试想科学家在所有理论的形成和在所有实验活动中发挥的作用;试想甚至对数学和逻辑学这些高度抽象的语言来说,某种语言学阐释也是多么必要;试想所谓"事实",其实并非未经解释就已实际地存在,而仅仅不过是一种不断变化的可能性;试想所有的数据和资料其实都是在某种理论框架中搜集,所有的探索和研究其实都基于研究者的兴趣。②

---

① 〔德〕伽达默尔:《哲学解释学》,夏镇平等译,"编者导言",3页,上海,上海译文出版社,1994。

② 〔美〕特雷西:《诠释学·宗教·希望——多元性和含混性》,冯川译,78页,上海,上海三联书店,1998。

的确，科学并非直接从外部去发现一个摆在那里的客观世界，而是经由理解和解释而建立起来的一幅"人为"图景，它存在于文本与解释者的相互作用之间。"所谓现实，其实是我们对我们最佳解释的命名。"①这一结论既适用于对自然世界的理解，同样也适用于对人类世界的理解。比如，按照这一结论，历史就不可能是客观的编年史——"一件该死的事接着另一件该死的事"，而确是克罗齐所说的当代史或科林伍德所说的思想史。

客观解释学的症结，在于割裂了理解问题与语言问题。在他们看来，语言只是一种中性的、超然的、客观的工具，它总是落后于发现和认知。这种语言观，自然无法察觉语言、知识、现实之间剪不断理还乱的微妙关系，更无法把握所有通过语言进行的理解活动所具有的社会历史性。其实，如前所述，我们并非首先经验或理解某种现实，然后再寻找词语来描述或命名；相反，语言不可避免地影响着我们对数据和事实、真理和现实的理解或把握。即使是看上去纯粹的信息如天气预报，也必须经过语法学和修辞学的编码，才能作为信息进行传播。这一简单的事实，已足以表明：

> 我们经由语言去理解并且就在语言中理解……我就在我能够使用的语言中……这种语言是社会的和历史的，是与欢乐和痛苦、与深思和辩论、与耻辱和荣誉、与责任和内疚有关的特定语言。我经由语言理解我的经验，并通过这种理解来解释我的经验……语言并非我们可以随意拾起随意放下的工具……它包围着我并且侵入到我所有的经验、理解、判断、决定和行动中来。我从属于我的语言，而不是我的语言从属于我。通过语言，我发现自己参与到这一特定的历史和特定的社会中来。②

一句话，我们是语言的、历史的、社会的存在。因此，通晓本国语言，既是掌握一种特定的阐释方式，也是学会一种特定的生存方式。所谓

---

① 〔美〕特雷西：《诠释学·宗教·希望——多元性和含混性》，冯川译，78~79页，上海，上海三联书店，1998。
② 〔美〕特雷西：《诠释学·宗教·希望——多元性和含混性》，冯川译，80~81页，上海，上海三联书店，1998。

"母语"，即为人的这一生存状态的形象概括。当人们用蕴涵着各自价值、希望与偏见的母语，对同样是以蕴涵着各自价值、希望与偏见的母语建构起来的文本进行诠释和理解时，还怎么可能存在所谓客观的解释学呢？

对于上述问题，即现实与真理、阐释与语言、客观与主观等等，早在一百年前尼采就已做出清醒的论述：

> 那么，真理是什么？一大批流动的隐喻、换喻和拟化——简言之，那些被提高、被置换、被予以诗意和修辞化装点，在长期使用后似乎变得坚实、权威和对一个民族具有约束力的所有那些人类关系。真理是一些幻觉；对这些幻觉，人们已经忘记了它们是幻觉；它们是一些陈旧破损，已经不再具有感性力量的譬喻……①

到了海德格尔及其弟子伽达默尔，这些问题更得到系统深入的分析。

二、视域融合

伽达默尔（Hans-Georg Gadamer，1900—2002），生于德国马堡，曾就学于新康德主义的两个摇篮即马堡大学和弗莱堡大学，22岁获博士学位。1929年起，先后在马堡大学、莱比锡大学、法兰克福大学和海德堡大学任教，还做过莱比锡大学校长。伽达默尔一生著述甚丰，其中1960年问世的《真理与方法》影响最大，不仅成为现代哲学解释学诞生的标志，而且也使他成为享誉世界的哲学家。

前面说过，解释学发展到海德格尔发生了一个根本的变化，即从方法论的探求转入本体论的思考。海德格尔认为，以往解释学的基本缺陷在于，只从方法论上考虑解释与理解的问题，而忽略了其本体论的意义。对他来说，理解不只是对外在于己的客观事物进行认识，而首先是对感同身受的内化存在进行体悟。也就是说，理解是人生在世的基本方式。如此说来，理解就只能是从我们既定的时间性和历史性处境出发，从而必然受制

---

① 转引自特雷西：《诠释学·宗教·希望——多元性和含混性》，冯川译，126页，上海，上海三联书店，1998。

于一种在先的理解——"前理解"（Vorversteandnis），所以理解不可能是纯客观的："理解是一种在时间中发生的历史性行为，不存在由客观解释学所设想的那种超越时间和历史的纯客观理解。"①海德格尔的这一思想意义重大，正如北京大学王岳川先生所言：

> 如果说，从古典解释学向一般解释学的转变，使文献考据问题从属于基本方法论问题，是一次哥白尼式的革命，那么，从一般解释学向本体解释学的转向，"使方法论问题从属于基本本体论"问题，则是"第二次哥白尼式的革命"。这一转变是由青年海德格尔在《存在与时间》中开始的。②

作为海德格尔的学生，伽达默尔继承了这一思想，进一步推进了本体论解释学。他在《真理与方法》第二版序言里明确指出，他的意图不是提供一种有关理解的技法，或一种有关解释的理论，而是追寻"理解"现象背后的本体论问题。也就是说，他关注的是理解的普遍本质，而不是理解的具体方法。他说：

> 理解文本和解释文本不仅是科学深为关切的事情，而且也显然属于人类的整个世界经验。诠释学现象本来就不是一个方法问题……③

在他看来，人生在世的全部经验都不可能摆脱理解与解释的性质。所以，理解不是一种借助方法的行为方式，而是关乎本体的存在方式——它具有突出的历史性和主观性。

所谓历史性，是指解释者对过去以及当下历史的参与，而这种参与是整个理解过程的中心环节。任何解释者都不可能把自己从其身处的历史情境中剥离出来，然后"设身处地"地去适应他人的情境，去理解他人的作品。海德格尔就指出，每一种解释——哪怕是科学的解释，都受到解释者当下情境的制约。为此，伽达默尔赋予"偏见"或"成见"（Vorurteil）以

---

① 朱立元主编：《当代西方文艺理论》，272页，上海，华东师范大学出版社，1997。
② 王岳川：《现象学与解释学文论》，196页，济南，山东教育出版社，1999。
③ 〔德〕伽达默尔：《真理与方法》，上卷，洪汉鼎译，17页，上海，上海译文出版社，1999。

积极的意味：

> 我们存在的历史性包含着从词义上所说的偏见，为我们整个经验的能力构造了最初的方向性。偏见就是我们对世界开放的倾向性。①

没有偏见，没有前理解，任何理解都不可能发生。承认偏见的存在与意义，也就等于承认理解活动的有限性和历史性。事实上，体现为历史与传统的过去并没有真的"过去"，它的作用绝不是仅仅提供作为解释对象的文本，相反，它在理解活动中具有一种真正的弥漫性和支配性力量。所以说：

> 不是历史隶属于我们，而是我们隶属于历史。早在我们通过反思理解自己之前，我们显然已经在我们生活的家庭、社会成见和国家中理解自己了……因此个人的成见远比他的判断更是他的存在历史现实。②

既然过去并未过去，既然它就在解释者当下的情境中起作用，而且构成解释者现在的视域，那么过去也就绝不仅仅是需要由解释者力图恢复或复写的僵死对象，而是伽达默尔所称的"效果历史"（Wirkungs geschichte/effective history），即对当前产生影响的鲜活历史。这种历史及其历史性，使得过去活生生地扩展到人们的当下情境，并使解释者与文本之间始终进行着一场永无止息的对话：

> 理解文本并不主要意味着回溯到过去的生活，而是在当前参与到文本所说的东西中去。这其实并不是人与人之间关系的问题——例如，读者和作者之间的关系（作者也许是完全不为读者所知的）——而是参加到文本与我们所作的交往之中的问题。③

---

① 〔德〕伽达默尔：《哲学解释学》，夏镇平等译，9页，上海，上海译文出版社，1994。
② 徐友渔等：《语言与哲学——当代英美与德法传统比较研究》，172页，北京，生活·读书·新知三联书店，1996。
③ 〔德〕伽达默尔：《哲学解释学》，夏镇平等译，"编者导言"，11页，上海，上海译文出版社，1994。

在这个过程中，根本不存在无前提、无偏见、无先人之见的解释，因为即使解释者能够使自己从这种或那种现实性中摆脱出来，他也不能使自己从自身的事实性中摆脱出来，不能从一种作为视域的、有限而暂时的本体论条件中摆脱出来，就像人们不能拔着自己的头发离开地面一样。所以，理解的一切过程早已本质地包含了理解者自己的当前情境——这就是理解的所谓主观性。

伽达默尔有关历史性和主观性的解释学思想，集中体现于他的一个著名论断——视域融合。在方法论解释学那里，理解的目的在于消除误解，以达到准确理解文本作者的原初意图。所以，正确的理解必须消除成见，也就是说，放弃自己的视域而进入他人的视域。而伽达默尔则认为，作为一种"前见"的成见乃是理解的必要前提，离开了它，解释活动就无法进行，文本的意义就无法显现。所以，理解只能在成见的基础上进行。如此说来，理解和解释就体现为自己的视域与文本的视域相互融合，通过融合而获得一种新的视域。这种融合，既像是对话，又像是游戏，生生不息，变动不居：

> 几乎不可能存在一种自在的当前视域，正如不可能有我必须获得的历史视域一样。毋宁说，理解活动总是这些被设定为在自身中存在的视域的融合过程……于是，新的视域和旧的视域不断地在活生生的价值中汇合在一起，这两者中的任何一个都不可能被明确地去除掉。①

视域融合不仅是历时性的，也是共时性的。在视域融合中，过去和现在、客体和主体、自我和他者的界限统统被打破，彼此形成统一的整体：

> 真正的历史对象根本就不是对象，而是自己和他者的统一体，或一种关系，在这种关系中同时存在着历史的实在以及历史理解的实在。一种名副其实的诠释学必须在理解本身中显示历史的实在性。因此我

---

① 〔德〕伽达默尔：《哲学解释学》，夏镇平等译，"编者导言"，9~10页，上海，上海译文出版社，1994。

就把所需要的这样一种东西称为"效果历史"（Wirkungsgeschichte）。理解按其本性乃是一种效果历史事件。[①]

显而易见，这种认识是对以往客观主义解释学的反拨。按照客观主义的看法，由于原作者和理解者之间的时空差距，理解往往带有不同程度的偏见和误解。为了准确理解文本的原意，理解者就必须放弃自己的历史性，客观地、设身处地地去理解他人及其文本。这里，他们承认文本的历史性和相对性，却未能承认解释者也如其对象一样具有历史性和相对性。而视域融合理论则认为，人们大可不必只认同文本的历史性，而不认同自己的历史性。事实上，人们不可能也没必要放弃自己的历史性，去适应他人的历史性。真正的理解，应该是一场马丁·布伯所说的"我与你"的精神对话或伽达默尔所说的视域融合：

> 具体地说，理解的过程是这样的：首先，在与文本相遇时，理解者已经拥有由他的成见所决定的视域，并从这视域出发对文本的意义有一种预期，而文本也有它自己的视域，这两个视域之间的差异和联系尚不为理解者所知；第二，理解过程一旦开始，由于两个视域之间必有的差异，彼此会出现一种紧张关系，这时理解者便力图把两者区别开来，筹划一个不同于他的视域的文本的视域；第三，当他这样做时，他仍是通过他的视域去区别和筹划文本的视域的，所以，在区别和筹划的同时，他已把他自己的视域融入他所获得的文本的视域中了，而这又意味着把他所获得的文本的视域融入他自己的视域中了。因此，理解的结果必是两个视域的融合，被理解的文本的意义必定为文本和理解者所共有，其间的界限事实上不可明确区分。而且，宏观地看，视域融合是一个无止境的循环过程。一方面，文本的视域向理解者开放着，它通过效果历史影响着理解者的成见和视域。另一方面，理解者的视域也向文本开放着，它把自己的理解加入进效果历史从而影响着文本的视域。在这个循环中，两者的视域不断融合和扩大，而这也

---

① 〔德〕伽达默尔：《真理与方法》，上卷，洪汉鼎译，384~385页，上海，上海译文出版社，1999。

就是文本的意义不断生成的过程。①

总之，把理解定义为一种"视域融合"，就使任何文本成为永无穷尽的意义源泉——就像海德格尔说的不断生成、不断流动，而不是僵死的研究对象。这样一来，理解与解释就不可能是封闭的、统一的、固定的，而是一个不断敞开、永远开放的过程。同时，理解与解释也不可能只是对文本的消极复制，而是一种你中有我、我中有你的积极的参与和创造。恰似《文心雕龙·知音》那段著名文字所示："慷慨者逆声而击节，酝籍者见密而高蹈，浮慧者观绮而跃心，爱奇者闻诡而惊听。"

三、符号论的语言与本体论的语言

伽达默尔对解释学的根本贡献，在于他把讨论的焦点从解释的技术和方法转移到视域融合的对话上来。对话自然离不开语言，《真理与方法》的第三部分着重阐述的就是语言在理解活动中的意义。

不过，伽达默尔所说的语言与客观解释学所说的语言大相径庭。如果说，在施莱尔马赫和狄尔泰那里，理解过程本质上被视为一种重建过程，因而语言也就成为代表隐藏在文本背后东西的代码；那么，在伽达默尔这里，语言就成为使过去和现在乃至未来得以相互渗透的媒介，而作为视域融合的理解本质上也就是一种语言学的过程。质言之，前者是一种符号论的语言，后者是一种本体论的语言。符号论的语言是把语言／符号视为事物的"代表"，而本体论的语言则把语言／符号视为事物的"本身"。

按照伽达默尔及其导师海德格尔的看法，根本没有一种超越特定语言而独立存在的"自在世界"，我们并非先同世界有一种超越语言的接触，然后才把这个世界带入语言。如果这样，实际上就是把语言贬到工具的地位，从而无法理解语言包罗万象、构造世界的重大意义：

语言根本不是一种器械或一种工具。因为工具的本性就在于我们

---

① 徐友渔等：《语言与哲学》，173~174页，北京，生活·读书·新知三联书店，1996。

能掌握对它的使用，这就是说，当我们要用它时可以把它拿出来，一旦完成它的使命又可以把它放在一边。但这和我们使用语言的词汇大不一样，虽说我们也是把已到了嘴边的词讲出来，一旦用过之后又把它们放回到由我们支配的储备之中。这种类比是错误的，因为我们永远不可能发现自己是与世界相对的意识，并在一种仿佛是没有语言的状况中拿起理解的工具。毋宁说，在所有关于自我的知识和关于外界的知识中我们总是早已被我们自己的语言包围。我们用学习讲话的方式长大成人，认识人类并最终认识我们自己。学着说话并不是指学着使用一种早已存在的工具去标明一个我们早已在某种程度上有所熟悉的世界；而只是指获得对世界本身的熟悉和了解，了解世界是如何同我们交往的。①

海德格尔在其名著《在通向语言的途中》，曾对诗人格奥尔格的一首题为《词语》的诗，进行了本体论意义上的阐释，而伽达默尔在其《真理与方法》的最后，也引了这首诗的结句——"词语破碎处，万物不复存。"他们实际上都主张词与物、存在与语言乃是一体的，我们对语言的拥有，或者说我们被语言所拥有，构成理解一切文本的本体论条件。用伽达默尔的话讲："能被理解的存在就是语言。"②

从工具的角度看语言，语言只能是中性的、客观的、空洞无物的；而从存在的角度看语言，其中就必然包含诸多感性的、主观的、生命的蕴涵：

> 每一种语言都负荷和蕴涵着种种价值、希望与偏见，只要说这种母语的本国人一听见某些词语，那些价值、希望和偏见就会不自觉地发挥其作用。Liberté、égalité、fraternité（自由、平等、博爱）负荷和蕴涵着其在说法语的法国人心中具有的全部强有力的效果和影响，正像"生命、自由、对幸福的追求"（《独立宣言》中的名句——引者注）能够在任何说英语的美国人心中唤起强烈的共鸣一样。③

---

① 〔德〕伽达默尔：《哲学解释学》，夏镇平等译，62页，上海，上海译文出版社，1994。
② 徐友渔等：《语言与哲学》，180页，北京，生活·读书·新知三联书店，1996。
③ 〔美〕特雷西：《诠释学·宗教·希望——多元性和含混性》，冯川译，107页，上海，上海三联书店，1998。

同理，类似"天下兴亡，匹夫有责""生当作人杰，死亦为鬼雄""达则兼济天下，穷则独善其身""先天下之忧而忧，后天下之乐而乐"等表述，包蕴的也是一个活生生的中华文明与精神世界。

这样的语言，即存在的而非工具的、充实的而非空洞的语言，正如保罗·利科所概括的："既非逻辑学家建立的正确语言，也不是语言分析描述的那种日常语言，宁可说它是类似前苏格拉底的关心基本问题的诗人和思想家的语言。"①而人们学习这样的语言——不管是外语还是方言，不仅是掌握一种交流工具，更是进入一个全新的生命世界。所以，我们不难理解：

> 解释学反思的普遍任务就是倾听语言并给予语言以各种可能性，即在传统向我们所说的中间所暗示但依然未说出的可能性。这个任务不仅是普遍的——哪里有语言哪里就有这个任务——而且它永远不可能完成。这就是我们有限性的标志。每一种历史情境都引出各种使世界进入语言的新的试图。每一种这样的试图都对传统作出贡献，而它又不可避免地承担着新的未被说出的可能性，这就推动着我们继续思维并构成了传统的彻底的创造性。正如海德格尔说过的，因此我们永远是"在语言的途中"。②

只有从这样的本体论语言而非工具论语言上，我们才能真正明了这一点。

第四节　重建文本的客观性

如果说伽达默尔的哲学解释学，是对此前所有古典解释学的一次革命性升华；那么，此后的各种当代解释学，则均为面对伽达默尔所做的一次次反应或反拨。虽然这些解释学表现出各自不同的理论旨趣和研究取向，

---

① 〔法〕保罗·利科主编：《哲学主要趋向》，李幼蒸译，382页，北京，商务印书馆，1988。
② 〔德〕伽达默尔：《哲学解释学》，夏镇平等译，"编者导言"，49页，上海，上海译文出版社，1994。

但它们似乎都体现了一种共同的追求，那就是在新的基础上重建文本的客观性。

如上所述，客观性本是古典解释学的标志，而伽达默尔在超越古典解释学之际不免走向另外一个极端——主观性。在他的视域融合理论里，就带有明显的主观主义甚至唯心主义倾向。他把理解和解释的重心从外在的客体移到内在的主体，从而，在强调理解的多样性时忽略客观的标准性，在强调读者的参与性时忽略作者的意向性，在强调解释的能动性时忽略文本的自主性，在强调解释学的本体性时忽略其间的方法性。总之，

> 解释学潮流内部对于伽达默尔的批评可归结为两点：一是他的反方法论立场；另一是他的主观主义倾向，即未能提出确定理解的有效性的客观标准。这两点实际上是联系在一起的。由于他不关心理解的方法论问题，所以他也就不关心实际可行的标准问题。一个人即使通晓了他的解释学理论，在面对一个具体文本时仍然可能不知所措。[①]

下面所谈当代解释学的三大家——赫希、利科和艾柯，就从不同方面显示了对伽达默尔解释学的反应或反拨。

一、赫　希

赫希（E.D.Hirsch，1928— ），美国当代文艺理论家和解释学家。他在1967年出版的《解释的有效性》一书里，全面批评了伽达默尔的解释学理论，同时阐述了自己的解释学思想。他的批评是从客观论上展开的：

> 他看到了伽达默尔过分强调解释者的"填空意义"，而又忽略作者原意的倾向，认为这将导致作者的作品在后世的阐释中，逐渐湮没了作者的本意，而使作品成为言人人殊或随意阐释的相对意义的产物。

[①] 徐友渔等：《语言与哲学》，174页，北京，生活·读书·新知三联书店，1996。

因此，他将正确性、有效性看作是文学批评家的头等重要的任务，从而在相对主义和批评家决定作品意义的时代，甚至在"作者已死"（罗兰·巴特）的时代，试图重新恢复作者作为文本意义决定者的地位。因而被人称为当代客观解释学的代表人物。①

赫希认为，伽达默尔解释学的问题主要在于取消了"解释的有效性"，而所谓有效性就是客观性。按照伽达默尔的看法，任何文本都对所有的理解与解释敞开，而任何理解与解释都有自己的合理性，不存在优劣高低之分，更不存在客观有效的惟一合法解释，这就无形中陷入了相对主义和怀疑主义。另外，既然文本的意义一方面有赖于生生不息变动不居的传统，另一方面有赖于解释者一次次的现时参与，这就无异于取消了有效解释的客观标准，从而陷入虚无主义和唯心主义。

那么，如何才能避免这种相对主义和唯心主义而使解释具有有效性和客观性呢？赫希认为，唯一正确的选择就是恢复被伽达默尔所取消的作者原意："我们应该尊重原意，将它视为最好的意义，即最合理的解释标准。"②也就是说，作者原意不仅是客观存在，而且是正确解释的惟一标准。所以，对文本的意义不管存在多少不同的解释，只有符合作者原意的解释才是有效的解释。看起来，赫希又回到古典解释学的客观主义立场：

（他）发展了一种对或然性意义进行"确证"的理论，这种解释学中的理论对应于经验科学中的"证实"理论。这样，在解释学和逻辑实证主义之间又重新建立了接触。③

不过，这已经不是也不可能是完全的复旧，而是经过否定之否定的过程后在新的高度上的回归。

为了捍卫作者的原意，赫希提出了两个关键的范畴——涵义和意义。涵义（Sinn），是包含在文本中的作者原意，它是固定不变的；意义

---

① 王岳川：《现象学与解释学文论》，249～250页，济南，山东教育出版社，1999。
② 王岳川：《现象学与解释学文论》，250页，济南，山东教育出版社，1999。
③〔法〕保罗·利科主编：《哲学主要趋向》，李幼蒸译，385页，北京，商务印书馆，1988。

（Bedeutung），是在历史性的理解和解释中所添加的新意，它是随着各种主客观条件的不同而变化的。用他的话来说：

> 一件文本具有特定的涵义，这特定的涵义就存在于作者用一系列符号系统所要表达的事物中，因此，这涵义也就能被符号所复现；而意义则是指涵义与某个人、某个系统、某个情境与某个完全任意的事物之间的关系……这种关系的一个固定的、不会变化的极点就是本文涵义。①

如此说来，衡量解释的有效性的标准，只能是客观的涵义即作者原意。然而，问题是我们如何才能确定作者原意呢？作者原意并没有直接呈现出来，当人们说"（在我看来／以我之见／我觉得……）作者原意是……"之际，其实那已经不是作者原意，而是对作者原意的理解和解释了：

> 赫希要寻找的可靠性的依据只能是作者的原意，而作者的原意又需要阐释者在阐释过程中去寻找。这种"解释学循环"，使赫希的客观性同样难逃阐释的"怪圈"。②

可见，赫希从寻求文本的客观性出发，最终还是落入诠释的主观性罗网。不过，赫希提出的问题，即"解释的有效性"依然存在。如果说理解和解释的依据既不在伽达默尔所说的视阈融合，也不在赫希所说的作者原意，那么究竟应该在什么地方呢？

二、利　科

保罗·利科（Paul Ricoeur，1913—2005），又译利科尔，是现象学和解释学的主要代表，曾任法国国际哲学学会主席。他所提出的"辩证的解释学"，对"海德格尔、伽达默尔的主观解释学立场和本体论解释学，提出了自己的批评，进而强调应恢复到某种程度的客观性立场，并只能由认识论

---

① 徐友渔等：《语言与哲学》，261页，北京，生活·读书·新知三联书店，1996。
② 王岳川：《现象学与解释学文论》，258页，济南，山东教育出版社，1999。

解释学,进入本体论解释学"①。

他的解释学理论,是同其语言哲学相联系的。在为联合国教科文组织主编的《哲学主要趋向》(1978年)里,利科对语言哲学和符号学作了高度的评价,视之为当代哲学的主要成就。不过,他认为索绪尔只关注符号之间的差异性,进而偏向纯粹形式化的方面,致使意义的本体论价值完全被忽略。换句话说,索绪尔在"语言"和"言语"的关系上,更看重的是那种显示为差异关系的"语言"而不是那种活生生的、蕴涵着生命意义的言语。后来,受其影响的结构主义,干脆彻底抛弃了语言的言语功能,只专注于语言的内在构成,结果使语义学和符号学分道扬镳。为此,利科主张恢复言语或他所谓"话语"的地位:

> 话语是个语言事件,它具有时间性,并携带信息,具有现实性。结构主义认为,话语转瞬即逝,语言结构的共时性永存。利科却认为,其实这种稳定的结构并不存在,只有信息载体能给语言以实在的存在,并能转译为其他语言,保持其涵义的同一性。②

在利科看来,话语的基本单位是句子而不是单个的符号。他把句子视为一个完整的事件(event),而事件则有自己的意义,用他的话来说:"话语是事件加意义。"③在事件与意义之间存在一种辩证关系:"言语是一个从私人经验到公共经验(事件)的过程,由心理转变为意向(the psychic into the noetic),转变为话语中的逻各斯。"④这个从私人经验到公共经验的过程,虽然是通过说出的言语和写下的文本而实现的,但文本所具有的一系列特征又使之有别于言语:

> 首先,在"说"的言语或文本中,说话者的意向和说出的话的意义常常是重叠的、同一的;而在"写"的言语或文本中,说话者的当下性不复存在,只有文本自身的意义,文本成为独立存在之物。

---

① 王岳川:《现象学与解释学文论》,232页,济南,山东教育出版社,1999。
② 徐友渔等:《语言与哲学》,201页,北京,生活·读书·新知三联书店,1996。
③ 徐友渔等:《语言与哲学》,202页,北京,生活·读书·新知三联书店,1996。
④ 徐友渔等:《语言与哲学》,203页,北京,生活·读书·新知三联书店,1996。

其次，在说的言语或文本中，听者是预先由对话的语境关系所决定的；而写的言语是面向求知的读者，潜在地面向任何能阅读的人。因此，文本同产生它的社会历史条件无关，人们对它可以有无限多样的阅读方式。然而，文本与它的读者又并非完全脱离，文本的意义和重要性是从文本与它的读者的辩证关系中派生出来的。

再次，文本不受直接指称的限制，因为文本没有口语指称那样明晰确定，它不指称一种既定的事实，而指称一种在解释过程中展开的可能性，使人可以从一个"既定世界"进入一个"可能世界"——文本世界。①

也就是说，文本一旦生成，就离开了作者以及作者的意图，离开写作的具体语境，成为一种自主的存在。此时，它不仅具有独立的地位，而且可以单独与读者对话，至于文本背后的作者则已无关紧要。对此，艾柯引述的一则故事颇堪回味：

> 书写的艺术在其最初被发明时是多么的奇妙，我们可以在新近发现的美洲人身上看到这种奇妙。这些美洲人惊奇地发现："人"可以与"书"进行交谈，甚至"纸"也会说话……
>
> 我下面要讲的故事是关于一位印第安仆人的；这位仆人受到主人的吩咐去送一篮无花果和一封信，但在半路上却将篮子里的东西吃掉一大半，将剩下的送到了该送到的那个人手中；这个人读了信，发现无花果的数目与信上所说的不符，于是就责问仆人为何将果子偷吃了，并且告诉了他信上是怎样说的。然而这位印第安仆人却矢口否认有这事（尽管证据确凿），并且不断诅咒那张"纸"，认为这张纸是在说谎。
>
> 之后不久，这位仆人又被支使送同样的东西到同一个地方——同样的一篮果子以及说出了果子确切数目的信。他又故伎重演，在路上吃掉了大部分果子；但这一次，为了防止受到上次同样的指责，他在吃果子之前首先将那封信拿出来藏到了一块大石头下面。他相信，如果这封信没有看到他吃果子的话，它就不可能出卖他。然而这一次他

---

① 王岳川：《现象学与解释学文论》，233~234页，济南，山东教育出版社，1999。

又失算了,他受到了比上一次更加严厉的指责;他不得不老实坦白自己的错误,对纸所具有的"神性"赞叹不已。从此以后,他在执行主人的命令时,再也不敢耍任何滑头了。①

这张纸所具有的神性,也就是文本的独立性。

利科的解释学理论,即建立在上述语言与文本的理论之上。按照他的理论,既然文本是一个独立的存在,那么就可以从诸多方面诠释文本的意义。不过,与伽达默尔相比,利科在注重解释与理解文本意义的多重性时,更强调其间的辩证性。就解释过程而言,他既不赞成我注六经的客观导向,也不同意六经注我的主观本位,而是希望保持一种辩证立场:

> "回到文本"就是重返施莱尔马赫和狄尔泰的基点,关注由文字固定下来的生命表达形式——文本。当然,利科也没有忘记伽达默尔对理解的历史性的重视,强调文本对人类存在历史性而言,是一个不断产生新意义的形式结构……理解和解释不在于要把我们有限的理解能力加在文本上,而是向文本敞开自己,从中接受一个扩展了的自我。当文本的客观性和独立性再次成为读者的一个话语事件时,解释活动方能完成。②

这里,利科尔提出了一个核心概念——"占有"(Aneignung)。它指的是:当文本的意义对任何读者敞开之际,每一次阅读都是一次重新解释,即读者对文本意义的重新占有或据为己有。我们只有通过这种方式,才能把握文本的意义:

> 阅读既是将意义据为己有,又是对文本对象的一种意义剥夺。据为己有与揭示意义之间的连接是解释学的基础,它改变着对象,也改变着自我。据为己有并不包含有一个心灵与另一个心灵之间的直接一致性,因为没有什么比与一个文本打交道更少主体之间的对话意味了。

---

① 〔意〕艾柯等:《诠释与过度诠释》,王宇根译,49~50页,北京,生活·读书·新知三联书店,1997。
② 王岳川:《现象学与解释学文论》,234~237页,济南,山东教育出版社,1999。

利科尔以此批判了伽达默尔的"视界融合"论,认为在这个"融合"过程中,文本的观念性仍然只具有中介成分。①

不过,占有或据为己有还是未能解决解释的客观标准问题。

三、艾　柯

艾柯(Umberto Eco,1932—2016),意大利作家、符号学家,有人甚至将他与皮尔士、索绪尔和格雷马斯并称为系统符号学的四大家。②他生于意大利的皮埃蒙特,毕业于都灵大学,曾在意大利国家电视网主持过文化节目。20世纪60年代中期,受法国结构主义影响,特别是罗兰·巴尔特《符号学原理》的激发,艾柯开始转向符号学研究,并取得引人瞩目的成果。1975年起,他一直主持世界上第一个符号学教席——意大利波洛尼亚大学符号学教席。另外,他还是一位多产的新闻作家,为意大利多家报刊撰写专栏文章。作为《玫瑰之名》的作者,他的声誉更是超出学界。这部出版于1980年的小说,一度畅销世界,广受赞誉。

20世纪60年代,艾柯曾经针对法国结构主义的文本意义自足论,提出"开放的文本"这一概念,认为文本的意义不仅有待于读者的解释,而且有待于多种的解释。但是后来,面对愈演愈烈的"过度诠释"(over interpretation),他又开始关注解释学的限度与客观标准问题。正如剑桥大学的柯里尼(Stefan Collini),在为艾柯等人的《诠释与过度诠释》一书写的导论里所言:

> 艾柯是六七十年代对读者在意义生成过程中的作用最热心、最具影响力的倡导者之一。然而,在其最近的著作中,艾柯却对当代批评思潮的某些极端的观念深表怀疑和忧虑,尤其是受德里达激发、自称为"解构主义者"的美国批评家们所采用的那一套批评方法……对他而言,这种批评方法无异于给读者无拘无束、天马行空地"阅读"文

---

① 王岳川:《现象学与解释学文论》,241页,济南,山东教育出版社,1999。
② 李幼蒸:《理论符号学导论》,12页,北京,社会科学文献出版社,1999。

本的权利。艾柯认为这是对"无限衍义"(unlimited semiosis)这一观念拙劣而荒谬的挪用……(他)对此提出异议,试图探讨对诠释的范围进行限定的方法,并希望借此能将某些诠释确认为"过度的诠释"(over interpretation)。①

所谓"无限衍义",是皮尔士关于符号的一个观念。1989年9月,艾柯在哈佛大学召开的"皮尔士国际学术研讨会"上曾就此发言,指出从"无限衍义"这一观念并不能得出诠释没有客观标准的结论,诠释并非像水流一样可以毫无约束的任意"蔓延"。他认为,过度诠释的心理根源,是那种古老的寻幽探奇的神秘主义倾向:面对大千世界,面对"作为世界的文本"和"作为文本的世界",人们总是不肯相信显而易见的东西,觉得它们唾手可得,与常识没有什么区别,所以要千方百计地揭开其神秘面纱,费尽心力地探询其深不可测的奥秘。对此,艾柯以不无调侃的语气写道:

> 为了能从文本中"打捞"出什么东西……读者必须具有这种怀疑精神:文本的一字一句都隐藏着另一个秘密的意义;是词而不是句子隐藏着那未说出的东西;读者的光荣使命在于发现,文本可以表达任何东西,但它就是不能表达作者想要表达的东西;只要有人声称发现了文本预设的意义,我们就敢肯定说,这并不是其真正的意义;真正的意义是更深一层更深一层更深一层的意义;那些为物质所束缚和奴役的生活的失败者正是那些停下来说"我懂了"的人。②

为了重建文本的客观性基础,使之免遭居无定所、在随心所欲的诠释与过度诠释中永恒延宕的厄运,艾柯提出了一个新的、富有挑战性的概念——"文本的意图"(intentio operis),以之作为理解和解释的标准。他认为,"文本的意图"在文本意义生成的过程中起着非常重要的作用;而作为意义之源,它既不受制于文本产生之前的"作者的意图"(intentio

---

① 〔意〕艾柯等:《诠释与过度诠释》,王宇根译,10页,北京,生活·读书·新知三联书店,1997。
② 〔意〕艾柯等:《诠释与过度诠释》,王宇根译,47~48页,北京,生活·读书·新知三联书店,1997。

auctoris），也不会对"读者的意图"（intentio lectoris）在解读文本上的自由发挥造成阻碍。

如此一来，他既与那种契合作者原意的客观解释学划清了界限，又与那种解读即误读的主观解释学拉开了距离。实际上，他希望一方面保持文本的开放及其生成，另一方面又为理解和解释确立一定的限度与标准，而这个限度与标准就是文本的意图。不过，为了矫枉过正，在文本的意图难以判明时，他宁肯采纳作者的意图而非读者的意图。他在《读者的意图》一文里写道：

> 你尽可以像瓦莱里那样宣称，"根本就不存在文本的原义这样的东西"，但你依旧无法断定诠释的无限性该取决于三种意图（作者所意识到的，作者所未曾意识到的，作者所明确断定的）中的哪一种。中世纪与文艺复兴时的犹太教神秘主义者认为，希伯来圣经《多拉》（*The Torah*）的诠释是无限的，因为它可以通过无限多的组合方式进行重写；然而，它的这种解读（以及写作的）无限性——显然有赖于读者的激发——却是那个神圣的作者所规定的。赋予读者以诠释的优先权并不必然意味着诠释的无限性。如果你认为读者有诠释的优先权，你同时必须考虑另一种可能性：一个活跃而固执的读者可能会认定只有他那一种解释才是合适的——原教旨主义者就认为他们有按照原义解释圣经的特权。[①]

总之，艾柯认为，文本的所有特质固然来自文本与读者之间的关系，由于这种关系千差万别，人们确实难以断定某一诠释是好是差；但是，为诠释设立某种公认的界限又确有必要，这样，凡是超过这一界限的诠释就可视为过度诠释。

本章对文本及其诠释问题，进行了粗略的考察。通过考察，我们对符号问题的认识越来越深入，我们发现诸如符号、文本、诠释、对话、交往、沟通等主题，原来竟是那么广泛那么深刻地制约着人类，影响着社会，甚至决定着客观存在——"现实既非外在也非内在，它是由文本（无

---

① 〔意〕艾柯等：《诠释与过度诠释》，王宇根译，163页，北京，生活·读书·新知三联书店，1997。

论是书还是世界）和正在追问的解释者两者之间的相互作用建构起来的"。①

联系传播研究，我们也越来越清楚地看到这么一个事实，即这里所探讨的问题包括前面几章的内容，都与传播学的批判学派及其研究存在着高度而密切的内在关联。实际上批判学派就是从上述人文学术传统中生发的分支，无论精神气质抑或思想追求，两者无不若合一契。具体说来，这种契合表现在三个方面：

首先，最突出的就是它们都对"意义"十分关注，具有鲜明的"终极关怀"（ultimate concern）。不管他们的理论如何千差万别，但说到底他们都试图为人生在世，为人类的种种行为包括传播行为提供形而上的价值标高。

其次，与上述倾向相联系，他们往往都与科学主义和实证主义拉开距离，甚至坚持批判性的立场。在他们看来，所谓中立、客观、准确云云不仅几无可能，而且实际上是以"物化"消解"文化"，以事实判断排斥价值判断，以工具理性取代价值理性，最终使人落入一种冷冰冰的、枯燥乏味的、了无情趣与诗意的生存境地。

最后，他们都对既定的现状充满疑虑、怀疑与反思之情，都对暗中操纵现状的那只"看不见的手"保持警惕、警觉与警醒，而他们的诸般努力可以说都是在力图将这只"手"暴露于光天化日，希望将人们从一种浑浑噩噩的状态里唤醒，从而实现人的全面而自由的发展。这种意识或意图，在下一章"话语与权势"里会看得更清楚。

---

① 〔美〕特雷西：《诠释学·宗教·希望——多元性和含混性》，冯川译，79页，上海，上海三联书店，1998。

第六章　话语与权力

在谈论文本的话题时，我们实际上已经接触到话语的问题。从符号学的视角看，文本与话语具有十分密切的关联，甚至被当作孪生概念。因为，它们其实都是由形形色色的符号所构成的言说，或者说都是广义的符号形态。只不过文本更体现为一种言说的结果，而话语更体现为一种言说的过程。比如，"全球化"这个言说，既是一种见仁见智的文本，又是一种越来越流行的话语。文本与话语的这种关系，恰似已成的"现代性"（modernity）与生成的"现代化"（modernization）。

作为言说的结果，静态的文本在敞向诠释之际，虽然也产生不容忽略的能动力量，形成伽达默尔所说的"效果历史"，如文天祥的"人生自古谁无死，留取丹心照汗青"始终激励着一代代的仁人志士。但是，作为言说的过程，动态的话语往往更具有"杀伐攻取"的现实力量，如汉语里所谓言出法随、众口铄金、指鹿为马、人微言轻等表述均属此类。所以，在符号学的视野里，文本的问题总是涉及诠释，而话语的问题则往往关乎权力——这里所说的权力不仅仅指政治权力，家长训诫子女的过程照样包含权力的意味。

本章即探讨话语及其权力背景。关于这方面的理论思索，几乎贯穿整个20世纪，而在这条思想线索上一般认为有这么几个关键的节点：其一是巴赫金的超语言学，其二是葛兰西的文化霸权论，其三是阿尔都塞的意识形态观，其四就是福柯的话语理论。

第一节　巴赫金：交往与对话

在西方所谓"话语理论"（Theories of Discourse）的生发过程中，巴赫金具有首屈一指的开创性意义，他的《马克思主义与语言哲学》（1929年），实为话语理论的开山之作。

一、生平与著述

在20世纪的思想家里，苏联的巴赫金不仅以其思想的睿智、见识的深遽及涉猎的广博而著称，同时也以其经历的坎坷、命途的多舛和身世的困顿而闻名。关于其博大精深的学问，曾流传着这样一个故事。一次，有个研究生与一位院士谈起巴赫金的学术地位，院士这样对比道：你现在是研究生，我是院士；如果我是研究生，那么巴赫金就是院士。① 这一对比，有似当年人们对陈寅恪的称道——"教授的教授"。至于巴赫金颠沛流离的际遇，则让人联想到历史上那些忍辱负重、受苦受难的圣徒。

米哈伊尔·米哈伊洛维奇·巴赫金（1895—1975），是位天才而全才的哲人，他在哲学、美学、诗学、语言学、符号学、历史学、人类学等诸多领域均别开生面。据说他从小就聪慧过人，掌握了法语、德语、拉丁语、丹麦语、意大利语等，十二三岁时已经阅读了德文原版的《纯粹理性批判》。1915年他转到彼得格勒大学历史语文系读书，十月革命后一度执教于维捷布斯克市师范学院和音乐学院，讲授文学、音乐美学和音乐史。1924年回到时已更名的列宁格勒：

> 在这期间，他的好友纷纷云聚周围，其中有文学与外国文学知识极为博学的蓬皮扬斯基，有音乐家、音乐理论家沃洛希诺夫，文艺理论家梅德维杰夫，钢琴演奏家尤金娜，生物学家卡纳耶夫等，他们常常聚在一起，听巴赫金开设的哲学、美学、文学讲座。②

这个以他为核心的文化沙龙，就是后人常说的"巴赫金小组"。按照巴赫金的说法，由于"不合法地讲授这种唯心主义课程"，他于1928年被捕。次年被判刑5年，发配哈萨克境内的库斯坦奈。刑满后，他四处流浪、游荡，1938年又因骨髓炎发作而截去一条腿，生活无着，穷愁潦倒。而正是在这种情况下，他完成了申请博士学位的论文，即《拉伯雷的创作和中世纪与文艺复兴时期的民间文化》。第二次世界大战结束后，巴赫金到萨兰斯克教育学院任教，直到1965年退休。1972年，经克格勃首脑安德罗波夫的干预，77岁的巴赫金才得以落户首都莫斯科。

在人们心目中，巴赫金恰似司马迁《报任安书》里所称的"倜傥非常

---

① 见钱中文为《巴赫金全集》写的"序"，第一卷，8页，石家庄，河北教育出版社，1998。
② 见钱中文为《巴赫金全集》写的"序"，第一卷，3页，石家庄，河北教育出版社，1998。

之人"。可惜,这样一位旷世奇才竟被埋没了30余年。他在20年代至40年代间,由于"意有所郁结,不得通其道"而写下的一系列充满睿智、富于洞见的文稿,在时势艰难、境遇不顺之际,不是以他人的名义出版,就是尘封幽室,长期不为人知。其中包括他的代表作《马克思主义与语言哲学》《陀思妥耶夫斯基诗学问题》《拉伯雷的创作和中世纪与文艺复兴时期的民间文化》《文本问题》《长篇小说话语》等。在这些"藏之名山,传之其人"的文稿里,他系统阐述了他的对话哲学、复调诗学、狂欢化理论、超语言学等。20世纪60年代后,随着这些文稿陆续问世,巴赫金才像重新发现的新大陆似的声名鹊起,扶摇直上,他的哲学、美学、语言学著作介绍到西方后更是好评如潮。特别是80年代以来,他的思想在国际学术界得到广泛传播,有两本学术杂志专门讨论他的学说,一是英国出版的《对话》,一是白俄罗斯出版的《对话、狂欢、时空体》。巴赫金这位饱经风霜的岩穴之士,穿过尘封的时空终于站到历史的地平线上,而他在许多方面的卓越建树也终于化为人类思想宝库中的珍藏。

巴赫金的学说虽然涉及广泛,但其基本思想则可以概括为交往与对话。不妨说他的哲学就是交往哲学,他的学说就是对话学说,正如钱中文先生所言:

> 巴赫金自称为"哲学家"。贯穿于其绝大部分著作的有一种精神,这就是交往、对话的哲学精神……对话思想在古希腊哲学中早就存在,在二十世纪初德国哲学中,对话思想已经逐渐流行开来,而且在后来发展起来的阐释理论中都广泛地涉及这一问题。巴赫金则对这一理论进行了独特的阐发,形成了对话主义理论,并且深入地渗入了今天的人文科学。[①]

在巴赫金看来,人、人的存在及其存在方式,都具有相互依存的对话性关系。所谓自我,只能存在于我与他人的交往中。自我不能离开他人,否则不能成其为自我。所以,任何个人都是在与他人的相互反映和相互接受中获得确认的,任何个体的存在都是以他人的存在为前提的。这一基本

[①] 见钱中文为《巴赫金全集》写的"序",第一卷,17~22页,石家庄,河北教育出版社,1998。

思想与存在主义的宗教哲学家马丁·布伯在其名著《我与你》里所阐发的思想可谓异曲同工,与美国社会学家C.H. 库利的"镜中我"(the looking-glass self)理论也是不谋而合。基于这一思想,对话自然成为人生在世的题中应有之义。巴赫金在《陀思妥耶夫斯基诗学问题》里写道:

> 存在就意味着进行对话的交往。对话结束之时,也是一切终结之日。因此,实际上对话不可能、也不应该结束……一切都是手段,对话才是目的。单一的声音,什么也结束不了,什么也解决不了。两个声音才是生命的最低条件,生存的最低条件……对话的基本公式是很简单的:表现为"我"与"别人"对立的人与人的对立。①

后来在《关于陀思妥耶夫斯基一书的修订》中,他又进一步阐发道:

> 生活就其本质说是对话的。生活意味着参与对话:提问、聆听、应答、赞同等等。人是整个地以其全部生活参与到这一对话之中,包括眼睛、嘴巴、双手、心灵、精神、整个躯体、行为。他以整个身心投入话语之中,这个话语则进到人类生活的对话网络里,参与到国际的研讨中。②

巴赫金这一思想,集中体现于他的"超语言学"(亦译"元语言学")——一种融会着交往精神、话语理论及符号意识的宏观语言学。

二、超语言学

1982年,纽约白银世纪出版社出版了署名为梅德维杰夫而实际是巴赫金的《文艺学中的形式主义方法》一书。在其"出版说明"里有段话:

> 米哈伊尔·米哈伊洛维奇·巴赫金的名字在全世界研究符号学的学者中间享有很高的声誉。这是因为,当代符号学的许多理论原理同巴赫金早期著作中表达的思想非常接近。在这些著作中他批判了诗语

---

① 钱中文主编:《巴赫金全集》,第五卷,340~341页,石家庄,河北教育出版社,1998。
② 钱中文主编:《巴赫金全集》,第五卷,387页,石家庄,河北教育出版社,1998。

研究会（诗歌语言研究会——引者注）有关"自在的语言"的学说，并把词看作是一种多方面的意识形态的符号。但是，词-符号并不是永远能够用作基本的涵义单位的。因此，巴赫金提出一种具有严整的硬性结构的话语来作为这样的单位。可见，这位学者感兴趣的并不是词这种语言单位的相互关系，而是表述这种意义单位的相互关系。①

这段看似艰涩而实则简要的文字，概括的就是巴赫金超语言学的要义与内涵。

在"巴赫金小组"出现前后，受索绪尔语言学影响而形成的俄国形式主义思潮盛行一时。其代表一是以雅各布森为主的"莫斯科语言学小组"（1915年成立），一是以什克洛夫斯基为主的"诗歌语言研究会"（1916年命名）。我们知道，索绪尔的基本理论是突出所谓"语言"及其系统结构，而忽略"言语"及其实际应用。他大致把语言置于一种共时性的静态情境中进行考察，从而排斥历时性的动态因素即社会的、历史的、交往情境等作用。在他的语言学思想里，重要的是井然有序的结构形式而不是纷繁驳杂的话语内容。用他那个有名的比喻来说，下棋的规则（"语言"）才是关键，至于一盘盘的棋局（"言语"）则无不受制于这个统一的规则。俄国形式主义秉承这一思想，并发展出一套形式主义的诗学或语言学。这套学说在凸显诗歌语言的形式功能时，也自觉不自觉地割裂了语言与社会交往的关系，结果使语言或符号纯粹成为构筑各种文本的材料。无怪乎巴赫金揶揄形式主义是"材料美学"。

巴赫金的超语言学就是在这一背景下提出的。他在《马克思主义与语言哲学》里②，分析并批判了当时语言学的两个完全相对的流派，即以洪堡开其端绪的"个人主义的主观主义"和以索绪尔及其"日内瓦学派"为代表的"抽象的客观主义"。相应于浪漫主义的个人主义，把语言归结为纯粹的心理作用，认为个人心理是语言发生的源泉，字词的意义都来自个人的

---

① 钱中文主编：《巴赫金全集》，第二卷，54页，石家庄，河北教育出版社，1998。
② 署名沃洛希诺夫。但现在人们根据大量事实基本认定，本书以及其他几部署别人名字的著作，事实上都出自巴赫金，在最好的情况下，巴赫金小组的成员可能参加了编辑工作。详见钱中文为《巴赫金全集》写的"序"，第一卷，9~14页，石家庄，河北教育出版社，1998。

主观理解与审美创造。而相应于唯理主义的客观主义，则把语言视为由规则一致的形式所构成的稳定体系，它先于个人意识并独立于个人意识而存在，字词的意义就隐含在这一封闭的、自给自足的符号体系内（如索绪尔的差异决定意义说），从而与意识形态没有任何关联，因此与历史也就没有任何关联："他们感兴趣的只是符号系统本身的内部逻辑，就像代数体系那样，完全独立于充斥符号的意识形态意义。"①这两派看似针锋相对，互不相容，但在割裂语言的交往功能上却又殊途同归：

> 前者（即个人主义的主观主义——引者注）阉割了语言社会性的交往功能，而后者（即抽象的客观主义——引者注）则把生动的语言概念化了，使之变成了抽象的概念系统。
> ……
> 传统的语言学要么把语言视为个人的心理现象，使内在符号完全心理学化，从而使话语失去了它本身具有的意识形态性，不能解释语言的交往的本质特征；要么把语言学当成一种抽象的概念体系，规则一致的形式体系，从而根本无法阐释无限丰富的活生生的言语现象，同样使之与语言的意识形态或生活的内容分离。②

巴赫金从语言的社会学立场出发，强调交往在语言中具有首屈一指的意义，而符号不过是交往的物化形态，意义既不在于主观心理，也不在于客观体系，而在于人们的相互对话及其具体语境之中，唯有对话才是语言的真正生命之所在：

> 语言只能存在于使用者之间的对话交际之中。对话交际才是语言的生命真正所在之处。语言的整个生命，不论是在哪一个运用领域里（日常生活、公事交往、科学、文艺等等），无不渗透着对话关系。不过语言学仅仅研究"语言"本身，研究语言普遍特有的逻辑；这里的语言，仅仅为对话提供了可能性。而对于对话关系本身，语言学却

---

① 钱中文主编：《巴赫金全集》，第二卷，402~403页，石家庄，河北教育出版社，1998。
② 见钱中文为《巴赫金全集》写的"序"，第一卷，28~31页，石家庄，河北教育出版社，1998。

向来是抛开不问的。这种对话关系存在于话语领域之中，因为话语就其本质来说便具有对话的性质。①

这一问题，即在交往对话中活生生的言说过程及其丰富多彩的社会历史蕴涵，远远超越了一般语言学那些相对独立、基本不受外在因素影响的研究范围，如音位学、语法学、句法学、词汇学、语态学等。为此，巴赫金提出了他的超语言学。什么是超语言学呢？按照巴赫金在《陀思妥耶夫斯基诗学问题》里的说法：

> 语言学从活的语言中排除掉的这些方面，对于我们的研究目的来说，恰好具有头等的意义……我们的分析，可以归之于超语言学……这里的超语言学，研究的是活的语言中超出语言学范围的那些方面（说它超出了语言学范围，是完全恰当的），而这种研究尚未形成特定的独立的学科……超语言学不是在语言体系中研究语言，也不是在脱离对话交际的"篇章"（Гекст）中研究语言；它恰恰是在这种对话交际之中，亦即在语言的真实生命之中来研究语言。②

超语言学的核心内容，就是话语问题。所谓话语，可以理解为生生不息的言说活动以及制约言说的潜在社会机制，如新闻以及决定新闻的新闻观。巴赫金称之为"表述"（英译Utterance），而表述既不属于个人心理，也不属于抽象体系，它是社会性的：

> 不同表述之间的对话关系（这种关系也渗进每个表述的内容），属于超语言学。这种对话关系从根本上说，不同于语言体系中以及单个表述中各个要素之间一切可能出现的语言学关系。
>
> ……
>
> 拿两个彼此一无所知的他人表述来对比，只要它们稍微涉及同一个主题（思想），彼此便不可避免地要进入对话关系。它们在共同主题、

---

① 钱中文主编：《巴赫金全集》，第五卷，242页，石家庄，河北教育出版社，1998。
② 钱中文主编：《巴赫金全集》，第五卷，239～269页，石家庄，河北教育出版社，1998。

同一思想的疆域内互相接触。①

具体说来，表述的范围小到一个独立的符号（如象征胜利的"V"）或单独一句话，大到一篇文章，一部作品（音乐、舞蹈、绘画、小说、雕塑、工艺品、建筑物、新闻报道、电影电视），甚至无形的舆论等。所有这些表述或话语都不是各说各话，各行其是，犹如天马行空，独往独来，而是处在交往与对话的社会历史网络之中。因而，它们无不充盈着社会情态和意识形态内容，无不具有事件性、指向性、意愿性、评价性，并渗透着"对话的泛音"：

> 与其说是话语的纯粹符号性在这一关系中重要，倒不如说是它的无所不在的社会性更重要。要知道，话语只有在人们的一切相互影响、相互交往中真正起作用：劳动协作、意识形态的交流、偶尔的生活交往、相互的政治关系等等。在话语里实现着渗透了社会交际的所有方面的无数意识形态的联系。显而易见，话语将是最敏感的社会变化的标志……②

一句话，任何表述或话语都不可能是中性的或中立的。

巴赫金的超语言学，在符号学领域可谓独树一帜，他正是以这种富有原创性的思想而开启了当今的话语理论。③正如赵一凡先生所概括的，超语言学主要：

> 着眼于语言在实际应用中不断变化的活的意义发生规律，此即话语研究范畴，或者说，是有关语言敏感于社会历史因素、并与之相互联系制约的规律。具体些说，这种超语言学观念突出的价值，在于它大胆超出索绪尔结构主义的局限，而巴赫金所说的"活语言"也是针对索氏的"死语言"研究而发。其主旨是：（一）索绪尔发现并尊崇

---

① 钱中文主编：《巴赫金全集》，第五卷，318页，石家庄，河北教育出版社，1998。
② 钱中文主编：《巴赫金全集》，第二卷，359页，石家庄，河北教育出版社，1998。
③ 围绕话语问题，《马克思主义与语言哲学》里用过三个概念，一是索绪尔意义上的"言语"；二是"表述"；三是"话语"。后者被西方人径直译作话语，分别对应着英、法、德文里的Discourse、Discours和Diskurs。

的抽象语言系统,虽有一定的科学性,毕竟只是一套理想语言模式,过于纯净和中立,因而是"死的"(该系统只能作为应用前提,却无人能拿它当话说);它一接触现实就会发生"泄露",因为语言本身无法免除历史、社会与个人因素的掺杂。(二)索绪尔将语言(Langue,即语言系统)置于言语(Parole,即语言应用)之上,强调前者对后者的决定性支配、制约作用。可在巴赫金看来,语言>言语这一公式是错误的,应当颠倒过来,把活的语言及其研究放在第一位;或者说,语言学家应当努力建立一门关于言语规律的语言学。[①]

总之,巴赫金的语言学和符号学理论,着重探究语言符号同意识、知识、权力、交往行为、交往关系及文明制度之间的勾连互动,其中尤为重要并意义重大的则是巴赫金所着力揭示的话语与意识形态问题。

三、话语与意识形态

话语与意识形态的关系,是话语理论的核心。在接触这一沉重的核心前,我们不妨先来看一段轻松的例子:

> 《红楼梦》里有一段"贾母请刘姥姥吃茄子"的生动对话,让我们用它来印证巴赫金的道理。文中贾母对刘姥姥道:"你们天天吃茄子,也尝尝我们的。"姥姥吃一口笑答,"别哄我了,茄子跑出这个味儿来,我们也不用种粮食,只种茄子了"。同样一个"茄子",对二老太通用,该是一样的意思;或依巴赫金之理,上述对话的语言正确性无误,看不出毛病。可随之而来的竟是满场哄笑——姥姥分明犯了某种"非语法"错误,陷入交流困境。后经凤姐解说那"茄子"的制法,姥姥才发现,这茄子绝非那茄子。其中的差异(不是索绪尔的符号差异,而是源于意识形态和行为方式的差异)犹如天壤之别……至此,我们已能看出,文中这些个茄子"符号",显然饱含巴赫金所说的"意识形态充盈物",而且都不是什么中立或纯净的死符号。它们相互纠缠、抗争,既沟通

[①] 赵一凡:《话语理论的诞生》,载《读书》,1993(8)。

又阻断对话交流，并经由不断的内在冲突，逐步指示并凸现了贾刘二人间的贫富、雅俗与贵贱不同。①

针对索绪尔以及结构主义的"系统结构符号论"，巴赫金提出了他的"意识形态符号论"。他认为，在符号及其实际应用中，起决定作用的不是非历史性、非社会性的系统结构，而是源于现实生活的"意识形态充盈物"（Ideological Impletion）。它一方面渗透到交往与对话的内容上，如表述什么、回答什么、肯定什么、反驳什么等无不受制于此；另一方面也体现在交往与对话的关系上，如贵族的沙龙、农民的集市、富人的酒宴、工人午饭时的闲谈等。所以，各种符号、各种话语、各种言说都与意识形态相互交织，不可剥离：

> 意识形态领域与符号领域相一致。哪里有符号，哪里就有意识形态。符号的意义属于整个意识形态……话语作为必不可少的成分，伴随着整个一般意识形态创作。话语伴随和评论着任何一种意识形态行为……话语的所有特点——就是它的纯符号性、意识形态的普遍适应性、生活交际的参与性、成为内部话语的功能性，以及最终作为任何一种意识形态行为的伴随现象的必然现存性，——所有这一切使得话语成为意识形态科学的基本研究客体。②

同样一句简单的话语如"我饿了"，在不同阶层、不同语境、不同关系下可能具有不同的意义，引发不同的感受，其原因并不在于语言符号本身而在于其间的意识形态充盈物。"实际上，我们任何时候都不是在说话和听话，而是在听真实或虚假、善良或丑恶、重要或不重要、接受或不接受等等。话语永远都充满着意识形态或生活的内容和意义。"③所以，各种话语纷纷攘攘的历史，其实就是各种意识形态折冲樽俎的历史，更进一步说就是各种社会阶级纵横捭阖争权夺利的历史。由此一来，巴赫金差不多揭示了后来福柯所厘清的那个内在于话语中的权力背景与权力关系。对此，《马克

---

① 赵一凡：《话语理论的诞生》，载《读书》，1993（8）。
② 钱中文主编：《巴赫金全集》，第二卷，350～357页，石家庄，河北教育出版社，1998。
③ 钱中文主编：《巴赫金全集》，第二卷，416页，石家庄，河北教育出版社，1998。

思主义与语言哲学》里有段话可谓一针见血触目惊心：

> 符号中反映的存在，不是简单的反映，而是符号的折射。意识形态符号中的对存在的这种折射是由什么决定的呢？
>
> 它是由一个符号集体内不同倾向的社会意见的争论所决定的，也就是阶级斗争……在每一种意识形态符号中都交织着不同倾向的重音符号。符号是阶级斗争的舞台。
>
> 意识形态符号的这种社会的多重音性是符号中非常重要的因素。其实正是由于重音符号的这种交织，符号才是活生生的、运动的，才能发展。一个符号被排除出紧张的社会斗争，仿佛站在阶级斗争的一旁，就必然会衰微，退化成一种寓意，成为语文学概念的客体，而不是活生生的社会意义符号。那些死去的意识形态符号不可能成为活生生的社会重音符号冲突的舞台，它们充满着人类的历史记忆。①

比如，"民可使由之，不可使知之"这类话语如今在一些民主操练成熟的国家早已退出了现实舞台，丧失了其"争权夺利"的能量，成为一种话语的木乃伊。同时，各种"民主"的话语开始取而代之，大行其道，而这种话语如果深究起来并不比"专制"的话语干净、单纯、透明、高尚，在杀伐攻取的名利场中并不比其他不民主的话语表现逊色。可见，任何话语都不可能像俄国形式主义的"材料"似的只是一堆无动于衷的符号组合，其中不可能不包含着特定社会及历史关系中的意向、倾向或指向，不可能不充斥着众声喧哗互相应答的杂音，从而不可能不体现着某种现实世界的欲望追求、利害关系或意识形态背景。这，也许就是巴赫金超语言学对话语理论的最大贡献和启发。

第二节　意识形态话语观

当"东方"的巴赫金在默默思索有关话语和意识形态之间勾连互动的

---

① 钱中文主编：《巴赫金全集》，第二卷，365页，石家庄，河北教育出版社，1998。

关系时,"西方马克思主义"对此也在苦苦深究。这一脉的思想源流,从葛兰西的文化霸权理论延展到阿尔都塞的意识形态学说,形成话语理论中别具一格的思想传统。

一、葛兰西的文化霸权

在关于话语与意识形态的学说中,葛兰西的文化霸权理论具有突出的地位,加之葛兰西本人的身份及影响,此说更是广为流行,成为如今人们经常探讨的一个经典理论,对20世纪以来的学术思想包括传播学(特别是其中的批判学派)均有显著的贡献。

1."西马"鼻祖

葛兰西的名字,是同西方马克思主义联系在一起的。那么,什么是西方马克思主义呢?西方马克思主义,又称新马克思主义,我们简称"西马"。顾名思义,西方马克思主义是马克思主义的一种衍化形态或发展类型。一般认为,马克思主义迄今为止已经大致经历三个大的发展阶段。第一阶段自然是马克思、恩格斯时期,亦即马克思主义创立时期。这一时期,为了创立自己的学说,尽管马克思以其宏大的气魄吸收了德国古典哲学与法国空想社会主义等思想养料,但为了纠正长期以来的唯心主义的偏见,确立唯物主义的坚实基础,不得不把理论重心放到现存的物质领域,即资产阶级国民经济学及其批判方面,并由此出发来解释人们的精神活动。正如马克思恩格斯在《德意志意识形态》里那段经典文字所言:

> 一个阶级是社会上占统治地位的物质力量,同时也是社会上占统治地位的精神力量。支配着物质生产资料的阶级,同时也支配着精神生产资料,因此,那些没有精神生产资料的人的思想,一般地是隶属于这个阶级的。占统治地位的思想不过是占统治地位的物质关系在观念上的表现,不过是以思想的形式表现出来的占统治地位的物质关系;因而,这就是那些使某一个阶级成为统治阶级的关系在观念上的表现,

因而这也就是这个阶级的统治的思想。①

唯其如此,第一代马克思主义者都更多地强调经济的首要地位,并把它当作人类精神活动的最终基础和根源。因而,第一代马克思主义者几乎都首先是一位经济学家。第二阶段是列宁主义时期,其显著标志是俄国革命。面临十月革命和革命胜利后保卫无产阶级政权的现实任务,列宁主义把政治革命、阶级专政与国家、建党学说当作自己的核心课题,因而与第一代马克思主义者不同,在上层建筑领域中把政治提到极为重要的位置。"政治是经济的集中表现",列宁这句名言凸显了列宁主义的重要特点。基于这一特点,上层建筑领域的其他方面都被不同程度地纳入政治第一的框架。第三阶段从第二次世界大战前后到现在,在这一阶段,马克思主义阵营产生极大的分化,大致分为两大阵营:东方社会主义阵营和"西方马克思主义"。前者主要探讨适合本国实际的社会主义发展道路,而后者面对晚期资本主义或后现代社会的种种症候,主要从理论上探索马克思主义的新发展,或者对马克思主义作出合乎时代特征的解释。与前一阶段的马克思主义相比,西方马克思主义把理论重心移到上层建筑的各个领域,诸如心理、文化、艺术等精神领域,并把它们视为一个"整体",认为支撑现代社会的既非经济也非政治,而是文化的辩证运动,从而把思考的枢机转向总体的人类文化。②

西方马克思主义的中坚自然是人所熟知的法兰克福学派,而其创始人更是两位赫赫有名的无产阶级革命家和思想家:一位是匈牙利共产党的创始人卢卡奇(1885—1971),他的《历史和阶级意识》(1923年)向被视为西方马克思主义的"圣经";一位就是意大利共产党的创始人葛兰西(1891—1937),他的《狱中札记》(1947年)也是久负盛名的西马经典。

如同卢卡奇的思想深受德国思想家韦伯的影响一样,葛兰西的精神颇得意大利哲学家克罗齐的浸染。就在中国共产党诞生的同一年,葛兰西参

---

① 中共中央编译局:《马克思恩格斯文集》,第一卷,550~551页,北京,人民出版社,2009。
② 参见吴康先生为《法兰克福学派的宗师——阿道尔诺》所写的"译者前言"。其中,对此有一段言简意赅的全景式概述,既清晰地勾勒了西方马克思主义的来龙去脉,又准确地概括了它的思想特征。本节文字即源出于此。

与创建了意大利共产党。1922年,他开始在莫斯科等地为共产国际工作,1924年,选入意大利议会,1926年,被意大利法西斯警察逮捕,从此一直监禁在狱中,长达11年,直到1937年由于身体的极度虚弱,加之国内外的多方压力,葛兰西才获得释放。然而,出狱一周,他即溘然长逝。

在艰苦的铁窗生涯期间,葛兰西以顽强的毅力,克服种种困难,就许多历史、现实及哲学问题进行了深入的思考,并把这些思考写在笔记本上,累计34本。另外,他还写下大量的书信。后人根据这些多达3千页的文稿、笔记和书信,编辑出版了葛兰西的两部传世之作——《狱中札记》和《狱中书简》。这番传奇式的经历及其成就,在现代历史上也许只有法国年鉴学派的布罗代尔可以相提并论——他在纳粹的战俘营中完成其博士论文,即同样震撼学界的《菲利普二世时代的地中海和地中海世界》。

《狱中札记》写成于1929—1935年,其中提出一系列意义重大的命题,像"霸权"或称"文化领导权""有机知识分子""市民社会""阵地战"等。其中,最有名的就是所谓文化领导权理论。

2. "领导权"理论

葛兰西的"领导权"理论,同其"市民社会"的论述既相互关联,又同出一路,即旨在探询一条适合于在西方发达资本主义国家从事社会主义革命的道路和策略。众所周知,按照马克思主义的经典理论,上层建筑包括政治制度和相应的意识形态两层内容。十月革命的成功经验是首先夺取国家政权,进而在旧的国家机器上建立无产阶级政权。而葛兰西根据意共和法共的失败教训发现,东西方的革命战略应该有所不同,因为:

> 西方工业化国家拥有成熟的议会制度与发育完全的市民社会(这两者在东方国家都较原始),因此,现代西方国家能以"强制和自愿相结合"的软硬两手,"正常地"行使领导权。在这里,"国家等于政治社会加市民社会";或者说,国家机器只是"外围堑壕",背后有一个由市民社会的"堡垒和土木工事构成的强大纵深体系";为此,西方共

运不可冒险强攻,而应坚持艰苦的阵地战,伺机赢得领导权。①

这就是葛兰西流传甚广的市民社会说。这个学说等于把资本主义的国家制度一分为二——用《狱中札记》中的表述来说:"一个可称作'市民社会',即通常称作'私人的'组织的总和,另一个是'政治社会'或'国家'。"②这里,所谓国家已不仅仅只是统治阶级借以强制人民服从的政权组织,它还包括一个作为强大后盾的"市民社会"。这个扩展的国家概念,是葛兰西革命理论的核心和基础。在他看来,西方的发达资本主义国家属于"总体国家",它一方面具有坚实的前沿阵地——官方的、硬性的政治社会(political society),另一方面还具有广阔的纵深防御——民间的、软性的市民社会(civil society):

> 前者由政府、军队、警察、法律等国家机器构成,后者包括教会、行会、社区、学校等不受国家支配的相对自主的社会体制。如果说国家机器代表前沿阵地,市民社会就代表防御纵深。市民社会越发达,国家就越稳定。③

所以,革命的任务不仅在于占领资本主义国家的前沿阵地即国家政权,更重要的还在于瓦解其纵深防御即市民社会。而就是在市民社会这里,人们不得不面对资产阶级根深蒂固的文化领导权。

"领导权"(hegemony),旧译"霸权",是葛兰西思想体系中的关键词,也是他对马克思主义的独特贡献之一。所谓领导权或文化领导权,实际就是意识形态方面的控制权,它无所不在,但又似乎无迹可求,类似于文化的作用或中国古代所说的"王道",而"王道"恰与"霸道"相对。美国学者罗伯特·戈尔曼在《"新马克思主义"传记辞典》里就"葛兰西"词条写道:

> 在葛兰西看来,每一种占统治地位的文化都是在它所面对的群体的常识态度和行为中确立自身。换句话说,文化生活在人的实践中,

---

① 赵一凡:《阿尔都塞与话语理论》,载《读书》,1994(2)。
② 〔意〕安东尼奥·葛兰西:《狱中札记》,曹雷雨等译,7页,北京,中国社会科学出版社,2000。
③ 陈燕谷:《Hegemony(霸权/领导权)》,载《读书》,1995(2)。

它表达了人类的信仰。它通过对人们的思想行使"领导权"或控制而存在。例如,资本主义通过资产阶级对文化制度的大规模网络——学校、教会、政党、报纸、传播媒介和民间社团——的控制和操纵而繁荣和发展。这个文化网络不断地宣传支持现存生产方式的文化观念。在西欧,要想取得革命运动的胜利,就必须通过长期的和复杂的"阵地战"来反对资产阶级的领导权。①

意识形态的控制权问题,是各种对资本主义深恶痛绝的批判学者,包括传播学的批判学派共同关心的热门课题之一,而葛兰西的领导权思想自然成为人们关注的焦点和习用的武器。

葛兰西在总结西方国家的无产阶级革命运动后认为,十月革命之所以获得成功,原因就在于俄国主要还是个政治社会,而市民社会尚未发育成熟,还处于原始低下的水平,于是,一旦夺取政权就算大功告成。相反,西欧国家的统治则稳固得多,因为,在这里已经发展出高度发达和结构复杂的市民社会,资产阶级不仅掌握着生产资料和国家机器,而且通过市民社会在全社会确立起自身在"道德和哲学上的领导地位"。借用陈燕谷先生在梳理霸权／领导权这一术语的涵义时所作的精当概括:

> 社会中的大多数居民不仅通过选举承认资产阶级国家政权的合法性,而且相信资产阶级认知方式和生活方式是惟一正常的(normal)和自然的(natural)方式。这表明资产阶级意识形态不再被视为资产阶级的阶级利益的褊狭的表述,而是成为得到普遍认同的普遍价值和人类文明。无产阶级面对的不单是强大的国家机器,而且还有持敌对态度的"广大群众"。②

对此,进行武装夺取政权的暴力革命显然无济于事,而只能采取葛兰西所谓的阵地战(war of position),即在市民社会层面上逐步夺取文化领导权,在意识形态领域颠覆资本主义永世长存的神话。因此,这首先是一次

---

① 〔美〕罗伯特·戈尔曼:《"新马克思主义"传记辞典》,赵培杰等译,360~361页,重庆,重庆出版社,1990。
② 陈燕谷:《Hegemony(霸权／领导权)》,载《读书》,1995(2)。

文化革命,"一次细致梳理语言,常识,迷信和感知方式的革命"①。在这一漫长的过程中,革命的知识分子即葛兰西所谓"有机知识分子"将发挥极端重要的作用。因为,按照戈尔曼对此所作的阐发:

> 革命的知识分子使现时代的文化失去其神秘性,同时向群众说明,资产阶级的语词和符号是如何代表着统治我们历史集团的一小撮资产阶级的利益……通过控制和操纵普遍接受的语词、符号和情感,知识分子反映着工人生活主观的一面,同时在工人阶级意识中牢固地确立起对生活的批判态度。用葛兰西的术语说,他们是从真正的劳动人民的客观需要中产生并反映着这些客观需要的"有机的"知识分子。②

这样看来,领导权的译法确比霸权的译法更加贴近hegemony的本义。说到霸权,往往使人联想到武力、强迫、专制、暴烈等内容,而领导权则更近于约瑟夫·奈提出的"软实力"(soft power)。陈燕谷先生归纳得好:

> 领导权的运作排除了暴力的和强制性的措施,它是通过社会中大多数人自愿的认可赞同(consent)而实现的。就这个意义而言,它倒是有些类似于中国古代思想中的"王",即孔子所谓"远人不服,则修文德以来之"。可以说,领导权比霸权更深入地触及社会结构与文化生产的复杂隐秘的机制。③

葛兰西的文化领导权思想不仅属于马克思主义理论的一大发展,从而为无产阶级革命和社会主义事业留下了一笔珍贵的精神遗产,而且更以其思想洞察和理论创建为认识世界和改变世界提供了新的视角和方法。北京大学中文系教授韩毓海就借用这一理论,探讨了中国革命与文化领导权问题:

---

① 陈燕谷:《Hegemony(霸权/领导权)》,载《读书》,1995(2)。
② 〔美〕罗伯特·戈尔曼:《"新马克思主义"传记辞典》,赵培杰等译,362页,重庆,重庆出版社,1990。有学者将葛兰西心目中的"有机知识分子",归结为五个方面的有机统一:一是理论和实践的有机统一;二是人民利益和自身情感的有机统一;三是思考问题和解决问题的有机统一;四是代言者和批判者的有机统一;五是领导者和被领导者的有机统一。参见黄卫星等《葛兰西与毛泽东"文化领导权"思想比较》,载《清华大学学报》2012年第3期(第27卷)。
③ 陈燕谷:《Hegemony(霸权/领导权)》,载《读书》,1995(2)。

一切"现代"政治都不能不是"文化政治",一切"现代"统治都不能不是文化统治,具体而言,现代政治合法性的来源,是由启蒙运动和法国革命、美国革命、俄国革命,特别是中国革命所追求和诉诸的文化价值体系奠定的,并以此区别于传统政治的合法性(血亲的、天授的、宗教的和武力的)。因此,现代政治斗争的关键方式就是争夺"文化领导权"。①

就此而言,可以举两个典型事例,一个成功而一个失败。成功的例子是中国社会科学院外国文学研究所研究员程巍先生,在其博士学位论文《六十年代》集中论述的话题:欧美资产阶级虽然早已取得政治领导权和经济领导权,但直到20世纪60年代才夺得文化领导权,从此资产阶级才真正获得话语权以及对一切生活意义和社会历史的解释权,从而使资本主义最终具有政治上的正当性与道德上的合法性。这里一个明显而足以说明问题的变化就涉及语言符号,之前一系列引发"剥削""压迫""革命"等话语逐渐被所谓"价值中立"的一整套话语所替代。比如,以"代理"替代"买办",以"蓝领"替代"工人阶级",以"全球化"替代"西方化""殖民化",以"劳动密集型企业"替代"血汗工厂",以"西方民主社会"替代"西方资本主义社会",等等。再以程巍分析的"中产阶级"和"资产阶级"这对术语为例:

> 本来,"中产阶级"(middle class)和"资产阶级"(bourgeois)是同时出现的词,是英国贵族和法国贵族对新崛起的市民阶层的命名,与德语中的"市民阶级"(Bürgertum)同义,当初都有贬义色彩。它们在法语和英语中分别还有一个更带讽刺意味的同义词——"nouveaux riches"和"newly rich"("暴发户",又译作"新贵")。
>
> ……
>
> 但60年代运动后,"资产阶级"和"中产阶级"却成了两个词:前者被认为是一个左派政治术语,是一个历史词汇,由于它已经渗透

---

① 韩毓海:《"漫长的革命"——毛泽东与文化领导权问题》,载《文艺理论与批评》,2008(1、2)。

了左派意识形态、历史罪恶和历史联想,因此实际上被"价值中立"的新社会学废止了,免得它激发政治意识。60年代之后,我们难得再看见这个词,除非是在历史的意义上。另一方面,"中产阶级"这个词却流行开来,变成了一个中性词,后来就越来越获得了一种褒义。……如今,有谁会认为做一个"中产阶级"是一件在道德上有愧疚感、在美学上有自卑感的事?

新社会学对资产阶级的重新命名获得了巨大的成功,甚至连左派情感浓厚的第三世界也接受了这种说法,以西方的中产阶级来指代本国的新富阶层(尽管它只占总人口少部分),仿佛只要中产阶级在本国人口中达到一定比例,民主政治就获得了坚定的未来保证。对中产阶级的这种期待,使本来一身铜臭的资产阶级变得和鸽子一样纯洁……①

失败的例子以苏联解体为典型。苏联解体固然离不开显见的内政外交问题,同时更与潜在的文化领导权问题密不可分,苏联这一历史经验既从反面印证了葛兰西的文化领导权思想——文化领导权的丧失迟早必然导致政治领导权的丧失,也为中国提供了十分深刻的启示与教训:

> 在苏联,文化领导权也经历了一种微妙的转移,从苏联官方意识形态家手中旁落到了反苏联的苏联知识分子和西方意识形态家的手中。一旦文化领导权旁落,那苏联意识形态家的任何表述,即便是如实的表述,都被当作谎言,而反苏联的人士的任何言论,即便是不实之辞,都被看作真理。②

总之,葛兰西的文化领导权思想在思考革命理论与实践之际,也从新的角度探讨了话语问题,从新的高度透视了话语背景,从新的尺度衡量了话语功能。他的这些思想,对后人的启发与借鉴意义是不言而喻的。其中,最突出的就是阿尔都塞的意识形态观。

---

① 程巍:《中产阶级的孩子们:60年代与文化领导权》,261~264页,北京,生活·读书·新知三联书店,2006。
② 程巍:《中产阶级的孩子们:60年代与文化领导权》,456页,北京,生活·读书·新知三联书店,2006。

二、阿尔都塞的意识形态观

关于阿尔都塞其人其说尤其是他的符号思想，我们在第三章谈结构主义时曾有所论及。由于结构主义与符号学的关系非常密切，而阿尔都塞又以"结构主义的马克思主义"著称，故当时对其相关思想作了阐述。现在我们则就话语与意识形态问题，再对他的意识形态观进行阐述。

1."利萨司"与"意萨司"

阿尔都塞是位悲剧性人物——"西马历史上自卢卡契、葛兰西之后最具独创性的一个悲壮角色"[①]。他在巴黎高师读书时就是进步青年，"二战"中被德军俘虏，在纳粹集中营里囚禁了4年，成为坚定的革命家。1948年，加入法国共产党。中苏论战，他同情中国，决意澄清"遭到苏共庸俗化的"马克思主义原理，以"科学"复兴马列，使之适应发达资本主义社会的革命需要。可惜随着西方共运受挫和来自左右两边的严厉抨击，他的精神渐趋颓唐、抑郁、沮丧。1978年在发表《马克思主义是"有限的"理论》一文后，他实际上也就放弃了《保卫马克思》和《阅读〈资本论〉》两部名作里的立场。1980年，在一次精神狂乱中，他误杀了妻子，从此住进疯人院，结束了自己的学术生命，直至驾鹤仙逝：

> 1990年10月22日，法国哲学家阿尔都塞（Louis Althusser）在巴黎故去。25日葬礼上，德里达发表悼词说：1956年阿尔都塞向校长推荐一名高才生，担任哲学助教。那个幸运儿就是德里达。[②]

按照阿尔都塞的结构主义理论，任何文本都有双重结构。一是表面的文字结构，即"可见的话语"，如词语、概念、句子及其相互之间的联系等。二是深层的无言结构，即"不可见的话语"，它们往往体现为文本中的各种"症候"，如沉默、遗漏、空隙等。为此，他提出了一种解读文本的方法——"依据症候的阅读"。这种方法旨在发掘文本深处隐含的、甚至连作

[①] 赵一凡：《阿尔都塞与话语理论》，载《读书》，1994（2）。
[②] 赵一凡：《西方文论讲稿续编：从卢卡奇到萨义德》，539页，北京，生活·读书·新知三联书店，2009。

者本人都未必意识的东西，从其无意识的深处拖出"问题框架"。所谓问题框架其实就是结构主义信奉的系统或结构，而它的来源即在阿尔都塞所说的意识形态。

有关意识形态的论述，是阿尔都塞学说的精华。1969年，他曾写过一部凌乱的手稿，题为《上层建筑论》(*De la Superstructure*)。后来，他从中抽出部分内容，经过反复修改，形成一篇重头文章《意识形态与意识形态国家机器》，1970年刊发在法共的理论刊物《思想》，一时引起广泛争鸣，并对话语理论产生"关键性的影响"[①]。

阿尔都塞的意识形态观，直接受益于葛兰西关于政治社会与市民社会的理论。他认为，现代资本主义国家包括两个部分，一是强制性的国家机器（repressive state apparatuses），赵一凡先生译为利萨司（RSAs）；一是意识形态国家机器（ideological state apparatuses），赵一凡先生译为意萨司（ISAs）：

> 利萨司明指政府、军警、法庭等官方机构；而意萨司涉及宗教、教育、家庭、工会、文化设施等民间组织。两类机器功用不尽相同，但又相互补足：利萨司权力集中，统管公共事物；而意萨司属私有领域的半自治组织，容许矛盾纷争，又是意识形态激烈争夺之地。"任何阶级如不能对它实现有效控制，就无法长久掌握国家机器。"[②]

作为看不见的国家机器，阿尔都塞的意萨司直接源于葛兰西的市民社会，其主要功能就在于用"润物细无声"的方式，通过日常生活点点滴滴的浸润，型塑人们对资本主义秩序的自愿服从，从而确保资本主义体系的稳定与延续。

具体说来，一种社会形态的持续取决于生产条件的再生产（马克思1868年7月11日致库格曼的信）。在阿尔都塞看来，它既包括马克思所明言的生产工具和生产力的补充和改进，也涵盖他所发挥的生产关系的再生产。比如，资本家向工人提供最低工资，以维持其生活及抚养子女，这是

[①] 赵一凡：《阿尔都塞与话语理论》，载《读书》，1994(2)。
[②] 赵一凡：《阿尔都塞与话语理论》，载《读书》，1994(2)。

生产力的再生产。另外，现代资本主义不仅需要具备劳动能力的工人，而且需要他们具备符合大工业管理标准的素质，包括"技术、知识、行为准则和道德规范"，即训练工人对"资本主义生产秩序的服从"，此即生产关系的再生产。而这种再生产不是在工作中获得的，而是在生产领域之外，通过家庭、学校、教会、社区以及传播媒介等获得的。正是在这里，意识形态的功用凸显出来。阿尔都塞说："正是在此意识形态支配形式下，劳动力的技术再生产受到预定。"①

那么，到底什么是意识形态呢？阿尔都塞给出了一个定义：意识形态是个人与其生存的真实条件的想象关系的再现。它是一种想象机制，既具有再现功能，又具有物质形式，所以，它是人类个体与其生存条件之间真实关系和想象关系的统一。为此，他提出了"意识形态／主体说"：意识形态一方面只归个人所有，服务于大写主体即能动自我（Subject）；另一方面，它又对每个人发挥塑造作用，使之成为小写主体即听命于意识形态宰制的被动自我（subject）。由此可见：

> 西方人所谓的主体，不过是意识形态赋予他们以一种"自我中心"的幻觉。大写主体（Subject）的主观意识，反过来恰恰是它被意识形态主宰的现实，即小写subject，意为"受支配或被征服者"。②

而这种主体的主体化（Subjectification），不管是作为过程还是作为命题，都是话语理论的关键所在。

阿尔都塞意识形态观的缺陷显而易见——"依阿氏所言，西方国家就好比一台庞大的精密机器，资本主义意识形态统治天网恢恢，以致所有人一出娘胎，就落入意萨司自动化再生产程序之下，分门别类，惨遭修理，无一难免——既然如此，还有什么革命希望？依英国左派史家P.安德森所评，此论集'悲观与偏激'于一身，乃西马理论的通病。"③然而，同样有目共睹的是，他对意识形态问题的思考，决定性地扭转了人们一向视为理所

---

① 赵一凡：《阿尔都塞与话语理论》，载《读书》，1994（2）。
② 赵一凡：《阿尔都塞与话语理论》，载《读书》，1994（2）。
③ 赵一凡：《福柯的话语理论》，载《读书》，1994（5）。

当然的思维定势,根本性地动摇了西方人文主义的宏伟理念,正如英国新马克思主义文论家伊格尔顿所指出的,从此人们的思维习惯便由以往"依据观念去选择字词"而改为"针对字词来考察观念"。同时,他的意识形态观,也为后来的话语理论提供了理论框架和关键线索,从而成为话语理论生成中的一座里程碑。根据赵一凡先生在其《阿尔都塞与话语理论》一文里的分析,20世纪70年代后,受其影响,西方话语研究大致出现三个走向:一是拜肖等人的意识形态话语分析,二是以福柯为首的知识／权力研究,三是布迪埃的语言行为实践论①。

2. 米歇尔·拜肖(Michel Pcheux)

拜肖是阿尔都塞的学生,在《意识形态与意识形态国家机器》一文的启发下,他于1975年出版了《语言、语义学与意识形态》一书,对话语与意识形态问题进行了具体深入研究,提出了颇具新意的话语理论。

拜肖把话语理论等同于语义政治学。按照拜肖的看法,语义学(semantics)虽属语言学的分支,但并不自封于语言学,而是语言学与其他学科相互交叉的突出部。传统语义学要么把意义归结为符号本身,要么把意义归结为主观解释。拜肖指出,语义学问题不能在非历史、非社会的语言系统中寻求答案,它只能取决于非语言系统的社会历史因素。换言之,非语言系统包围着语言系统,从而限定、调节或改变语言的实际意义。比如,在现代社会中,再生产的物质条件规定了民族语言的同一性与隔离性:一方面,标准化的生产模式和一律化的生活方式,要求统一的语言,以保障交流活动的畅通;另一方面,精细的社会分工又把人们割裂成难以沟通的群体。结果,语言不仅成为传播的媒介,同时也成为传播的障碍。

他认为话语不同于个人的具体表达,如索绪尔所说的"言语",而是语言符号在一定历史条件下的群体表达形式。因此,话语没有单独的作者,它只是一套隐匿在人们意识之下,暗中支配着人们的言语、思想及行为方式的潜在逻辑与潜在机制。它不仅制约着语言的"活学活用",同时也体现

---

① 赵一凡:《阿尔都塞与话语理论》,载《读书》,1994(2)。

着特定的意识形态。所以说，话语理论实为语义政治学：话语是意识形态的特殊形式，话语意义的深处"与纯粹的语言学财产毫无关系"，它植根于人类劳动、社会生活和阶级斗争，并在这一实践性过程中生息繁衍，纷争不断。①

既然话语生成于人类的现实世界，那么，各种话语之间存在差异也就顺理成章。想想看，"大观园"的话语怎么会与"刘姥姥"的话语相同呢，即使他们用的是同样的词语，说的是同样的句子。话语的差异主要表现在两个方面：一是言说者的社会地位，如老板／雇员、将军／士兵、警察／罪犯、老师／学生、家长／子女等；二是话语的适用范围或专业领域，如教堂弥撒、学术论文、军队命令、医生处方、商业广告、新闻报道、文艺作品等。拜肖说，"字词、短语、主题等等，俱依照说话人的社会位置改变它们的涵义。"②也就是说，语义的差异不是来自符号本身及其释读，而是来自千差万别的社会阶级及其区隔。

不仅如此，作为语义政治学的话语，自然也就成为各种意识形态犬牙交错狼奔豕突的战场。对此，赵一凡先生做了精彩的发挥：

> 马克思在《路易·波拿巴的雾月十八日》里评论过，"自由、平等、博爱"口号是怎样被形形色色的革命派、保皇党和投机分子所滥用，变成了不同实质的东西。这就关系到如何说才算正确、合法，或有道理的问题。说不过别人的"说法"，就会逐渐被压服淘汰。相反，掌握了统治权的阶级，亦能建立起符合自己利益和需要的话语规范。依照如此原则，于是乎从上到下，分别在不同的机构和专业领域逐步形成了不同的话语系统……比如在美国法庭上，法官、律师及陪审团使用的是同一种资产阶级法律话语。人们在这里所说的话，都在一个特定的话语形成（discursive formation）中反复运作，从中衍生意义，最终判定犯人是否有罪，或处以何种刑罚。③

---

① 赵一凡：《阿尔都塞与话语理论》，载《读书》，1994（2）。
② 赵一凡：《阿尔都塞与话语理论》，载《读书》，1994（2）。
③ 赵一凡：《阿尔都塞与话语理论》，载《读书》，1994（2）。

不管是哲人巴赫金的超语言学，还是西马的意识形态话语观，都意在表明那些好像自然而然无伤大雅的话语原来竟是如此深文周纳纵横交错，与现实的利害与关系竟是如此盘根错节互相绞缠，就像但丁《神曲·地狱篇》里描绘的众多鬼魂，大呼小叫，踢腿伸脚，唯恐被其他鬼魂压下去，永无超生之日。不过，各种话语是如何同各种权力的、意识形态的背景具体联系起来的呢？最终解答这个问题的，就是本章的重点——福柯的话语理论。

第三节　福柯：话语理论

在西方人眼里，东方往往被当成一个整体，充满神秘、浪漫和怪异，恰似萨义德所解构的"东方学"（Orientalism）。而事实上这个所谓整体，无论从哪方面看都是五花八门，甚至风马牛不相及。同样，在"东方"人眼里，西方也总是被打进相同的包里一总拎起，不管三七二十一，眉毛胡子一把抓。而实际上这个所谓"西方"，同样是个万花筒，横看成岭侧成峰，远近高低各不同。就以精神气质而论，不算别具一格的俄罗斯，粗略说来，就有"英美"与"大陆"之别，如英美法系和大陆法系、英美的经验主义和大陆的理性主义、传播学中以美国为主的经验学派和以欧洲为主的批判学派等。这种差异同样表现在符号与话语理论上：英美的研究侧重于经验与实用，而大陆的思考倾向于思辨与批判。大陆方面的这一倾向，在德法思想家身上尤为突出。不过，即使在德法，风格也有所不同：德国的思想更具深邃厚重之势，如哈贝马斯的交往理论；而法国的思想更显骇俗惊世之风，如阿尔都塞的意识形态观和这里将要谈到的福柯话语理论。

一、思想概览

提到福柯其人，便不由想起那个"两面派"斯芬克司：一个非历史的历史学家；一个反人文的人文学者；一个反结构主义的结构主义者。而提到福柯其说，又容易想起中国的一句老话——"一部二十四史，不知从何说起"。福柯研究专家、美国加州大学的意识观念史教授海登·怀特（Hayden White），在一篇介绍福柯思想的论文里开宗明义就说道：

> 尽管人们通常给福柯的作品贴上结构主义者的标签，但福柯本人却始终拒绝把自己划入这个阵营中。福柯的这些著述，很难三两句话就谈得清楚。这不仅因为它们卷帙浩繁、范围广泛，而且还因为福柯在表达自己思想时采取的修辞风格显然是独具匠心的。面对这种风格，简单地总结，用一些容易理解的措辞加以诠释，出于实用目的挑选几句引文来说明他的观点，或者将他的论述转述成那些传统的关键概念，这些努力经常徒劳无功。①

好在福柯一向不把"作者"放在眼里，他只是专注于各种话语的生成及其生成规则，因而仅把"作者"及其作用归结为"一个社会中某些话语的存在、传播和运作的特征"②，用其《作者是什么？》一文的结束语来说——"谁在说话有什么关系？"③所以过于拘泥其人其说本身，反倒有悖其心。

通常认为，二战之后法国思想界的领袖当属萨特，而萨特之后的领军人物则为福柯。米歇尔·福柯（1926—1984），毕业于萨特、阿尔都塞的母校——巴黎高师，这里因名人辈出而有贵族摇篮之称，可事实上其毕业生不是热衷法共的事业，就是关心穷人的命运。与萨特多姿多彩的生涯相比，福柯的一生似乎平淡无奇，波澜不惊，总归是读书、教书和著书，惟一可供说道的就是1970年入选法兰西学院思想体系史教授，算是登上了法国文人现世功名的巅峰。1984年，58岁的福柯因感染艾滋病去世，悼念规格几与萨特相近，被誉为20世纪"最后一位大师"。

福柯一生笔耕不辍，代表作有：《疯癫与非理智：古典时期的疯癫史》（1961年）——英文版为《疯癫与文明：理性时代的疯癫史》（1965年），

---

① 〔英〕约翰·斯特罗克编：《结构主义以来》，渠东等译，83页，沈阳，辽宁教育出版社，1998。
② 王逢振等编：《最新西方文论选》，451页，桂林，漓江出版社，1991。
③ 王逢振等编：《最新西方文论选》，459页，桂林，漓江出版社，1991。

《临床医学的诞生:针对医学知识的考古学》(1963年),《词与物》(1966年)——英文版为《事物的秩序:针对人文科学的考古学》(1970年),《知识考古学》(1969年),《监视与惩罚:监狱的诞生》(1975年)——英文版为《规训与惩罚:监狱的诞生》(1978年),《性经验史》3卷(1976年,1984年,1984年)及《权力/知识》(1980年)等。这些充满原创性思想和富有冲击力主题的著作几乎无不驰名世界,引起一次又一次的思想震动,虽然内容涉及哲学、史学、文学、人类学、政治学、符号学等诸多领域,可又不属于任何确定的学科,故被笼统地称作"话语理论",或用海登·怀特的说法是"有关话语的话语"[①]。早负盛名的德国思想家哈贝马斯曾这样评价福柯:"在我这一代对我们的时代进行诊断的哲学家圈子里,福柯是对时代精神影响最持久的。"

虽说福柯的思想深沉远大,包罗广泛,福柯的理论玄妙精深,见仁见智,但其研究的出发点和目的地可以说始终都在于对资产阶级的"知识/权力"关系进行深刻的揭露和敏锐的剖析。就此而言,旷新年先生的评价可称不刊之论:

> 福柯是马克思逝世之后最卓越的思想巨人。他们都是资产阶级意识形态的敌人。正如马克思通过对庸俗经济学的批判发现了资本主义生产的秘密——剩余价值一样,福柯通过对于资本主义合理化的批判发现了资产阶级知识的秘密:知识是权力的一种剩余。[②]

无怪乎有人怀疑他的话语理论隐含着"阶级斗争基因"。在福柯看来,人的积累和资本的积累是不可分离的,而人的积累就体现为知识与话语的生成。1973年,在当时联邦德国的一家电视台,福柯曾与乔姆斯基就人性问题进行过一次有名的辩论。乔姆斯基基于传统的人道主义立场质问福柯:"人性究竟是否存在?"而福柯则从"知识/权力"的视角反诘对方:"人性这个概念是怎么形成的?它又如何作用于我们的社会?"按照福柯的观点,近代以来的各种知识、各种话语、各种学科,包括人道、人性、人文主义

---

① 〔英〕约翰·斯特罗克编:《结构主义以来》,渠东等译,84页,沈阳,辽宁教育出版社,1998。
② 旷新年:《从界外思想》,载《读书》,1997(6)。

等，说到底无不植根于资本主义的生产关系、剩余价值及政治经济学，名为"科学"与"真理"的许多东西其实根本说不上什么高尚、清白与纯洁。所以，在《知识考古学》里，他承认马克思在政治经济学的基础上揭示了一个全新的话语实践：

> （福柯自己）在声言他不是马克思派或结构派的同时，又称马克思为伟大之"话语发现者"——他虽不常引马翁语句，那种恩泽之情就如同"物理学家不必把爱因斯坦成天挂在嘴边"一样。①

除了马克思，对福柯影响较大的还有尼采、弗洛伊德和阿尔都塞，特别是尼采更是他的精神之父与思想之源，他本人就自命为"尼采主义者"。在这一点上，他同德里达、德勒兹那一代"68年思想家"完全相同，正如留法学人佘碧平先生所言：

> 尼采为这些战后法国思想先锋提供了可能"超越"黑格尔主义和马克思主义的思想和方法："权力意志"和"谱系学方法"。在福柯等人看来，尼采的思想和方法使得人们不再把西方主流传统中的理性、知识、主体和进步等等视为理所当然的必然存在，而是认为理性与进步等观念与疯狂、权力和恶一样，都是各个特定社会历史条件下的产物，在不同的时期会有不同的理解。②

福柯与尼采均为遗世独立之人，其声气相通非止一端，如继尼采惊世骇俗的呐喊"上帝死了"之后，福柯发出"人死了"的宣言，而其间最明显的关联还是尼采的"谱系学"与福柯"考古学"的内在贯通。谱系学既是一种哲学，又是一套方法。在谱系学看来，"并不存在'理性'、'进步'、'主体性'、'知识'和'社会制度'的抽象意义……对这些在各个特定的历史时期的被构成的意义及其相互关系的研究，尼采称为'谱系学'（la généalogie）"③。福柯从尼采的《道德谱系学》一书里继承了这一思想和方法，尤其服膺尼采的这一论断——"求真意志是与权力意志分不开的"。而

---

① 赵一凡：《福柯的知识考古学》，载《读书》，1990（9）。
② 〔法〕福柯：《性经验史》，佘碧平译，"译者序"，2页，上海，上海人民出版社，2000。
③ 〔法〕福柯：《性经验史》，佘碧平译，"译者序"，2页，上海，上海人民出版社，2000。

不管是尼采的谱系学还是福柯的考古学，目的都在于凸显话语系统的约束功能，从而说明话语的生成总是依照一定的权力关系而受到控制、挑选、组织和分配的。借用佘碧平先生的概括：

> 他的研究基本上是以现代社会的边缘地带为研究对象，揭示出现代社会规范、控制和塑造主体人的权力机制和结构。福柯的理论中最吸引世人的地方在于他用"考古学方法"和"谱系学方法"向我们展示了现代社会的内部规范机制和边缘地带的抵抗倾向，即规范的话语实践与不规范的话语实践之间的对峙和相互渗透。①

如果我们把福柯的思想历险记比作一次跑马占地，那么知识考古学方面的探索就是他跑的范围、圈的领域，而有关"知识／权力"的究诘则是他在这个领地里种的庄稼、养的牲畜。下面我们就先来看看他的思想领地——知识考古学。

二、知识考古学

顾名思义，知识考古学是以知识为研究对象的。何谓知识？知识无非是各门科学的总和。而在福柯看来，一门科学也就是一种话语，如临床话语、精神病学话语、经济学话语、新闻学与传播学话语等。所以，知识考古学也就是话语考古学，即考察各种话语的生成历史及其生成机制。

那么，什么是话语呢？话语（discourse），是福柯从语言学里引入的一个概念，它由一系列相关的陈述所组成——"陈述是话语的原子"②。这些陈述同属一种话语的构成物，如新闻、新闻价值、新闻报道、新闻记者、新闻事业、消息、特稿、评论、倒金字塔、5个W等陈述构成新闻学话语。按照福柯自己的解说：

> 话语是由符号序列的整体构成的，前提是这些符号序列是陈述……

---

① 〔法〕福柯：《性经验史》，佘碧平译，"译者序"，4页，上海，上海人民出版社，2000。
② 〔法〕福柯：《知识考古学》，谢强等译，98页，北京，生活・读书・新知三联书店，1998。

话语这个术语就可以被确定为：隶属于同一的形成系统的陈述整体；正是这样，我才能够说临床治疗话语、经济话语、博物史话语和精神病学话语。①

简言之，符号构成陈述，而陈述构成话语。

比较而言，符号大都具有各自明确而具体的指涉对象，而话语却是一个自洽的整体和匿名的领域——"谁在说话有什么关系？"为什么呢？这是由陈述的性质所决定的。福柯所说的陈述（statement），既不同于逻辑学的命题，也不同于语言学的句子，而是由各种符号（sign）所构成的序列。所以他认为，陈述的界限就是符号存在的界限。至于伴随各种文本的作者，在他看来不过是表示话语存在的方式而已：

> 一封保密信件可以有一个签署者，但它没有作者；一个合同可以有一个签名，但也没有作者；同样，贴在墙上的告示可以有一个写它的人，但这个人可以不是作者。在这种意义上，作者的作用是表示一个社会中某些话语的存在、传播和运作的特征。②

虽说如此，作为外在于主体的"公共资产"，陈述因其稀少因其有用而令人向往令人觊觎，谁学会了特定的陈述，谁就掌握了特定的知识，而"知识就是权力"。比如，想做律师，就必须掌握律师的术语，想当医生，就必须懂得医生的行话，想干记者，就必须了解新闻报道的表述方式，等等。由此也就不难理解话语的特征，如专业性、权威性、总体性等。对此，赵一凡先生作了清楚的概括：

> 与常规句子不同，陈述不能孤立运作。只有在相关领域内，它才成为话语部分。福柯举出话语形成的三个条件，即形成区域、分界权威和专业格栅。例如在考查西方精神病学时，他先圈出产生这门知识的文化区域，即欧洲启蒙后的家庭、教区、法制等相关环境。此时出现的疯子，是否应由司法部门羁押？或交给神父教诲？或送济贫院供

---

① 〔法〕福柯：《知识考古学》，谢强等译，135～136页，北京，生活·读书·新知三联书店，1998。
② 王逢振等编：《最新西方文论选》，451页，桂林，漓江出版社，1991。

养？援引不同结构的权威性，人们反复争辩"疯子"的定义及处置办法，逐步认定他们是病人，而不是迷误犯法之徒，因此该让医生去管。这就明确了知识领域的分界权威。可早期医学也对付不了，需要新的专业格栅，将生理、病理、心理学知识合成一门精细学问。①

总之，在福柯的著述里，所谓知识往往就是话语，而话语以及话语实践就是知识考古学深究细查的对象。

接着我们再来看看福柯说的考古学是什么意思。显然，他讲的考古学与通常说的考古学不是一回事。他的考古学，并不意味对事物起源的探求，更不涉及对地下发掘物的分析，而是具有特定的涵义。20世纪60年代，福柯就知识考古学的研究写下几部具有震撼力和颠覆性的著作，人称考古学三部曲——《疯癫与文明》《词与物》和《知识考古学》。其中，《疯癫与文明》是他的博士论文，《词与物》是他的成名作，而《知识考古学》则是这方面的代表作。根据这些著作，他的考古学是以历史的断裂性而不是连续性为前提，探究各种话语所由生发的"知识型"（épistèmè），即支配人们思想及话语实践的总体规则。知识型，是知识考古学的核心，它看上去与结构主义所说的、制约言说的结构相似，但实际上它们具有本质的差别：结构是一成不变的，而知识型的意义恰恰在于它的断裂性，"它们都将随着历史的变迁而变化，并且只对特定时期的话语实践有效"②。就此而言，它相当于托马斯·库恩在《科学革命的结构》里提出的"范式"（paradigm）。所以，福柯的考古学与传统的思想史研究迥然不同：

（一）考古学所要确定的不是思维、描述、形象、主题，萦绕在话语中的暗藏或明露的东西，而是话语本身，即服从于某些规律的实践……它不是一门阐释性学科，因为它不寻找隐藏得更巧妙的"另一种话语"……

（二）……考古学不想缓慢地从观念的模糊领域走向体系的特殊性或科学的最终的稳定性；它不是一部"光荣经"，而是对话语方式

---

① 赵一凡：《福柯的知识考古学》，载《读书》，1990（9）。
② 〔法〕福柯：《性经验史》，佘碧平译，"译者序"，5~6页，上海，上海人民出版社，2000。

作出差异分析。

（三）……考古学确定话语实践的类型和规则，而这些话语实践横贯个体的作品，甚至有时完全支配和控制它们……创作主体这层次，作为一部作品的存在的理由和它的一致性原则，对考古学来说是不相干的。

（四）最后，考古学不试图重建人们在说出话语的一瞬间的所思，所求，所感受，所欲的东西……换句话说，它并不设法通过在已说出的东西的同一性本身中重新找回这些东西的方法来重复它们……考古学不是什么别的东西，仅仅只是一种再创作……是对某一话语——对象的系统描述。①

关于知识考古学的原则与立场，赵一凡先生从两个方面做了比较通俗的解说：

> 首先是突出"反史学"的维新之举，大胆置疑传统史学原则，如历史连续性、阶段进化与终极目的，代之以别出心裁的翻挖和颠倒。其次，福柯执意破除结构主义符号系统论，主张一种侧重话语分析的文化史研究，其特点是把语言的冲突、变革和凝聚过程，视为充满斗争的"事件"。而潜在的话语运动，又从微观上构成了西方史的浩瀚长卷、思想大厦以及各种社会制度。此种切入角度，可谓是与阿尔都塞异曲同工了。②

一言以蔽之，他的知识考古学研究的是"人们说过哪些话、怎么说才算是知识或真理"的历史。

比如，通过知识考古学，福柯分析了文艺复兴以来的精神病学、医学和人文科学等话语，探讨了不同时期主流话语以何种方式对诸如"健全""健康"和"知识"这类非实体的"事物"进行感知和分类。在这些考古学著作里，他力图证明——用海登·怀特的话说：

---

① 〔法〕福柯：《知识考古学》，谢强等译，176～178页，北京，生活·读书·新知三联书店，1998。
② 赵一凡：《福柯的知识考古学》，载《读书》，1990（9）。

在疯狂与健全、患病和健康、真理和谬误之间的区别始终是由不同时期的社会权力中心中占上风的话语模态决定的……福柯最终据此得出结论,西方人的"认知意志"的现代史,并非一个不断迈向"启蒙"的进步和发展的历史,而是一个在由各种排除构成的系统中欲望和权力永无止境地相互作用的产物……①

通过他的这些分析人们发现,根本的问题不在于现在一定比过去"进步",而在于现在的知识型不同于过去的知识型。所谓"启蒙"云云,不过是以一种知识型取代另一种知识型而已,至于其中所体现的权力关系和控制背景不仅没有改变,反而愈加严密,愈加苛刻。以如今司空见惯的"减肥"话语为例,这种话语以及话语实践如模特的纤腰,对女性精神的控制和身体的摧残并不亚于所谓"封建时代"的缠脚陋习。

跟着福柯思想的天马神骏七颠八倒地狂奔一圈后,现在我们可以坐下来,神闲气定地细细领略一番这个天地间天苍苍野茫茫的风物景致了。这,就是他的话语理论的核心——知识／权力。

三、知识／权力

1. 话语权

知识与权力的关系问题,是福柯话语理论的核心。这里说的权力不是一般意义的权力,而是包括所有社会关系的控制机制,如父母对孩子的权力、丈夫对妻子的权力、老师对学生的权力、老板对雇工的权力、交警对司机的权力等。按照知识／权力的基本思路,任何知识都体现着特定的权力关系,知识并不如想当然的那么干净、纯洁、美好。比如,中国古语里的"书中自有黄金屋,书中自有颜如玉",西方现代科学固然博大精深,辉煌壮丽,但在物理学、化学、天文学、地质学、电子学等知识体系中又无不隐含着征服自然、追逐欲望的权力意志。就此而言,近代早期的培根以其名言,一语中的地揭示了知识与权力的关系:"知识就是权力"

---

① 〔英〕约翰·斯特罗克编:《结构主义以来》,渠东等译,96页,沈阳,辽宁教育出版社,1998。

（Knowledge is Power）。此语过去常被理解为知识就是力量，而其实所谓力量正是这里说的权力（Power）。福柯将知识与权力问题，归结为两组四对关系：

1）权力如何左右知识：权力如何构成知识和权力如何压抑知识
2）知识如何作用权力：知识如何效命权力和知识如何瓦解权力

福柯所说的"知识／权力"问题，主要是针对"权力如何构成知识"和"知识如何效命权力"这两对关系。再说通俗点，所谓知识/权力问题，也就是如今常说的"话语权"。联系前面所谈的"以言行事行为"，对此当有更深切的体悟，借用韩少功《马桥词典》里写的"话份"一词，或有助于理解话语权及其丰富意味：

> "话份"在普通语中几乎找不到近义词，却是马桥词汇中特别紧要的词之一，意指语言权利，或者说在语言总量中占有一定份额的权利。有话份的人，没有特殊的标志和身份，但作为语言的主导者，谁都可以感觉得到他们的存在，感觉得到来自他们隐隐威权的压力。他们一开口，或者咳一声，或者甩一个眼色，旁人便住嘴，便洗耳恭听，即使反对也不敢随便打断话头。这种安静，是话份最通常的显示，也是人们对语言集权最为默契最为协同的甘心屈从。相反，一个没有话份的人，所谓人微言轻，说什么都是白说，人们不会在乎他说什么，甚至不会在乎他是否有机会把话说出来。他的言语总是消散在冷漠的荒原，永远得不到回应。这种难堪的事多了，一个人要保持开口的信心，甚至要保持自己正常的发声功能，是不无困难的。
>
> 握有话份的人，他们操纵的话题被众人追随，他们的词语、句式、语气等等被众人习用，权利正是在这种语言的繁殖中得以形成，在这种语言的扩张和辐射过程中得以确证和实现。"话份"一词，道破了权利的语言品格。一个成熟的政权，一个强大的集团，总是拥有自己强大的语言体系，总是伴随着一系列文牍、会议、礼仪、演说、典籍、纪念碑、新概念、宣传口号、艺术作品，甚至新的地名或新的年号等等，以此取得和确立自己在全社会的话份。不能取得话份的强权，不过是一些徒有财力或武力的乌合之众，像一支又一支杀退过官军甚至占领

过京城的草寇，即便一时得手，也必然短命。

正是体会到了这一点，执政者总是重视文件和会议的。文件和会议是保证权力运行的一个个枢纽，也是强化话份的最佳方式。文山会海几乎是官僚们不可或缺并且激情真正所在的生存方式。即便是空话连篇的会议，即便是没有丝毫实际效用的会议，也往往会得到他们本能的欢喜。道理很简单，只有在这种时候，才会设置主席台和听众席，明确区分等级，使人们清醒意识到自己话份的多寡有无。权势者的话语才可以通过众多耳朵、记录本、扩音器等等，得到强制性的传播扩散。也只有在这种氛围里，权势者可以沉浸在自己所熟悉的语言里，感受到权力正在得到这种语言的滋润、哺育、充实和安全保护。

事实上，一种不熟悉的语言，就是一种不可控的语言，它差不多也就是一种不可控的权力。不论它表面上的政治标志如何，它都具有实际上的离心力，造成信息通道的阻抗和中断，形成对执政者话份不同程度的削弱和瓦解。

马桥人似乎具有一切执政者的洞明，早就看穿了这一点，因此把权力归结为话份，归结为说。

我们可以着一看，在马桥，哪一些人有话份？

（1）一般来说，女人没有话份。男人说话的时候，她们习惯于不插嘴，只是在一旁奶娃崽或者纳鞋底。干部从不要求她们参加村民大会。

（2）年轻人没有话份。他们从小就听熟了"大人说话娃崽听"一类古训，总是优先让老人们说。对老人们的说法，即便反感也多是背地里咕咕哝哝，不可大逆不道地当面顶嘴。

（3）贫困户没有话份。财大才会气粗，家贫自然气短，穷人一般都觉得自己不够体面，不愿去人多的地方露脸，自然失去了很多向别人说话的机会。

……

这样看来，话份被性别、年龄、财富等因素综合决定。当然还有更重要的政治因素，本义作为党支部书记，作为马桥的最高执政者，无论何时说话，都落地有声，一言九鼎，说一不二，令行禁止……"人只有病死的,没有做死的","大灾大丰收,小灾小丰收","人人都要搞思想搞进步搞世界",等等。这些话没有多少道理,但因为出自他本义,就慢慢通用了,流传下来了。他耳朵有些背,有一次从公社干部那里,把毛主席语录"路线是个纲,纲举目张",听成了"路线是个桩,桩上钉桩",有明显的错误,但因为"桩"字出于他的口,马桥人后来一直深信不疑,反而嘲笑我们知青把路线说成是"纲",纲是什么?

2."中央监控式全景监狱"(Panopticon)

如果说弗洛伊德是以潜意识研究方面的非凡成就而知名,那么福柯就是以权力研究方面的开拓性贡献而著称。海登·怀特说,权力是"他真正的研究对象","福柯的真正主题一直就是权力"[①]。如前所述,在福柯笔下,权力绝不也远不限于一般理解的政治权力,毋宁说它是一种普遍的人类特性,一种"控制、占有,并以自己为中心统一其他"的潜在欲望及能力,近似于罗兰·巴尔特的定义——权力是"支配性的力比多"。所以,他认为"权力无所不在",权力关系内在于其他所有关系之中,如政治关系、经济关系、社会关系等。而他对权力问题的把握始终侧重在话语角度,他一生殚精竭虑的研究说白了,就是通过考察西方近代以来的知识生成过程,包括一般视为天经地义的科学、哲学、宗教、法律、真理等,以揭露这些话语形态效命资产阶级权力意志的本质:

> 不论福柯关注什么问题,他所发现的都是话语;而无论这些话语从哪里产生,福柯看到的都是一场争斗,一方是那些声称自己对话语拥有"权力"的集团,而另一方则是那些被否认对他们自身的话语拥有权力的集团。[②]

以"新闻自由"为例,这套话语的形成与壮大过程,十分典型地显示了资产阶级与国王贵族"争权夺利"的本质。稍微考察一下西方近代以来

[①] 〔英〕约翰·斯特罗克编:《结构主义以来》,渠东等译,126页,沈阳,辽宁教育出版社,1998。
[②] 〔英〕约翰·斯特罗克编:《结构主义以来》,渠东等译,97页,沈阳,辽宁教育出版社,1998。

的新闻传播历程,就不难发现这套话语从来也没有真正兑现事实上也不可能兑现它所言说的美丽目标,它不过是新兴资产阶级为了自身利益而生发的话语,他们通过这套话语夺取并把持了统治权。在全球化时代(这又是一个体现特定权力关系的流行话语),西方特别是美国在国际传播领域又进一步祭起这面话语的大纛,而其实质说穿了还是为了维护、巩固和推行自己的权力意志。

一般来说,福柯的思想发展可以1970年为界分为前后两截:此前属于考古学时期,这时虽然他也涉及权力问题,但重点在于考察话语的形式及其演化;进入70年代以后,他的研究重心就完全移到知识与权力的谱系学分析上。1972年,他曾对人说过:现在,人们差不多都知道谁在经营,利润到哪儿去了,通过谁的手又投资到哪儿去了;至于权力,人们只知道它并未真正掌握在那些当权者手中,而"领导阶级"这个概念又模糊不清,可它到底在哪儿并不清楚。1978年,他又进一步声言道:

> 现在我仍然认为,权力在一个我们这样的社会里行使和运转的方式,归根到底还没有很好地被认识到……我不相信"谁行使权力"的问题能够在"权力是如何产生的"这个问题解决之前得到解决。①

那么,权力到底在哪儿呢,权力又是如何产生的呢?就此,福柯发表了一系列开启新知的著述,其中最有名的就是《规训与惩罚:监狱的诞生》。在这部影响深远的力作中,福柯通过考察现代监狱体制这一个案,"描绘了历史上从压抑性权力模式向生产性权力模式的转变"②,从而显示了话语与权力之间的共谋关系:

> 福柯强调:西方社会并非仅由国家机器维持,而是得到一张权力/知识巨网的保障。这套隐形的"文网语阱"渗透到西方社会的各个层面,而它得以建立的秘密逻辑,居然在自由、平等、博爱的法国得到了证实。

---

① 〔法〕邦塞纳:《论权力——一次未发表的与福柯的谈话》,载《快报》,1984(1722)。转引自袁澍涓主编:《现代西方著名哲学家评传》,下卷,439~440页,成都,四川人民出版社,1988。
② 〔法〕福柯:《性经验史》,佘碧平译,"译者序",9页,上海,上海人民出版社,2000。

> 法国封建刑罚相当野蛮，长期以酷刑恫吓民众，炫耀王权，结果是不断加剧反叛……待到资产阶级一统天下，不得不改良刑罚……
>
> 新刑罚一改肉刑弊端，代之以监禁和驯化罪犯。它突出漫长的审判，伴以新闻报导，向社会证明合法性。惩罚本身倒成了隐秘部分：犯人被关进高墙，各以单间囚房羁押。囚房编号，分层纳入一个巨大的环形建筑。院子中央设有瞭望塔，卫兵通过监视孔，可对所有囚犯一览无遗。这种"理想构筑"由英国法律和道德大师 J. 边沁发明，学名 Panopticon（即中央监控式全景监狱）。全景监控模式确立后，迅速得到各学科知识（社会学、心理学、统计学、工程设计、通讯联络、运筹决策等）的协同配合……仿照监狱的有效管理模式，军队、工厂、学校、医院等现代机构也纷纷建立，不断改进，像一台台机器那样自动运转，并联网扩展为严整的西方社会制度。①

这段文字，非常精练地概括了《规训与惩罚》的基本思想。由此我们可以具体了解知识与权力那种鸡生蛋／蛋生鸡的共生关系。这里，福柯所用的"规训"一词，最是一语双关，画龙点睛。"规训"（discipline），是福柯创用的新术语，也是本书思想的灵魂。我们知道，这个词本身在英文里既可当作名词，又可用为动词；既有规范训诫之义如"纪律""训练""处罚"等，又有知识科目之义如"学科"。福柯正是利用这一点而赋予它双关之义，用以指示资本主义社会的权力控制机制——它一方面体现为权力的干预、监视和训诫，另一方面体现为知识的生产、生发与生成。正如福柯所言："借助这种机制，权力关系造就了一种知识体系，知识则扩大和强化了这种权力的效应。"② 举例来说，

> "精神病理学""社会学"和"犯罪学"等学科是从社会监视、规训大众和惩罚犯人的实践中产生出来的专门研究领域，同时这些学科的研究结果又强化和改进了社会规训和控制手段。而医院、精神病院、避难所和监狱只是这些所谓学术研究的实验室，目的仍然在于更

---

① 赵一凡：《福柯的知识考古学》，载《读书》，1990（9）。
② 〔法〕福柯：《规训与惩罚》，刘北成等译，32页，北京，生活·读书·新知三联书店，1999。

好地强化社会控制。①

这样一种知识与权力的关系说得好听是"相依为命",说得难听就是"狼狈为奸",而不管怎么说:

> 现代权力不必被迫抛头露面炫耀自己,而是通过充分发达的规训技术,尤其是通过象征化和符号化的手段,使惩罚变成儆戒,使权力无限延伸,使惩罚不再是一个偶然的、短暂易逝的节日,而是成为一所学校,使法律的话语深入人心。②

所以,福柯把现代社会称为"惩罚之城"或"惩罚社会",而"中央监控式全景监狱"就是这个社会的隐喻。

3."文网语阱"

1970年,43岁的福柯开始执掌法兰西学院的思想体系史教席。按学院规定,每位教授每年至少开课26个学时,而且必须讲独创性的研究,不能是已经出版的著作。听课完全是自由随意的,人们既无须注册,学院也不发文凭。故有人说,法兰西学院的教授没有学生,只有听众。1976年,福柯开讲的课程是关于知识／权力的谱系学提纲,在这门课上他面对被数百名"听众"挤得水泄不通的教室侃侃而谈:

> 我们被权力强迫着生产真理,权力为了运转而需要这种真理;我们必须说出真理,我们被迫、被罚去承认真理或寻找真理。权力不停地提问,向我们提问;它不停地调查、记录;它使对真理的研究制度化、职业化,并给与报酬。我们必须生产真理,如同我们无论如何也要生产财富,为了权力生产财富,我们必须生产真理。从另一个方面讲,我们同样服从真理,从这个意义上,真理制定法律;至少在某一个方面,是真理话语起决定作用;它自身传播、推动权力的效力。③

---

① 〔法〕福柯:《性经验史》,佘碧平译,"译者序",10页,上海,上海人民出版社,2000。
② 旷新年:《从界外思想》,载《读书》,1997(6)。
③ 〔法〕福柯:《必须保卫社会》,钱翰译,23~24页,上海,上海人民出版社,1999。

要是有谁觉得这种课听起来仿佛谈玄说道，甚至有点危言耸听，那么不妨想想近些年来西方在一系列问题上所做的文章，包括铺天盖地的政治人物讲话、外交部门声明、新闻媒体报道以及所谓"自由民主人权"等言说。其间，知识话语与权力话语、求真意志与权力意志、话语霸权与实力霸权结合得如此明显，又如此微妙，岂不胜似福柯的长篇大论。

其实，中国先哲的智慧在这一点上也毫不逊色，他们以世事洞明的睿智早已体悟到话语的能量与权威。赵一凡先生在其颇受学界推重的"哈佛读书札记"之一《福柯的话语理论》一文里，曾就此作过阐发。其中举到许多有趣的例子，如我们司空见惯的成语"巧舌如簧""如雷贯耳""有口皆碑""病从口入，祸从口出"等，再如《淮南子》中关于汉字发明时惊天地动鬼神号的故事及其象征意味。另外，他还引了《管锥编》的一系列论述。如武王《机铭》的一句"口戕口"。何谓"口戕口"？按钱锺书先生的解释，前一个"口"字指口舌之口，代表言语，后一个口字指人口之口，表示人丁。凡以口舌拨弄是非，造谣污蔑，强词夺理，恶语伤人，从而害人甚至害己，都属于"口戕口"。我国古人对此早就深有体会，所谓"溺于渊，犹可援也；溺于人，不可救也"（武王《盥盘铭》）、"陷水可脱，陷文不活"（武王《笔书》）等，无不令人悚然而惊。钱锺书曾为此慨叹道："文网语阱深密乃尔。"（《管锥编》全上古三代秦汉三国六朝文之三十四）。赵一凡先生对这八个字推崇备至，认为其简明透彻足抵西人连篇累牍的话语理论。他说：

> 若以西洋概念来印证钱先生这句"文网语阱"的精练断语，大概要征引四、五位大师的名言，才能有个像样的交代。（1）海德格尔："语言乃存在之家，人则居住在其深处。"（2）卡西尔："人从自身的存在中编织出语言，又将自己置于语言的陷阱之中。"（3）维特根斯坦："语言是一座遍布歧路的迷宫。"（4）哈贝马斯："语言交流方式受到权力的扭曲，便构成了意识形态网络。"（5）福柯："你以为自己在说话，其实是话在说你。"[①]

[①] 赵一凡：《福柯的知识考古学》，载《读书》，1990（9）。

当然，福柯的话语理论自有其特定的历史语境和言说对象，他所针对的是被奉为神明的理性主义话语与启蒙主义思想，如文明、进步、民主、自由、人权、真理等。依福柯的意见，这些话语及其话语实践——如无所不在的监控体系，如大众传媒的强势话语等，非但不是什么解放的福音，相反倒是新的、更有效的奴役，比起专制主义，其可怕程度有过之而无不及。在一次讲座上，他一针见血地指明"自由社会"与法西斯主义的血缘关系：

> 法西斯主义直至那时也许在不为人知的维度上产生影响，而人们可以希望，或者合理地认为将不会再有这样的经历。因此这是一个特殊的现象，但是不应否认，在很多点上，法西斯主义只不过是延续了一系列在西方政治和社会体系中已经存在的机制。毕竟，大政党的组织、警察机关的发展、压迫技术的存在（如劳动营），这一切已经都在自由西方社会中完全建立了，而法西斯主义只不过是接受了这一切。①

其实，早在20世纪初德国思想家斯宾格勒，就曾在那部横空出世的《西方的没落》里痛贬过"自由社会"所自诩的一系列话语实践及其奴役性本质，如新闻自由：

> 自由资产阶级以为废除了最后一种束缚即出版检查是值得自负的，可是报纸的独裁者——北岩爵士（如同当今报阀默多克——引者注）！——却把读者奴隶群放在他的社论、电讯和图画的驱策之下。
>
> ……
>
> 早期民主政治的理想主义者把民众教育毫无保留地看成一种纯粹的单纯的启蒙工作，甚至今天人们也能到处发见醉心出版自由的愚人——这种情形恰好为世界性报纸的即将到来的皇帝们铺平了道路。已经学会阅读的人们屈服在这些皇帝们的权力之下，并且指挥报纸的权威对人民的彻底决定产生了晚期民主政治中的虚幻的

---

① 〔法〕福柯：《必须保卫社会》，钱翰译，257页，上海，上海人民出版社，1999。

自决权。①

后来的法兰克福学派也视"文明的西方"为另一类的专制与独裁，而福柯的"知识／权力"论乃是这一脉思潮掀起的又一股大浪。用他的名言来说，愚蠢的暴君用铁链束缚他的奴隶，而现代的政治家则以思想的链条更有力地约束他们。

综上所述，福柯话语理论的核心是知识与权力问题，即权力如何生产知识而知识又如何服务权力。在他看来，权力的多种运作方式体现得最明显但也最难以识别的地方就是话语。各门看似自然而然的知识和学科，归根结底都是在权力关系之内构造起来的东西；所谓求真意志及其结果如真理，深究起来不过是权力意志的体现。所以，关键不在于说了什么，而在于什么应该说而什么不应该说，什么能够说而什么不能够说，什么值得说而什么不值得说。这三点正是福柯所言权力通过话语而"强加于事物的暴力"——言语禁忌、理性原则和真理意志，即佘碧平先生总结的："在任何社会中，话语具有权力机制，话语规则决定了什么样的说话和实践方式是合理的和正当的，而与之唱反调的话语实践则不是被拒绝，就是被边缘化。"②这里的一个典型例子就是福柯所悉心考察的疯癫现象。依照他的理论，疯癫并非自然而永恒的现象，它是文明或历史的产物，具体说是近代话语实践的产物，没有把这种现象说成是疯癫并加以迫害的各种文化的历史，就不会有疯癫的历史。也就是说，疯癫是被"说"出来的，一如所谓性压抑是"说"出来的一样。与此相似，说到知识，人们一般都把它视为某种自然而然的、天经地义的东西，如客观认识什么的。其实，任何知识都是人的言说，而任何言说都体现着特定的权力意向和权力关系。在福柯之前，人们虽然意识到却没有认识到种种看似纯然客观的知识或话语，实际上都与不同的社会阶级或利益集团息息相关。知识原来并非自足的东西，而是各种集团为了自己的生存与发展而纵横捭阖的言说过程及其产物。换言之，知识的意志其实就是权力的意志，统治权就是话语权：

---

① 〔德〕奥斯瓦尔德·斯宾格勒：《西方的没落》，下册，齐世荣等译，718~719页，北京，商务印书馆，1963。
② 〔法〕福柯：《性经验史》，佘碧平译，"译者序"，14页，上海，上海人民出版社，2000。

依他考古的眼光，西方所谓科学、哲学、宗教、法律之类，都是些历史沿革下来的庞杂话语集群。它们在权力冲突支配下，经由不断剔除、混淆和积淀，才逐渐形成不同专业的话语系统。至于科学和真理，也很难说是什么纯粹干净的知识，因为它们不可避免地掺杂着主观意志，留有权力干预的伤痕。①

第四节 话语分析举隅

本章内容是话语理论——广义形态的符号理论，这一理论以及前面各章内容多是让人头晕的"学问"。人们或许会问，这些学问有什么用呢？具体说对研习传播有什么实际用途呢？一般来说，这些东西都没有什么明确的用途，就像三角、几何、代数一样，多属"智力开发"和"思想探险"。如果一定要说个具体用途来，那就是话语分析了。就符号、文本、话语这些名目而言，符号研究包括本章的话语理论相当于基础理论，而话语分析则等同于应用理论。这种应用理论是以前者为依托，致力于对传播及其符号、象征、文本及话语进行分析解剖，以期从这些五花八门令人眼花缭乱的表象中，发现其中隐含的深层寓意与逻辑关系。有鉴于此，最后我们再简单谈谈话语分析。

一、批判学派

话语分析（discourse analysis），既是一种应用理论，又是一种研究方法。作为研究方法，话语分析广泛应用于当代许多学科领域，如哲学、美学、文学、史学、政治学、社会学、心理学、传播学、文化学、国际关系学等。就传播学而言，话语分析主要适用于批判学派的研究。为此，我们先来看看批判学派。

比起四十余年前传播学在中国初兴之际的情形，现在我们对它的了

---

① 赵一凡：《福柯的知识考古学》，载《读书》，1990（9）。

解早已不可以道里计。比如，就研究的风格和流派而言，如今稍习传播学者都至少知道经验学派（Empirical School）和批判学派（Critical School）之别。不过，与人们对经验学派的耳熟能详相反，批判学派在中国往往烟涛微茫信难求。这一方面是因为批判学派总体上比经验学派具有更为深厚的历史传统与思想内涵，另一方面也是因为传播学传入我国以来，由于主观客观条件的阴错阳差，经验学派一路大行其道而批判学派则始终若隐若现（参见刘海龙《"传播学"引进中的"失踪者"：从1978—1989年批判学派的引介看中国早期的传播学观念》，载《新闻与传播研究》2007年第4期）。

说起批判学派，首先需要明确所谓传播学批判学派既是一个学科的流派，更是一种学术的思潮。这种思潮不仅渊源有自，而且源远流长。大略说来，在现代文明的历史进程中，始终存在着两股相反相成并且道魔相长的强劲思潮。一是尊崇科学—进步—发展这一现实取向的科学主义，一是追求精神—价值—意义这一永恒主题的人本主义。这一双峰并峙的态势，集中体现在"工具理性与价值理性"的对立上。

不言而喻，对现代化的历史进程来说，二者都不可或缺。如果说科学主义是现代社会的驱动系统如引擎、车轮，那么人本主义就是其操纵系统如方向盘、刹车。只有驱动系统而无操纵系统，但见马达轰鸣，车轮飞转，该慢时慢不了，想停时停不下，其后果可想而知。同样，只有操纵系统而无驱动系统，那么就只能待在原地，停滞不前。所以，在科学主义强劲推进的西方现代化历程上，作为操纵系统的人性、人本与人文一脉的思想传统不仅不绝如缕——如18世纪以荷尔德林为代表的浪漫派、19世纪以巴尔扎克为标志的批判现实主义、20世纪以法兰克福学派为先驱的各种批判理论等，而且随着现代化的迅猛发展，随着一系列严峻的社会问题（如两次世界大战）和自然问题（如生态恶化）日益加剧，这种平衡性的思潮也随之发生越来越强劲、越来越深刻、越来越广泛的影响力。

传播学批判学派，正是在这样一个大的历史传统和文化背景下，秉承上述人文传统及其价值理性而发展起来的。它与秉承科学主义及其工具理性而兴起的传播学经验学派，在关注的问题、研究的范式、使用的方法等诸方面均大异其趣。对传播学批判学派的把握，应该首先由此切入才能抓住要害,即批判学派不仅属于传播学的一大流派,同时更属于左右现代文明的一大思潮。

其次,进而需要明确所谓传播学批判学派与其说是一种特定的流派,不如说是一个开放的领域。作为传播学两大学派之一,批判学派自从动荡、革命、反叛的20世纪60年代兴起以来,始终与当代各种学术流派交相呼应,形同一体,从中汲取了丰富的、令人耳目一新的批判性学术资源,如符号学、解释学、结构主义、解构主义、女权主义、新历史主义、后殖民主义、后现代主义,等等。正是在这种传媒与当代社会的关系日益凸显的背景下,人文社会科学的几乎各个学科如哲学、美学、文学、法学、历史学、政治学、社会学、心理学等,无不开始从批判性的立场涉足传媒研究,从批判性的视角审视传播现象,从而形成一种交叉态势和一个全新领域。而这个领域也就是传播学批判学派赖以生成的学科土壤,正如当代传媒在政治、经济、文化、心理等方面诸多触目惊心的弊端是批判学派赖以存在的现实土壤一样。

以丹尼尔·贝尔为例,这位哈佛大学的著名社会学家,曾以《后工业社会的来临》(1973年)一书开启了信息时代的理论。1976年,他又在该书姊妹篇《资本主义文化矛盾》里,剖析了资本主义的文化危机包括大众传播问题。在论及当下这个"充斥着时装、摄影、广告、电视和旅行"的享乐主义时代时,他还捎带着对麦克卢汉及其惊世骇俗的传播理论做了揶揄和批判。贝尔认为,麦克卢汉的学说包括其广为人知的"地球村"理论并没有什么实际意义,但他所说的印刷文化与视觉文化之间的比重变化,在贝尔看来确实隐含着"真正严重的后果"。比如,以电影电视为代表的视觉文化:

> 由于强调形象,而不是强调词语,引起的不是概念化,而是戏剧化。电视新闻强调灾难和人类悲剧时,引起的不是净化和理解,而是滥情和怜悯,即很快就被耗尽的感情和一种假冒身临其境的虚假仪式。由于这种方式不可避免的是一种过头的戏剧化方式,观众反应很快不是变得矫揉造作,就是厌倦透顶。……然而,整个视觉文化因为比印刷更能迎合文化大众所具有的现代主义的冲动,它本身从文化的意义

上说就枯竭得更快。①

　　类似贝尔的这种言说，在诸路各领风骚的学界诸侯那里可谓俯拾即是，仅举荦荦大观者就有：法兰克福学派及其后裔，如哈贝马斯；法国结构主义及其流变，如以符号学著称的罗兰·巴尔特和以"知识考古学"闻名的福柯；后现代主义，如詹明信（Fredric Jameson）对资本主义文化逻辑的思考和让-鲍德里亚（Jean Baudrillard）对后现代大众传播理论的建构；后殖民主义，如爱德华·萨义德（Edward W. Said）对"东方学"或"东方主义"的透视和斯皮瓦克（G. C. Spivak）对文化帝国主义的反思，等等。这些学界名家各以开宗立派的理论对传播学批判学派产生了不同影响，从而在传统的经验学派之外开出一个全新的、开放的研究领域。

　　由此说来，我们不妨将批判学派分为广狭两义：广义的批判学派是个包罗广泛的开放领域，而狭义的批判学派才是专门从传播学的学科角度从事研究的流派。当然，两者之间均以"批判"（critical）为旗，事实上"批判"也是其理论体系中的核心概念与常见术语。所以，它们之间具有千丝万缕的联系，往往无法截然剥离。

　　最后，传播学批判学派大致形成了三种研究路数（approach）。

　　其一是传播政治经济学。此一路数从经典马克思主义的立场出发，分析和揭示传媒的所有制结构及其与权势集团的利益关系，意在拆穿西方传媒诸多流行的神话，如客观、公正、多元化、新闻自由，等等。这方面以1968年成立的英国累斯特大学"大众传播研究中心"最有影响，其中G.默多克（G. Murdock）、P.戈尔丁（P. Golding）、J.哈洛伦（J. Halloran）等人的研究向称典范。另外，英国格拉斯哥大学媒介小组（Glasgow University Media Group）的研究工作也为人称道。

　　其二是文化研究。此一路数包罗其广，从西方马克思主义的鼻祖卢卡奇的"物化"思想到法兰克福学派的批判理论，从葛兰西的"文化领导权"到阿尔都塞的"意识形态"，从法国结构主义的传媒符号分析到英国伯明翰大学"现代文化研究中心"（Centre for Contemporary Cultural Study）的传媒

---

① 〔美〕丹尼尔·贝尔：《资本主义的文化矛盾》，赵一凡等译，157页，北京，生活·读书·新知三联书店，1989。

文化解剖，从D.贝尔的"资本主义文化矛盾"到詹明信的"资本主义文化逻辑"……不难看出这幅简要的素描，实际上勾勒的是现代西方的学术流变图。所以，这方面的学术资源异常丰富，浩如汪洋。其中最为人所熟知的，前有法兰克福学派，后有伯明翰学派（CCCS），特别是后者的代表人物R.威廉斯（R. Williams）、S.霍尔（S. Hall）等几乎成为文化研究的标志。

其三是文化帝国主义（或曰媒介帝国主义）。此一路数是从国际传播与全球传播的视野上，探究西方（特别是美国）传媒运作及其产品对世界格局和人类命运的影响。随着全球化的升温，这方面的问题越来越受到关注。比如，E.卡茨（E. Katz）等人对美国电视连续剧《达拉斯》（*Dallas*）的研究，A.多尔夫曼（A. Dorfman）与A.马特拉（A. Matterlart）对美国动画片"唐老鸭"的解读，都是这类研究的范例。当然，这方面最著名的研究，还数美国圣迭戈加州大学的H.席勒教授（H. J. Schiller）。席勒自20世纪60年代末在经验学派的大本营异军突起以来，一直被视为北美批判学派的先驱与巨匠，他对美国传媒的揭露与批判向以犀利无情著称，与美国东海岸麻省理工学院那位著名语言学家乔姆斯基的痛诋畅驳形成东西夹击之势。有意思的是，其子D.席勒也是一位批判学者，而且与父亲同在一校执教。

以上三种研究虽然思路有所不同，但思想范式（paradigm）却是一致的。概括地说，他们都以马克思主义特别是西方马克思主义为思想背景，都对资本主义的传播体制及其运作进行冷静的反思和尖锐的剖析，无论其具体理论和学说如何参差百态，说到底都无不表现出深刻的忧患意识和怀疑精神，无不体现着强烈的人文关怀或终极关怀。所以，与经验学派相比，他们的立场更倾向批判现实而不是服务权势，他们的研究更注重揭露问题而不是贡献方略，他们的方法更着眼深度思辨而不是表层量化——诸如此类的取向，都与前述平衡现代文明的人本主义思潮一脉相通。

从以上批判学派的基本取向看，当不难理解话语分析何以成为其主要的研究方法之一。既然他们旨在揭当代传媒的短——批判，那么自然倾向于选用这种可供揭短的方法。你说自己的新闻如何真实客观，而我用话语分析证明这是"神话"——听起来眩人耳目而实际上子虚乌有；你说自己的报道不偏不倚，而我用话语分析可以揭露你自觉不自觉的偏见；你说自己是新闻自由的信徒，而我用话语分析告诉世人你不过是权势手中的木偶或玩偶……如此一路"分析"下去，实在令自视甚高感觉良好的西方传媒不胜难堪。难怪依附"知识/权力"体系的经验学派（又称行政管理学派，Administritive School），对话语分析总是敬而远之，他们喜欢采用的同类方法是"内容分析"（content analysis）。此分析与彼分析虽然同谓"分析"，而且同为对传播内容的"衡量"，但两者旨趣却不尽相同。大略说来，内容分析是"建设性"的，而话语分析是"批判性"的。与话语分析相比，内容分析的着眼点在于通过分析具体的传播内容，如遣词用语是否得当、篇章结构是否合理、画面构图是否完美、节目制作是否专业，等等，进而提出切实可行的改进建议和调整思路，总之，目的是为传媒企业与权势集团献计献策。而话语分析则不屑于此，它的目的在于掘地三尺，大拆烂污，将话语中隐含的意识形态暴露出来，以警世人。拿批判学派的劲旅、英国格拉斯哥大学媒介小组为例，他们曾对电视新闻中的罢工报道进行过一系列话语分析，发现这些报道都是偏向雇主而不利于工人的。比如，他们发现，雇主总是在安静的环境中接受采访，而工人都是在喧闹的罢工纠察线上回答提问。再如，媒介总是说工人提出了什么"要求"，而雇主则是提供了什么"帮助"。诸如此类的细枝末节，经过话语分析都显露出其中的立场和倾向。对此，英国马克思主义学者大卫·麦克利兰（David McLellan）曾写道：

> （话语分析）力图具有一种批判的锋芒。话语分析在详细阐述马克思的"语言是一种实践的、现实的意识"这类隐晦的论述时，也把日常语言、报纸、杂志、教室、家庭中的语言作为研究的对象，分析长篇散文或相互交谈中的句子模式……话语分析的目标是揭示在明显单纯的句子结构中的意识形态内涵。这种分析有些只不过是一些范畴排列，另外一些人则尝试把他们的分析和社会关系联系起来，并取得了更大的成果。[1]

---

[1] 〔英〕大卫·麦克利兰：《意识形态》，孔兆政等译，93页，长春，吉林人民出版社，2005。

二、冯·戴伊克：新闻话语分析

在各种话语分析中，荷兰学者冯·戴伊克的新闻话语分析别具一格，在传播学批判学派的研究中独树一帜。为此，人们常把他与A. Matterlart、S. Hall、R. Williams、H. J. Schiller、P. Golding and G. Murdock、K. Nordenstreng、G. Hamelink等批判学派的名家相提并论。

冯·戴伊克（Teun. A. van Dijk，1943—　），是阿姆斯特丹大学语言文学系教授，创办或主编过《诗学》《话语》《话语与社会》等杂志。起初他主要研究语言学和语言心理学，1972年出版了博士论文《文本语法要略》（*Some Aspects of Text Grammars*）。后来转入跨学科的话语分析，运用语言学、社会学、心理学、社会心理学及大众传播学，研究话语在社会环境中的具体形态及功能，分析揭露其中的社会问题和意识形态，成为话语理论的一方重镇。这方面他的主要著作有：1977年的《文本与语境》（*Text and Context*），1984年的《话语中的偏见》（*Prejudice in Discourse*），1987年的《新闻话语》（*News as Discourse*）等。另外，还有他在1985年编辑出版的四卷《话语分析手册》（*Handbook of Discourse Analysis*）。

与前述话语理论诸大家一样，冯·戴伊克也认为，话语是一种社会控制力量，各种话语无不体现着社会权势的意志，无不对应着特定的权力结构，如发达国家与发展中国家、社会名流与普通百姓、家长与子女、老师与学生、男人与女人、白人与黑人，等等。按照他的说法："行使权势不仅是一种行动形式，也是一种交往形式。"[①] 其中，把持话语及其传播的是布尔迪厄（Pierre Bourdieu）所谓"符号精英"（symbolic elites），如新闻记者、作家、艺术家、学者以及其他凭借"符号资本"施展权势的群体。在社会交往与传播活动中，有权有势者可以把持各种话语，而无权无势者最多只能介入日常话语：

> 权势群体及其成员拥有或控制着越来越大范围的，越来越多种类的话语功能、话语体裁、话语机会和话语文体。他们控驭着与下属的正式对话，主持会议，发布命令或法令，撰写（或已经撰写）多种报告、

---

① 〔荷〕冯·戴伊克：《话语心理社会》，施旭等编译，169页，北京，中华书局，1993。

书籍、手册、故事以及大众媒介话语……特别要强调的是，权势不仅"在"话语中和"通过"话语体现出来，而且也是话语"后面"的社会力量。在这一点上，话语与权势紧密相连；两者的关系是阶级、群体、机构权势的直接体现，也是阶级、群体、机构成员地位的直接体现……①

根据这种基本认识，冯·戴伊克的话语分析便旨在观察社会权势如何在特定的社会情境中，通过文本与话语而得到施行、表达、描写、认可或掩盖。其中，他特别注意意识形态的作用。他曾调查过许多媒介话语（media discoures），如新闻报道、影视节目、广告文本等，以此揭示西方社会的权势集团如何控制话语的形式和内容，从而控制社会的信念和意识：

> 他们可以在自己的权势范围内决定话语的体裁，确定话语的话题、文体和表达方式。符号权势不只限于表达方式本身，也包括影响方式：他们可以安排大众讨论，影响话题的相关性（relevance），操纵信息的数量和类型，特别是摆布所描写的人选和方式。他们是大众知识、信念、态度、规约、价值观、伦理、意识形态的生产者。②

从20世纪80年代起，冯·戴伊克又将话语分析用于研究新闻报道这一特殊的话语体裁，取得新的进展。他认为，对大多数人来讲，新闻报道是接触最多的一种书面话语类型，其中报纸的新闻文本在整个大众传播活动中又至关重要——它既作用于公众对各种事情的社会认知，更塑造着他们的认知结构：

> 新闻生产主要是一种话语实践，一种话语安排形式。在这种语篇（即文本——引者注）链的每一环节，事件被一再代码化，因而它又体现了笔者、说者或机构的社会认知……在许多方面新闻话语恰恰界定了解释和评价世界事件的大众舆论。另言之，我们可以说，新闻话语的影响是"结构"性的：除了影响知识和态度的重要内容外，新闻话语还特别控制社会认知的总体结构、相关性等级、评价程序以及基于这

---

① 〔荷〕冯·戴伊克：《话语心理社会》，施旭等编译，170~171页，北京，中华书局，1993。
② 〔荷〕冯·戴伊克：《话语心理社会》，施旭等编译，171页，北京，中华书局，1993。

些认知的公众议论和讨论的条件。①

所以,对新闻的话语分析不仅有助于了解其他的媒介话语,而且更关系到对大众传播社会功能的认识。然而,除了法国结构主义和英国格拉斯哥大学媒介小组等少量论述外,有关新闻的话语分析在如山似海的传播学研究中不是杳无音信,就是形单影只。1985年,他曾在《话语与传播》一书里说道:"新闻话语本身几乎从来没有作为(媒介)话语的特殊形式或作为社会文化的特殊产物加以分析。"②1989年,他又在《话语分析的新发展》一文里写道:

> 尽管在大众交际(mass communication)问题上人们做了大量研究,尽管其他学科对媒介的兴趣在增长,但是严格地说,我们对大众交际的核心——话语——知晓甚少。我已经提到,在学术界的我们,对诗歌、戏剧、小说、故事和日常会话的了解要多于对不胜枚举的媒介话语种类的认识。然而媒介话语对我们的日常生活却有着莫大的影响。③

确实,针对新闻话语的研究往往把重点放在"语境"方面,如制约新闻生产的社会、文化或意识形态因素,而很少关注新闻文本本身(恰是这种研究更有助于系统地、批判性地分析新闻话语的功能),更没有人分析新闻文本与社会语境之间的确切关系。于是他说:

> 他们大多分析"内容"。内容分析固然重要,但实际上这只是事情的一半。有些语言研究已经展示了不少新闻语言的局部句法和文体。今后几年要做的工作是,一方面对新闻做透彻、系统、有理论根据的话语分析,另一方面,将这项研究与盛行的社会学方法结合起来。④

为此,他首先对新闻话语的内在结构进行分析,而这种分析的基本理路则源于结构主义的符号分析。他认为,新闻报道与其他文本和话语一样,也有自己的系统结构,他称之为"上层结构"(superstructure)。组成

---

① 〔荷〕冯·戴伊克:《话语心理社会》,施旭等编译,248~249页,北京,中华书局,1993。
② 〔荷〕冯·戴伊克:《话语心理社会》,施旭等编译,96页,北京,中华书局,1993。
③ 〔荷〕冯·戴伊克:《话语心理社会》,施旭等编译,245页,北京,中华书局,1993。
④ 〔荷〕冯·戴伊克:《话语心理社会》,施旭等编译,100页,北京,中华书局,1993。

这个结构的是一些"常规范畴"（conventional categories），其中包括"总结"（summary）如标题和导语，"目前事件"（current events），"境况"（circumstances）如实际环境和以往事件，"背景"（backgrounds）如历史和结构环境，"后果"（consequences），"言语反应"（verbal reactions），以及"评论"（comments）如评价和预言等。

如果说上层结构是幢大楼，那么常规范畴就是楼里的每个房间。虽然楼与楼各不相同，房与房大小不一，但基本的建筑原则和内在结构却是相通的。所以，在鳞次栉比的各类建筑物中，人们很好识别哪些是楼房，哪些不是楼房。同样，新闻报道虽然五花八门，长短各异，但它们的基本形态却是基本一致的。也正因如此，人们才能在众多的文本中不难认出什么是新闻，什么不是新闻。按照冯·戴伊克的分析，新闻话语的各个常规范畴构成如下关联：

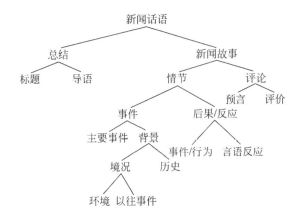

这些常规范畴，都是新闻职业必须处理的对象。"譬如，为装填言语反应范畴，记者要采访重要的新闻人物（news actors）；要填补历史背景范畴，就得查阅历史文献或百科全书。"①而在这些过程中，在诸如标题、导语、报道话题、引语方式、文体、修辞、描写、评价等要素的组合上，在在都渗透着报道者的倾向与意愿，显示出不同的意识形态背景。比如，引用谁的话，不引用谁的话，为何引用这些话，采用什么样的引用句式，等等，都

---

① 〔荷〕冯·戴伊克：《话语心理社会》，施旭等编译，246页，北京，中华书局，1993。

牵一发而动全身地左右着新闻文本。

上面这个显示新闻话语结构关系的示意图，奠基于结构主义的核心概念——相关性（relevance）。这种相关性不仅体现在新闻文本本身，也体现在新闻文本（text）与社会语境（context）的关系上。而这也正是新闻话语分析所关注的另一方面内容：

> 新闻语篇与语境之间有系统的联系。因此，我们似乎有理由说，新闻语篇的结构形式和总体语义不是任意的，而是取决于机构（institutional）记者的社会、职业准则。同时它们也是记者和读者对新闻语篇进行有效认知处理的重要条件……如果我们不能将语篇结构与生产、接受新闻的认知语境结构和社会文化语境结构结合起来，那么，"纯粹的"的结构分析将是徒劳无益的理论作业。[①]

在对新闻文本与社会语境进行考察时，冯·戴伊克发现，以往这方面的许多传播研究特别是着眼于意识形态的研究，都是以宏观社会分析为基调的，结果忽略了微观层面上意识操演的实际过程，因而无法将社会意识及其权力关系与新闻话语的具体实践和实际运作真正贯通起来。为此，他做了一系列大规模的个案调查（如针对1982年4月国际上对黎巴嫩总统杰马耶勒遇刺的报道，他就搜集了100个国家的250份报纸，对里面的700余篇文章进行了定量与定性分析），然后从中追寻社会语境作用于新闻文本的具体脉络，揭示两者之间勾连往返的隐秘线索。正是通过如此这般的新闻话语分析，他才可以得出类似这样"铁证如山"的结论：

> 大多数白人报纸是怎样以否定的、屈尊的、家长式的态度，微妙地（或不那么微妙地）评价第三世界国家和黑人移民……（比如）他们显然不会管理自己。他们暴虐、混乱，很容易上共产主义的圈套。请注意，像上述例子并非罕见，这是惯例。其作者不是极端的、种族主义的党派成员，而是可敬的"严肃报纸"的优势名流记者。[②]

---

① 〔荷〕冯·戴伊克：《话语心理社会》，施旭等编译，95~97页，北京，中华书局，1993。
② 〔荷〕冯·戴伊克：《话语心理社会》，施旭等编译，144~145页，北京，中华书局，1993。

概括起来讲，冯·戴伊克的新闻话语分析是从两方面入手的，一是新闻文本的内在结构，一是新闻文本与社会语境的外在关联。前者揭示的是新闻报道的"千篇一律"，后者揭示的是特定社会历史环境中新闻话语的"千篇一律"。这两个千篇一律的一个典型，就是在20世纪末科索沃危机上西方媒介话语所表现出的"众口一词"，李希光先生形象地称之为"媒体轰炸"，而其中的深长意味恰如冯·戴伊克以新闻话语分析为据所做的论述：

> 有谁把纳粹德国及其大屠杀、法西斯主义的意大利和西班牙、上校统治的希腊、最近才给妇女选举权的瑞士、压迫隔离黑人的美国等作为论据，说明白人不能治理自己、不适应民主的多数统治？当然没有。那些论点只适用于第三世界国家……①

本章我们论述了话语理论的历史、研究及理论。如同前面五章的内容一样，这里谈到的话语理论也是"基础性"的。也就是说，它们一方面是传播理论与传播实践的基础，另一方面也表示我们的论述只是轮廓勾勒而非全景细描。

本书开篇处我们说过符号研究的三个层面，即涉及符号构成的形式层面、涉及符号内涵的意义层面和涉及符号理解的解释层面。这三个层面的内容可以说贯穿了本书的所有章节，不过就侧重点而言，除了作为导论的第一章之外，第二章和第三章主要谈的是符号的构成问题，第四章是符号的内涵问题，第五章和第六章是符号的理解问题。我们希望通过这种安排，能够提供一个相对完整、统一和系统的研究轮廓和理论框架，以此作为理解传播符号及其功能和认识符号研究及其意义的一个起点。

另外，当时我们还曾提到外文译本仅次于《圣经》的《道德经》中的一句名言——"玄之又玄，众妙之门"，用以说明符号问题在传播学科中的地位。我们希望，大家现在能对这句本身也够玄妙的话有一些更深入更真切的体悟，并产生一些由此及彼由表及里的玄思妙想——倘若如此，则一切心血就算没有白费了。

---

① 〔荷〕冯·戴伊克：《话语心理社会》，施旭等编译，144页，北京，中华书局，1993。

结语　从方法论到本体论

　　以索绪尔开其端绪的现代符号学，对百年来人文社会科学产生无可估量的影响，传播学自然也不例外。其间，20世纪60年代以来兴起的批判性传播研究或称批判学派，更是从中获得丰厚的思想资源与学术滋养。

　　如前所述，批判学派的进路可分三支（approach），一曰传播政治经济学，二曰文化研究，三曰文化帝国主义（或称媒介帝国主义）[1]。其中，除政治经济学一路外，其他进路均与本书前述内容具有千丝万缕的联系。文化研究领域的"超级大国"——英国伯明翰大学的"当代文化研究中心"（CCCS）[2]，就是一个突出的代表：

　　　　（20世纪70年代后期）大不列颠的学生和教师们主要以伯明翰大学为中心，开始将焦点集中到大众电视上，他们开拓了后来被称之为英国文化研究或简称文化研究的新的探索领域。文化研究的学者如S.霍尔、D.莫利、C.布伦斯顿、A.格雷、D.霍伯生、R.戴尔、J.费斯克、J.哈特莱、J.图洛齐和P.维利斯，在雷蒙德·威廉斯、安东尼奥·葛兰西、路易·阿尔都塞、M.巴赫金、P.布尔迪厄、米歇尔·福柯、R.霍伽特等人的激励和影响下投入工作，拓展了电视研究的多

---

[1] 参见拙文《批判学派纵横谈》，原载于《国际新闻界》，2001（2），转载于《中国社会科学文摘》，2001（4）。

[2] 该中心成立于1964年，后与社会学系合并，改称"文化研究与社会学系"（CCS）。对文化研究来说，这里曾是大家辈出，风云际会的重镇。可惜，2002年6月，该系被校方撤消，一时引起国际传播学界的震动。有关详情参见章戈浩《"本系已被撤消"——伯明翰大学文化研究与社会学系关闭事件始末》，载《社会科学报》2002年12月26日第7版。

种途径……①

20世纪70年代曾任中心主任的牙买加裔黑人学者S.霍尔,更以《电视话语的编码/解码》(1973年)为批判学派提供了一个经典的"霍尔模式"②:

> 霍尔极富影响的论文《编码/解码》被视为英国文化研究的一个转折点,它讲述了这样的观点:电视节目没有一个单一的意义,相反,它是一个相当开放的文本,能被不同的人以不同的方式解读。③

尽管这种以符号学为依托的传播研究,这些满眼符号、象征、隐喻、转喻、文本、话语、解读、诠释的文字,在批判学派的文献里已是触目皆是,林林总总。但总体上看,符号学在传播学领域还属于一种方法论。也就是说,它多被用作一种解剖传播文本、透视传播内涵、探究传播意图的研究工具。如果说实证研究及其来源——行为主义是经验学派的方法论,那么可以说符号研究及其流变结构主义就是批判学派的方法论之一。由于经验学派倾向在具体情境中揭示传播活动的操作性规律,故面对传播内容不免动用就事论事的"内容分析"方法(内容分析属行为主义在文本方面的应用);而由于批判学派倾向于在辩证的前提下思考传播的总体性意义,故面对传播内容往往借助由此及彼的"结构分析"方法。正如S.霍尔在《电视话语的编码/解码》一文中所言:

> 在传播链条的任意一端,使用符号学图表预示着要驱除残存的行为主义,行为主义长期以来执著地从事大众媒体研究,尤其是对内容的研究。④

不过,正因为符号学与结构主义具有方法论功能,由此开出的各种研究包括传播研究有时不免滑入拆卸文本、嬉戏文字、玩弄机巧的歧路,从

---

① 〔美〕罗伯特·C.艾伦编:《重组话语频道》,麦永雄等译,2页,北京,中国社会科学出版社,2000。
② 参见黄顺铭《一个诠释典范:霍尔模式》,载《新闻大学》,2002年冬季号。
③ 〔美〕罗伯特·C.艾伦编:《重组话语频道》,麦永雄等译,295页,北京,中国社会科学出版社,2000。
④ 罗钢、刘象愚主编:《文化研究读本》,349页,北京,中国社会科学出版社,2000。

而遭到频频诟病。弗雷德里克·詹明信（Fredric Jameson）在其《后现代主义与文化理论》的演讲里，就曾提到符号分析"太科学化"的问题。特里·伊格尔顿（Terry Eagleton）也批评结构主义研究的主要缺陷之一，就是没有"历史感"。曾经负笈英伦的北京大学赵斌博士，通过反思文化研究代表人物J.费斯克的名著《理解大众文化》，对此做了更为犀利的批评：

> 比起严谨沉重、有时甚至出力不讨好的社会学分析，聪明机敏的符号学解读则显得轻松、惬意和诙谐，往往能带给阅读者文字上的惊喜和愉悦。卸掉了历史包袱和社会内涵，符号们从此获得了独立和自由。它们被人为地分裂成能指和所指，两者可以在不经意之间任意组合并取得意想不到的效果。符号学家们成了语言魔术师，他们使用的道具就是没有历史深度的、自由自在的象征符号。盛产时装、香槟酒和小资产阶级的法国并非偶然地成了符号学的圣地，法国学者巴尔特和鲍德里亚先后成为世界级符号学大师……
>
> 放弃了严肃的社会学分析，将被分裂为能指和所指的符号拿来摆积木游戏，结果肯定是社会现象的严重误读。①

应该承认，此类批评都是深中肯綮，不无道理的。作为方法论的符号学与结构主义受制于自身的天然局限，确实容易忽略符号系统之外的历史、经济、社会等各种因素的意义。比如，索绪尔创立其"普通语言学"的初衷之一，就在于将语言学研究从历时性维度转向共时性维度，从而使语言系统摆脱时间上同历史与社会的牵涉、勾连与羁绊，成为一个自足、自恰、自我指涉的系统，其中的能指自然是语言（符号）自身的属性，而所指也不是指语言（符号）之外客观存在的事物，而是指由语言（符号）系统内部的差异所决定的意义。

然而，与此同时，我们还应该看到符号学与结构主义不仅属于方法论的范畴，同时也属于或者说更属于本体论的视域。尤其在后现代学人那里，符号往往被赋予更多更强的本体论意味，以至于符号学研究不妨说已

---

① 赵斌：《社会分析和符号解读：如何看待晚期资本主义社会中的流行文化》，载《视界》第3辑，76页，石家庄，河北教育出版社，2001。

经出现或正在出现一种由方法论向本体论的嬗变或曰回归，与之对应的一个表征就是结构主义到后结构主义的演化。以赵斌文中提到的两位"世界级符号学大师"为例，作为结构主义代表的罗兰·巴尔特就更擅长于符号的方法层面，而作为后结构主义巨擘的让-鲍德里亚则更倾心于符号的本体层面。这一嬗变走势，对传播研究的影响同样不容忽略，因为如此一来，符号学的内容不仅成为打开传播内容的锁钥，同时也成为透视人类社会的法眼。

一

论及符号的本体论问题，不能不谈到现代与后现代的话题。一般来说，所谓"后现代状况"乃属现代化、现代性、现代主义等事物的衍变、超越或替代[①]，而后现代的景观正由形形色色的符号或符码所构成，乃至人们往往在同义反复的意义上使用后现代社会、消费社会、媒介社会、信息社会等概念。

关于"后现代"话题，不仅见仁见智，人言言殊，而且聚讼纷纭，各执一端。鉴于这个概念的含混性与模糊性，1995年J.巴特勒（Judith Butler）干脆宣称，她不知道什么是后现代。就此而言，似乎唯一能够确证的就是一种不同于既往的、新的历史格局与趋势，借用D.凯尔纳（Kellner）的描绘：

> 后现代时刻已经来临，困惑不已的知识分子、艺术家和文化人士都在搔首徘徊，他们不知道是应该去赶上这波浪头，进入这场嘉年华会，还是应该坐在一边冷眼旁观，直到这种新的时尚逐渐消失在文化流行的轮回之中。[②]

为了论述清楚起见，凯尔纳等学者还对"后现代性"（Postmodernity）、"后现代主义"（Postmodernism）和"后现代社会理论"（Postmodern Social

---

[①] 实际上，后现代是个多义歧出的概念，著名的后现代理论家I.哈桑（Ihab Hassan）对此曾做过系统辨析，详见其《后现代概念初探》（盛宁译），载〔法〕让-弗·利奥塔等著《后现代主义》，赵一凡等译，北京，社会科学文献出版社，1999。

[②] 〔美〕乔治·瑞泽尔：《后现代社会理论》，谢立中等译，2页，北京，华夏出版社，2003。

Theory）等概念做了如下辨析：

> 后现代指的是一个社会和政治的新时代，这个新时代通常在一种历史的涵义上被视为是紧随在现代时期之后（Kumar，1995年；Crook, Pakulski, and Waters，1992年）。

> 后现代主义指的是在艺术、电影、建筑等等领域中产生的各种被视为与现代文化产品不同的那些文化产品（Kumar，1995年；Jameson，1991年）。

> 后现代社会理论指的是一种与现代社会理论明显不同的社会理论（Best and Kellner，1991年）。①

也就是说，"后现代"这个概念包含现实的状态、文化的产品和思考的理论，即"一个新的历史时代、新的文化产品以及一种新的有关社会世界的社会理论类型"②。其中，社会理论方面的内容不仅源自后结构主义，而且与后结构主义具有一定的"家族相似"，借用澳大利亚文化批评学者约翰·多克（John Docker），在其《后现代主义与大众文化》一书中的概括："后结构主义和后现代主义在强调异质成分、差异、矛盾和不确定性之中显然是相互交融的"③。按照这样一幅学术地形图去考察就会发现，后现代主义、后结构主义、解构主义、结构主义、符号学等思想源流，实际上都处于同一思潮的"水系"，它们的缤纷思路看似纵横捭阖，河网交叉，但是，归根结底不妨说均属同一"范式"（paradigm）下的思考，就像现代物理学名下的各种理论体系。西方思想史学者理查德·沃林（Richard Wolin），将20世纪的诸多思潮归结为三大流派——以法兰克福学派为代表的批判理论、存在主义与后结构主义，可谓别具匠心、独具慧眼，因为它们既囊括了20世纪以来西方主要学术思想的发展脉络，又凸显了它们共通的意匠经营——对始终占据主流地位的社会意识形态话语进行颠覆、质疑与批判：

---

① 〔美〕乔治·瑞泽尔：《后现代社会理论》，谢立中等译，8页，北京，华夏出版社，2003。
② 〔美〕乔治·瑞泽尔：《后现代社会理论》，谢立中等译，8页，北京，华夏出版社，2003。
③ 〔澳〕约翰·多克：《后现代主义与大众文化》，吴松江、张飞天译，195页，沈阳，辽宁教育出版社，2001。

批判理论、存在主义和后结构主义已经向启蒙运动的文化遗产提出了强大的思想挑战：政治自由主义、工具理性、自我设定的主体性、欧洲中心主义、对全球革命的渴望，如此等等。①

对此，中国学者盛宁先生在其《人文困惑与反思——西方后现代主义思潮批判》一书里说得更清楚、更直截了当：

> 西方思想理论界把"后现代主义"作为一个特别的问题提出来，至少在主观动机上还是表现了一种积极的、批判的态度。在这个意义上，我们甚至可以把这个问题的讨论，看作是三十年代以来西方马克思主义、法兰克福学派，以及六十年代以来形形色色的西方新左派对于当代资本主义批判的一个重要的继续。②

无论是后结构主义，还是后现代主义，这个领域几十年来一直都是理论的多产区，高人云集，名家辈出：米歇尔·福柯（Michel Foucault）、雅克·德里达（Jacques Derrida）、让-鲍德里亚（Jean Baudrillard）、吉尔·德勒兹（Gilles Deleuze）、让-弗朗索瓦·利奥塔（Jean-Francois Lyotard）、安东尼·吉登斯（Anthony Giddens）、尤尔根·哈贝马斯（Jurgen Habermas）、齐格蒙特·鲍曼（Zygmunt Bauman）、丹尼尔·贝尔（Daniel Bell）、弗雷德里克·詹明信（Fredric Jameson）等，他们的思想在广泛影响人文社科研究的同时，也对传播学尤其是批判学派的走向产生强有力的制约。这里值得我们特别注意的是，这些后现代大家的理论往往涉及符号的本体论内涵，涉及对符号与人类生存状态的反思与批判，从而对人们认识社会生活的本质及把握当代传播的意义具有重要的启发与借鉴。这方面，尤以詹明信与鲍德里亚思虑颇深，著述甚丰，不妨说他们属于符号学由方法论向本体论过渡的标志性人物。

詹明信（1934—   ），又译杰姆逊、詹姆逊等（詹明信是他自定的中文名字），是西方马克思主义中声名卓著的文化批评家，"往往被视为当代英

---

① 〔美〕理查德·沃林：《文化批评的观念》，张国清译，22～23页，北京，商务印书馆，2000。
② 盛宁：《人文困惑与反思——西方后现代主义思潮批判》，16～17页，北京，生活·读书·新知三联书店，1997。

语世界里最杰出的马克思主义文学批评家和文化理论家"(张旭东)。他曾执教于哈佛大学、耶鲁大学,1985年任美国杜克大学比较文学讲座教授,并任批判理论杜克研究中心主任。同年,应北京大学邀请来华讲学,演讲稿后以《后现代主义与文化理论》(1986年)之名出版,对当代中国的学术思想形成"一石激起千层浪"的效应。近些年来,他一直致力于后现代文化研究,他对后现代主义的诸多阐释每每成为不刊之论。长期担任《新左翼评论》主编的佩里·安德森,曾以诗一般的语言评论他在这个领域的贡献:"詹姆逊的著作,犹如夜晚天空中升起的镁光照明弹,照亮了后现代被遮蔽的风景。后现代的阴暗和朦胧霎时变成一片奇异和灿烂。"[①]

按照詹明信的表述,后现代主义可以归结为"晚期资本主义的文化逻辑"。1984年,他在《新左翼评论》上发表了一篇被公认为后现代理论的经典文献——《后现代主义,或晚期资本主义的文化逻辑》(*Postmodernism, or the Cultural Logic of the late Capitalism*)。这里所谓"晚期资本主义",原出比利时政治经济学家厄内斯特·曼德尔(Ernest Mandel)。曼德尔在1978年出版的《晚期资本主义》一书里,把资本主义的历史分成三个阶段:第一个阶段是马克思在《资本论》里分析的古典资本主义或市场资本主义,第二个阶段是列宁论述的垄断资本主义或帝国主义,第三个阶段是当下跨国的、消费的资本主义,即"晚期"或曰"当下"(late)资本主义:

> 曼德尔以为今天的消费社会才算是资本主义最彻底的实现,是资本主义社会最彻底的形式。在此,资本的扩充已达惊人的地步,资本的势力在今天已伸延到许许多多此前未曾受到商品化的领域里去。简言之,我们当前的这个社会才是资本主义社会最纯粹的形式……可以说,就历史发展而言,我们直到今天才有机会目睹一种崭新的文化形式对大自然和潜意识的领域积极地进行统制与介入。[②]

不过,作为经济学家的曼德尔除了生产流通领域之外,对这种"文化

[①] 〔美〕弗雷德里克·詹姆逊:《文化转向》,胡亚敏等译,"前言",1页,北京,中国社会科学出版社,2000。
[②] 詹明信:《晚期资本主义的文化逻辑》,张旭东编,484页,北京,生活·读书·新知三联书店,1997。

形式"的具体情形则语焉不详。而詹明信即在这一基础上进一步展开论述,把后现代主义视为发达资本主义即晚期资本主义的"文化发展"。在他看来,市场资本主义阶段的文化主宰是现实主义,如巴尔扎克的小说,莎士比亚的戏剧;垄断资本主义阶段的文化形态是现代主义,如波德莱尔的诗歌,毕加索的绘画;等到了资本主义的第三个发展阶段——晚期资本主义或他所说的"跨国资本主义"阶段,后现代主义就成为一种普遍的"文化逻辑"(cultural logic),即在社会文化中占主导地位的一整套系统化准则:"后现代主义作为一种意识形态,只有作为我们社会及其整个文化或者说生产方式的更深层的结构改变的表征才能得到更好的理解。"①

那么,这种社会衍变与文化转向的表征又是什么呢?其间的文化逻辑体现在什么地方呢?詹明信在1998年出版的新著《文化转向》中,对这些后现代状况做过如下具体描述:

> 马克思主义者和非马克思主义者都已拥有共同的感觉,即一种新型的社会开始出现于二次大战后的某个时期(被冠以后工业社会跨国资本主义、消费社会、媒体社会等种种名称)。新的消费类型;人为的商品废弃;时尚和风格的急速变化;广告、电视和媒体以迄今为止无与伦比的方式对社会的全面渗透;城市与乡村、中央与地方的旧有的紧张关系被市郊和普遍的标准化所取代;超级公路庞大网络的发展和驾驶文化的来临——这些特征似乎都可以标志着一个与战前社会的根本断裂,而在战前,高级现代主义还是一种反现存体制的力量。
>
> 我相信,后现代主义的出现与这个晚期的、消费的或跨国的资本主义的新时期息息相关。②

按照詹明信的分析,晚期资本主义的文化逻辑或相对于现代主义的后现代主义,从传播方面看具有两个特征——"现实转化为影像、时间断裂为一系列永恒的现在",而这两个特征均与符号的本体问题有关。詹明信指

---

① 〔美〕弗雷德里克·詹姆逊:《文化转向》,胡亚敏等译,49页,北京,中国社会科学出版社,2000。
② 〔美〕弗雷德里克·詹姆逊:《文化转向》,胡亚敏等译,19页,北京,中国社会科学出版社,2000。

出,由于影像或符号的无所不在,一种新的时间体验随之发生:"那种从过去通向未来的连续性的感觉已经崩溃了,新时间体验只集中在现时上,除了现时以外,什么也没有。"①换句话说,后现代社会一方面消解了过去的一切伟大传统,另一方面又丧失了对未来的乌托邦憧憬,于是,在看似流变不居的永恒转化中,又停滞在断裂的、破碎的、庸常的"永恒的当下"。随着"时间的终结","空间性"便成为后现代的枢机,"空间"替代"时间"而成为社会生活的核心区域,甚至连时间本身都被空间化了。比如,音乐电视(MTV)就是音乐(时间)空间化的典型,其间人们不再为流淌的乐音所吸引,而是被五光十色的拼帖空间所包围,人们不是在"听"音乐,而是在"看"音乐。由此一来,系于时间链上的历史感自然也就消失殆尽:

> 只要想想媒体对新闻的穷追不舍就够了:尼克松是怎样成为一个离现在已经很遥远的人物的,肯尼迪更是如此。有人企图说,新闻媒体的真正作用就是把这新近的历史经验尽可能快地放逐到过去。于是,媒体的资讯功能将是帮助我们遗忘,并为我们的历史遗忘充当代理人和机构。②

在时间发生断裂之际,"视频"与"图像"上升为主导性的文化样式,现实由此被转化为无所不在的影像或形象(image)。他举例说,在过去的社会里,那些大人物一般是看不到的,除非你进了一趟京城,或者他们正好路过你的家乡。而电子媒介出现之后,特别是电视的兴起,情况发生了巨变,人们足不出户就可以看到各色人等,于是种种神秘感、距离感也就随之消失:

> 在电视这一媒介中,所有其他媒介所含有的与另一现实的距离感完全消失了,这是个很奇特的过程,但这一过程可以说正是后现代主

---

① 〔美〕杰姆逊讲演:《后现代主义与文化理论》,唐小兵译,228页,北京,北京大学出版社,1997。
② 〔美〕弗雷德里克·詹姆逊:《文化转向》,胡亚敏等译,19页,北京,中国社会科学出版社,2000。

义的全部精粹。后现代主义的全部特征就是距离感的消失。①

所以，电视往往被视为后现代主义的隐喻。在他看来，美国社会就是一个遍布影像的社会，是一个使人感觉不到现实存在的社会，那里的一切均成为文本，没有真实感。为了说明这一点，他区分了"摹本"(copy)与"拟像"(simulacrum，又译"类象")的不同。摹本之所以存在，表明还有个原作，摹本无非是对原作的模仿，即使是赝品也可使人们获得一种对模仿对象的现实感。而拟像则不同，它是没有原作的摹本。比如流水线上出来的汽车，同一品牌的几十万辆或几百万辆都是一模一样的，没有哪辆车属于原作，所以看起来仿佛不像人工的产品，也就没有任何劳动的痕迹：

> 形象、照片、摄影的复制、机械性的复制以及商品的复制和大规模生产，所有这一切都是类象。所以，我们的世界，起码从文化上来说是没有任何现实感的，因为我们无法确定现实从哪里开始在哪里结束。正是在这里，有着后现代主义理论中最核心的道德、心理和政治的批判力量。②

在拟像源源不断的生成中，现实世界便渐行渐远，乃至悄然消失。这个由现实而影像、由摹本而拟像、由现代而后现代的演化过程，也同本体意义上的符号变迁相关。按照詹明信的说法，在资本主义第一个阶段，亦即文化上的现实主义阶段出现的符号，都与其指涉物具有明确的关系，这时的符号都具有一种"表征"(representation)功能。就像左拉的写实作品。随后，在现代主义阶段，符号与其指涉物开始分离，"允许符号进入一种自主状态，进入一种相对自由漂浮的乌托邦存在状态，甚至与它以前的指涉物对立。这种文化的自主、语言的半自主就是'现代主义'的标志"③。比如勋伯格的音乐、毕加索的绘画、庞德的诗歌等。而到了后现代主义阶段，符号的能指与所指发生了彻底的分离，不仅指涉物和现实一起消失，甚至

---

① 〔美〕杰姆逊讲演：《后现代主义与文化理论》，唐小兵译，211页，北京，北京大学出版社，1997。
② 〔美〕杰姆逊讲演：《后现代主义与文化理论》，唐小兵译，219~220页，北京，北京大学出版社，1997。
③ 〔美〕乔治·瑞泽尔：《后现代社会理论》，谢立中等译，248页，北京，华夏出版社，2003。

意义（即所指）也受到质疑，"留给我们的只是纯粹的和随意的能指游戏"[①]。以货币这种符号为例，最初它是实实在在的贵重金属，如黄金、白银等，符号与指涉物的关系既明确又直接。此后，随着资本主义再生产规模的扩大，金属货币成为纸币，而纸币仅代表国库中的黄金储备，由于作为符号的纸币可以大量印制，它的能指与所指之间的关系就开始出现浮动，比如在通货膨胀等情况下，其面值与实值就不相吻合。接下来，支票又取代了纸币，而支票只表示纸币的存储量，由于支票比纸币更容易印制，所以就其自身价值而言更不"值钱"。如今，信用卡又取代了支票，而信用卡代表的只是数据库里的电子信息，于是货币这种符号就成为一种"纯粹和随意"的能指了。

　　能指与所指的日渐分离就好像游子离乡，挥别海德格尔呼唤的诗意家园，从此但见能指成为断了线的风筝，一路高飞，渐行渐远，浮云柳絮无根底，天地阔远随飞扬。追溯起来，这样一种社会历史趋势至少从电视兴起的20世纪五六十年代即显露端倪，同时伴随着巴尔特的《神话集》、麦克卢汉的"媒介即讯息"（the media is the message）、丹尼尔·贝尔的《后工业社会的来临》……由于能指与所指的日益脱节，一方面能指符号不断大规模繁衍，野有蔓草，四处疯长，罗兰·巴尔特形象地称之为"语言的通货膨胀"；另一方面则是所指的内涵越来越空洞无物，甚至废话连篇，不知所云。比如，20世纪60年代法国的"红五月"期间，巴黎大学生抛出一串串刺人耳目的标语、口号、演讲、歌曲等，诸如"一切权力归想象力""一切权力归花儿"（模仿中国大革命时期的口号"一切权力归农会"）、"我越是革命，就越想做爱，越做爱，就越想革命"（类似同时期英国的"要做爱，不要作战"），等等，而披头士乐队的《嘿，裘德》更是以结尾反复吟唱数分钟的"lalala——"而攀上废话的高峰。正如程巍分析的：

> 　　废话的流行，是这个时代中产阶级青年的政治柔弱症的典型症候，它埋藏在一种激进主义的姿态下，难被辨认出来。如果说老中产阶级曾患上多动症，行动多于语言，那可以说他们的叛逆者、中产阶级大

[①]〔美〕乔治·瑞泽尔：《后现代社会理论》，谢立中等译，248页，北京，华夏出版社，2003。

学生患了多语症，在废话中无限期地延宕行动，而越不行动，就越说废话。

意义在废话般的节奏中达到了高度贫瘠的状态，以致只有声音，没有意义，像莎士比亚所说的"如痴人说梦，充满着喧哗与骚动，却没有任何意义"（《麦克白》第5幕第5场）。然而，无意义对桑塔格所说的意义的鬼魅世界的入侵，并非没有意义，它就像暗中流入货币市场的大量假币，能够造成货币贬值并进而瓦解货币体系。

这种膨胀的废话，具有本雅明所说的"大话崇拜"的全部特征，仅仅追求语言的震惊效果……从这个意义上来理解1968年的革命，可以说，那些口号、标语和脏话并不指向具体的现实，只是谈论现实的一种方式。①

与此同时，我们也可以在"文革"话语里看到类似症候，如《马桥词典·你老人家（以及其他）》的情况：

> 长期以来，马桥语言中类如"革命群众"/"全国形势大好，越来越好"/"在上级的英明领导和亲切关怀下"/"讲出了我们的心里话"/"进一步大大提高了思想境界"/"不获全胜决不收兵"，等等，也是不可认真对待的。老村长罗伯死了。他是一个老贫农，老土改根子，还是一个略为有点模糊含混的老红军，当然得有一个像样的葬礼。本义在追悼大会上代表党支部沉痛地说："金猴奋起千钧棒，玉宇澄清万里埃。四海腾云水怒，五洲震荡风雷激。在全县人民大学毛泽东哲学思想的热潮中，在全国革命生产一片大好形势下，在上级党组织的英明领导和亲切关怀下，在我们大队全面落实公社党代会一系列战略部署的热潮中，我们的罗玉兴同志被疯狗咬了……"县里民政局来的一个青年干部皱了皱眉头，捅了捅本义，"什么话？这同上级的英明领导有什么关系？"本义眨眨眼，好生奇怪，"我说了领导么？我刚才说疯狗子。"民政局说："你前面呢？前面还说了什么？"本义说："没说什么啊，都

---

① 程巍：《中产阶级的孩子们：60年代与文化领导权》，352~355页，北京，生活·读书·新知三联书店，2006。

是一些好话，说不得么？"

民政局干部一开头就把追悼会搅乱了，不仅本义有些气愤，在场的群众也十分扫兴。在我看来，他们都不明白，人和人的耳朵不是一样的，本义在"疯狗"前面的那些话，长期以来可以套用在修水利、积肥、倒木、斗地主、学校开学一类任何事情上，用得太多，被人们充耳不闻，已经完全隐形——只有外人才会将其听入耳去。这位外人还太年轻，不明白言过其实、言不符实、言实分离的可能。

能指与所指的脱节之势，随着世纪之交新媒体的勃兴而愈演愈烈，好似急管繁弦的交响乐曲，铁骑突出刀枪鸣，失势一落千丈强，越来越汹涌喧腾的符号海洋，越来越缭乱杂沓的文本浮云，越来越呕哑嘲哳的话语市场——犹如自由哲人憧憬的"言论的自由市场"，蜂拥而来，呼啸而去。"这个世纪还喷涌出无数的传媒和语言；电视，报纸，交互网络，每天数以万计的图书，每周都在出产和翻新着的哲学和流行语，正在推动着语言的疯长和语言的爆炸，形成地球表面厚厚的覆盖。"（《马桥词典·亏元》）特别是近些年来，在莫测高深的传播新技术浪潮中，博客、微博、Twitter、Facebook等更是掀起一波未平一波又起的符号嬉戏、文本泛滥、话语狂欢。如果说电视时代及其"娱乐至死"还有乐而忘忧的行动，甚至多动症，如快乐大本营、欢乐总动员、超级女声、非诚勿扰等，那么手机、网络、iPad、iPhone时代就只有坐地日行八万里、巡天遥看一千河了。潮起潮落，人来人往，幻影幢幢，神马浮云。以"恶搞"为例，之所以乐此不疲，兴高采烈，一方面固然是科技发达、资讯泛滥，话语日益成为生活，滔滔不绝的倾吐与表达似乎就代替了人生在世的担当与作为。另一方面也是由于能指与所指的脱节，话语日益成为游戏，而不再内含什么严肃而沉重的蕴涵或"意义"，人们越来越习惯于米兰·昆德拉揭橥的"生命中不能承受之轻"。2012年女生节期间，某名校诸多条幅里有一条赫然打着一个脏字——这里只能暗示同男性生殖器有关。按照正常观念，如此不登大雅之堂的东西，怎么能够堂而皇之地在美丽校园里高高飘扬呢。其实，这个脏字已经没有任何所指了，只是一个漂浮的能指，就像小孩子家互相詈骂，脏话连篇，其实除了逞强使气，满足口舌之快，哪有什么真正的意义。《隐喻》作者耿占春谈及的一种社会现象更是令人悚然而惊,也不啻给信息过剩时代敲了一击警钟:媒体上常常报道一对情侣双双殉情,而人们大都麻木不仁,无动于衷,不会想到此类悲剧正是"梁山伯与祝英台"或"罗密欧与朱丽叶"的翻版,而仅仅视为层出不穷而熟视无睹的信息。

符号的这种能指游戏及其社会意义,在詹明信的后现代理论中所具有的重要性,正如在鲍德里亚的后现代思想中所占据的地位,而通常认为鲍德里亚的思想不仅与詹明信一脉相通,而且在符号的本体论方面形成更为系统的学说,达到更加幽深的层面。

二

在符号学—结构主义—后结构主义一脉的学术谱系中,让-鲍德里亚是一位对符号的本体论做过系统而深入思考的思想家、理论家、批评家。他的一系列富于洞见的思想、理论及观点,在使符号学研究从方法论向本体论延伸的同时,也为理解与批判当下资本主义的传播状况提供了独特视角。

与福柯、德里达、利奥塔、德勒兹等法国思想家一样,鲍德里亚也属于那种既骇世惊俗又莫测高深的人物:一方面声名远播,另一方面又让人莫名其"妙"。虽然人们往往将他看作后现代主义的代表人物,詹明信就认为,"在所谓后现代主义是当代资本主义的文化逻辑的论证过程中,鲍德里亚是一个不可或缺的环节"[①],有人甚至称他为后现代主义"牧师"。但他不仅很少使用后现代主义一类术语,而且讨厌用这类术语对其理论进行概括。他的专业是社会学,但他对社会学总是敬而远之,他曾说过:

> 我不认为自己是非常地社会学化了的。我的工作更多地涉及的是各种符号效果而不是各种社会学资料。
>
> ……
>
> 社会学是我在大学中栖息的地方。但是从学科的观点来看,我在

---

① 盛宁:《人文困惑与反思——西方后现代主义思潮批判》,263页,北京,生活·读书·新知三联书店,1997。

20世纪60年代就已经离开了它，走向了符号学、精神分析和马克思主义。[1]

至于他那"铁骑突出刀枪鸣"的犀利风格，更使人时时陷于尴尬，啼笑皆非。仅举一例，对学术界奉为神明的研讨会，他曾尖刻地评论道：它们在促进知识发展上所起的作用，就像各种赛马活动在促进马科动物进化上所起的作用一样！无怪乎社会学家乔治·瑞泽尔对其学说进行概括时，不得不半认真半调侃地归结说："要想约束鲍德里亚显然是困难的。后现代主义者？社会学家？理论家？科幻作家？诗人？鲍德里亚既是所有这些又一个也不是。多么后现代。"[2]

鲍德里亚1929年生于法国。早年以教授德语为业，默默无闻。直到1966年，在法国社会学家列菲伏尔（Henri Lefebvre）的帮助下，他才在巴黎第十大学获得一个社会学的教席。这期间，列菲伏尔与罗兰·巴尔特对他的思想影响甚大，尽管后来他与列菲伏尔分道扬镳。如果说以研究日常生活著称的列菲伏尔使鲍德里亚始终关注人的现实境况，那么巴尔特则将他引入了符号学的领域，使他一直自觉不自觉地以符号学的视角审视当代社会及其征候：

> 他不仅站在象征交换的立场上对当代资本主义社会进行了批判，而且还从象征文化如何转变为符号文化的角度对西方文化的现代化历程进行了独特的分析。可以说，象征文化与符号文化的关系构成了贯穿鲍德里亚的所有著作的一条核心线索。[3]

大略说来，鲍德里亚的思想可以分为早期与晚期两个阶段：前者从1968年第一部著作《物品体系》出版到1976年《符号交换与死亡》（又译《象征交换与死亡》）发表；后者则指1976年以后的发展。"在早期，鲍德里亚基本上是以一个社会批判理论家的面目出现的，他在对20世纪60年代以来的

---

[1]〔美〕乔治·瑞泽尔：《后现代社会理论》，谢立中等译，105页，北京，华夏出版社，2003。
[2]〔美〕乔治·瑞泽尔：《后现代社会理论》，谢立中等译，108页，北京，华夏出版社，2003。
[3] 俞吾金等：《现代性现象学：与西方马克思主义者的对话》，243页，上海，上海人民出版社，2002。

新资本主义社会的观察的基础上，提出了对它的符号学批判，并逐渐地澄明了自己的象征交换的立场。"① 这期间的主要贡献，就是根据当代资本主义的新动向对马克思主义进行了新的发展，提出了与"生产方式"（the mode of production）相对的"表意方式"（the mode of signification）。这个时期的重要著作包括：《物品体系》（The System of Objects，1972）、《消费社会》（Consumer Society，1970）、《符号政治经济学批判》（For a Critique of the Political Economy of Sign，1972）、《生产之镜》（The Mirror of Production，1973）、《符号交换与死亡》（Symbolic Exchange and Death，1976）等。"在此之后，鲍德里亚的思想就发生了明显的变化。从形式上讲，他的著作不再像早期那样是规范的学术著作，而是几乎所有的著作都带有虚构的、创造性的色彩，那些新近的著作更是都采取了格言、警句的形式；从内容上说，这些著作也不再讨论传统的社会批判理论所关注的那些问题，而是开始大量地讨论诱惑、仿真等问题，并因而被人们看作是后现代主义的经典著作。"② 这个时期的著作包括：《论诱惑》（On Seduction，1979）、《模拟与仿真》（Simulacra and Simulations，1981）、《美国》（America，1986）、《传播的迷狂》（The Ecstasy of Communication，1988）等。

无论早期还是晚期，鲍德里亚对传播问题的探究都一以贯之，而这种探究可以说始终是站在符号本体论的立场上进行的，因而也就为传播研究特别是批判性传播研究所看重。随着他的著作自1980年代接二连三译成英语，鲍德里业在国际学术界的声望也与日俱增。他的许多思想不仅成为后现代主义的权威论述，而且也为传播研究以及符号研究提供了学术理论，尤其是其中的《物品体系》《消费社会》《模拟与仿真》等更成为当代符号学与传播学的案头必备，借用俞吾金等《现代性现象学：与西方马克思主义者的对话》一书的评价：

> 在当前资本主义社会的诸多新特点中，鲍德里亚特别关注的是大

---

① 俞吾金等：《现代性现象学：与西方马克思主义者的对话》，240页，上海，上海人民出版社，2002。
② 俞吾金等：《现代性现象学：与西方马克思主义者的对话》，240页，上海，上海人民出版社，2002。

众传媒的兴起和科学技术的革命。他对于大众传媒的关注在不同的时期又有不同的侧重点：在早期他考察了大量的电视广告现象，在此基础上说明大众传媒日益使整个社会成为一个受符码（code）控制的系统；在晚期他关注的焦点转移到电视新闻和肥皂剧等，并以之为材料来说明仿真（simulation）、超真实（hyperreality）等概念。①

三

作为一位西方马克思主义者，鲍德里亚对马克思主义的一大发展，就是对所谓"消费社会"的系统论述。不过，这些人们越来越耳熟能详的论述，与其说是基于社会学的眼光，不如说是依据符号学的视角。他早期的代表作——《物品体系》《消费社会》《符号政治经济学批判》等，均从符号本体论方面对当代社会进行了发人深省的分析与批判：

> 该批判理论的具体内容有两个方面：一方面是用对消费社会的符号学批判和符号政治经济学理论来说明20世纪60年代以来的资本主义社会的新的规定性，即说明现代性；另一方面则是在更大的尺度上用象征和符号的关系来讲述西方文化和社会的现代化过程。②

在鲍德里亚看来，当代资本主义已由马克思所关注的生产主导性社会，转变为晚近的消费主导性社会，"生产"的支配性地位已为"消费"所取代。这是他的一个基本思路，有关消费社会的思想即循这一思路而展开。他说的消费社会，是同20世纪60年代以来日益突出的物、物品或物质的极大丰富相联系的，正如他在《消费社会》里描述的：

> 今天，在我们的周围，存在着一种由不断增长的物、服务和物质

---

① 俞吾金等：《现代性现象学：与西方马克思主义者的对话》，241页，上海，上海人民出版社，2002。
② 俞吾金等：《现代性现象学：与西方马克思主义者的对话》，244页，上海，上海人民出版社，2002。

财富所构成的惊人的消费和丰盛现象。它构成了人类自然环境中的一种根本变化。恰当地说，富裕的人们不再像过去那样受到人的包围，而是受到物的包围。

……

物既非动物也非植物，但是它给人一种大量繁衍与热带丛林的感觉。现代新野人很难从中找到文明的影子。这种由人而产生的动植物，像可恶的科幻小说中的场景一样，反过来包围人、围困人。①

尤为关键的是，消费社会的"物"与传统意义上的"物"已大不相同。过去的物是"器物"，其价值体现在形而下的"器"方面，即物的具体功能与应用；而现在的物则成为"符号"，其价值体现在形而上的"道"方面，即物品所蕴涵的社会意义。换言之，传统社会的物是具体而实用的，消费社会的物则形成一个象征性体系，一个由符码化的物品所构成的结构系统——"物品体系"，形形色色的物都隶属于这个体系，作为其中的一部分而存在：

消费者与物的关系因而出现了变化：他不会再从特别用途上去看这个物，而是从它的全部意义上去看全套的物。洗衣机、电冰箱、洗碗机等，除了各自作为器具之外，都含有另外一层意义。橱窗、广告、生产的商号和商标在这里起着主要作用，并强加着一种一致的集体观念，好似一条链子、一个几乎无法分离的整体，它们不再是一串简单的商品，而是一串意义，因为它们相互暗示着更复杂的高档商品，并使消费者产生一系列更为复杂的动机。②

以国人当下奉为美味佳肴的"海鲜"为例，它早已不是一种单纯的食"物"，对许多人来说，吃海鲜的意义往往并不在于这种食物本身（甚至有的人可能并不爱吃），而在于与之相关的一系列其他事物，以及这些事物所蕴涵的意味，诸如高档的餐厅、富裕的派头、时尚的生活方式等，吃海鲜实际上是在"吃"这些意味。按照鲍德里亚的理论，既然物品体系是

---

① 〔法〕波德里亚：《消费社会》，刘成富、全志钢译，1~2页，南京，南京大学出版社，2000。
② 〔法〕波德里亚：《消费社会》，刘成富、全志钢译，4页，南京，南京大学出版社，2000。

个符号系统,而每个物不过是这个系统的一个"符码",那么对物品的占有或消费,首先就不是为了其功能——具体而孤立的使用价值,而是为了其意义——抽象而联系的符号价值。这种看法与结构主义的关联是显而易见的。如前所述,符号学与结构主义的理论认为,任何符号的意义都取决于整个系统,取决于它与系统中其他符号的关系或差异。美国批判学者马克·波斯特的这段话,十分清楚地揭示了鲍德里亚的消费理论与符号学／结构主义的这种关联:

> 市场、购买、销售、获得各种有差异的商品或物品／符号——所有这些现在都构成了我们的语言,一种我们整个社会借以沟通、借以言说它自身和对它自身进行言说的符码。这就是当前的沟通结构:一种与个体的需要和愉悦所是的东西相对立而只不过是各种言说效果的言语。①

所以,鲍德里亚指出,消费既是一种确保符号调控和群体整合的系统,也是一种传播系统或传播形式。乔治·瑞泽尔认为,将消费视为一种传播形式的看法尤其值得强调:"这即是说,当我们消费某些东西的时候,我们就是在向其他人传递许多信息,包括我们属于哪个群体和不属于哪个群体,等等。其他人知道这种'语言',因而当我们购买一辆宝马轿车而不是购买一辆Hyundai轿车时他们能够理解我们正在'说'的是什么。"②一言以蔽之,人们在消费物品时,实际上是在消费符号,同时通过消费界定自己以及自己与他人的关系,即鲍德里亚所说的:

> 通过各种物品,每个个体和每个群体都在寻找着他或她自己在一种秩序中的位置,始终在尝试着根据一个人的生活轨迹竞争这种秩序。通过各种物品,一种分层化的社会开口说话……为了将每个人都保持在一个确定的位置里。③

---

① 〔美〕乔治·瑞泽尔:《后现代社会理论》,谢立中等译,113页,北京,华夏出版社,2003。
② 〔美〕乔治·瑞泽尔:《后现代社会理论》,谢立中等译,112页,北京,华夏出版社,2003。
③ 〔美〕乔治·瑞泽尔:《后现代社会理论》,谢立中等译,110页,北京,华夏出版社,2003。

举例来说，对许多人来说，若仅算经济账，则买车不如打车实惠。因为，如果把买车的几万、几十万甚至几百万人民币，以及相应的汽油费、维修费、保养费等各种开销拿来与打车相比，哪个划算哪个不划算是不言而喻的。那么，为什么人们宁肯多花钱去买车，也不愿少花钱去打车呢？因为，依据鲍德里亚符号政治经济学的观点，人们购车首先并不是为了其使用价值，而是在追求其符号价值。这里，乘用车已经成为一种符号，一种象征地位、财富、声誉的符号，只有通过这种符号，有车族才能与其他人群区别开来。不仅如此，即使同为有车族，由于购买不同档次的轿车，彼此又被分为三六九等。鲍德里亚在《消费社会》里讲的一个故事，从另一方面说明了这一点：

> 一位商务代表买了和老板的车同一型号的一辆梅塞德兹，于是立刻被后者解雇。他向劳资调解委员会提起申诉而获得了赔偿，但仍不能重新获得他原来的工作。在作为使用价值的物品面前人人平等，但在作为符号和差异的那些深刻等级化了的物品面前没有丝毫平等可言。①

人们常说的所谓"高档""中档""低档"云云，表面上似乎在指物以及物的分类，而实际上是指人，指人的身份、地位以及人与人的关系。你是谁，你是何许人，你处在社会的哪个层面，可以通过穿什么衣服，打什么领带，戴什么表，开什么车，住什么房，吃什么东西，喝什么酒，看什么电影，听什么音乐等来界定。一句话，在一个已经符号化的消费社会里，人们通过消费各种作为符号的物品，而获得各自的身份认同。于是，当物品成为系统化的符码，而符码又潜在地控制社会之际，消费便往往与通常认为的满足"需要"没有多大关系了：

> 从符号和符码的视角看，就餐、购物、度假等与人们通常所定义的"需要"关系不大或者根本无关。例如，我们在快餐店吃饭，并不是因为我们需要在那里吃饭（例如，反对在家吃饭）。进一步说，我

---

① 〔法〕波德里亚：《消费社会》，刘成富、全志钢译，84~85页，南京，南京大学出版社，2000。

们吃麦氏鸡块（而不是任何其他食物），也不是因为我们需要它们，并且仅仅只需要它们。像所有其他的需要一样，吃麦氏鸡肉的欲望也被符码（以及经济系统）制造出来了。在麦氏鸡肉被创造出来之前的极长时期中，人类生活得都很好。但是现在，我们在吃东西的时候，不是根据我们的需要，而是根据符码的指示，它告诉我们应该吃什么我们就吃什么，符码制造了我们的需要（如果，当需要被从外部制造出来的时候还可以称之为需要的话）。总的来说，我们是为了表达我们与他人的异同点而吃。在吃大麦克的时候，我们可能认为我们是正在消费一个令人荣耀的汉堡包，但事实上，我们正在吃的是一个客体－符号。在"吃"这个而不是其他客体－符号的时候，我们想要表达的是我们在这个系统中的位置。①

这里，人们并非在购买自己所需的东西，而是在购买各种符码（电视广告）告诉他们应该购买的东西。他们的需要不是自然的，而是人为的。一辆"奥迪"之所以比一辆"奥拓"更受人青睐，不是因为它更有用处，而是因为在乘用车的物品体系里，前者比后者居于更高的地位。总之，消费既不是出于某种需要，也不是针对某个具体物品（如奔驰车），而是基于某种社会差异，人们正是通过这种差异而获得特定的社会地位与社会意义：

> 人们可以自娱自乐，但是一旦人们进行消费，那就绝不是孤立的行为了（这种"孤立"只是消费者的幻觉，而这一幻觉受到所有关于消费的意识形态话语的精心维护），人们就进入了一个全面的编码价值生产交换系统中，在那里，所有的消费者都不由自主地互相牵连。
>
> 在此意义上，消费和语言一样，或和原始社会的亲缘体系一样，是一种涵义秩序。②

由此也就不难理解现代人何以如此"贪得无厌"，如此"欲壑难填"。因为，一方面，物品体系的差异就像语言体系的差异一样，总是无穷无尽的，于是追新逐奇的新产品总是层出不穷；另一方面，诚如瑞泽尔所言，人

---

① 〔美〕乔治·瑞泽尔：《后现代社会理论》，谢立中等译，325页，北京，华夏出版社，2003。
② 〔法〕波德里亚：《消费社会》，刘成富、全志钢译，70页，南京，南京大学出版社，2000。

们"拥有一种持续不断的、贯穿终生的将自己与占据社会中其他位置的那些人区别开来的需要"①。也就是说，现代人并不比过去更贪婪，他们的欲望是被造成的，而这种欲望不是针对实用性的物品，而是针对其中社会性的差异。对此，我们只需想想时装就清楚了。就物品而言，时装总是花样翻新，绝不雷同；而就消费而言，人们追求时装首先不是为了保暖御寒，甚至也不是为了好看漂亮，而是为了显示自己的身份，为了与众不同。时装其实也是一套符号体系，而各种"品牌"无非是显示差异的符码。

　　由于物的极大丰富，以及整个物品体系对社会生活的系统化重组，无形之中消费成为现代人的生存方式。"如果说在早期资本主义社会中人们是通过生产而进入社会的话，那么在当代，人们则是通过消费而获取自己在社会中的位置的……正是通过消费，我们才能与作为符号的物发生关系，与他人发生关系，才能真正进入社会。"②由此出发，鲍德里亚提出了意义重大的符号政治经济学，以之区别于马克思经典作家所论述的商品政治经济学，从而对批判理论做出贡献。众所周知，对马克思政治经济学来说，核心在于"生产方式"（the mode of production），使用价值、剩余价值、交换价值、劳动、剥削等概念无不围绕生产这个核心；而对符号政治经济学而言，核心则移到"表意方式"（the mode of signification），符号价值（一个商品或物品要有价值，首先得具有符号价值，比如成为某种"品牌"）以及对符号的消费即解读成为关键议题。按照马克思的理论，商品拜物教的产生，是因为人们认识不到商品背后的社会劳动，以为商品能满足人的所有需要，从而陷入对商品的盲目崇拜。而鲍德里亚指出，现代人崇拜的不是贵重的商品，而是商品所属的整个物品体系，看重的是商品中那些赋予身份、地位与威望的内容，亦即符号价值，所以拜物教包含着一整套社会区分系统。

　　如今，这个系统已经渗透到社会生活的每个领域，成为当代资本主义或后现代社会的主导形态，因此资本主义的社会控制便更趋全面、更加系

---

① 〔美〕乔治·瑞泽尔：《后现代社会理论》，谢立中等译，112页，北京，华夏出版社，2003。
② 俞吾金等：《现代性现象学：与西方马克思主义者的对话》，250页，上海，上海人民出版社，2002。

统、更显隐秘，符码提供了"一种比剥削要更为精巧和更为专制的控制与权力结构"①。这个问题可以从两个方面来看：其一，过去资本家只控制工人的劳动，从中剥削剩余价值，而现在连消费也成为掌控领域；其二，过去对商品的崇拜只限于对具体物品的心仪，而现在则是对整个物品体系的倾倒。不仅如此，鲍德里亚甚至把消费活动也看作一种"社会劳动"，并将资本对消费的控制与剥削同工作场所中对劳动的控制与剥削相提并论。"消费时间即生产时间"（《消费社会》），他的这句话与麦克卢汉的名言"媒介即讯息"具有相同的冲击力。当人们在工作之余，拖着疲惫的身躯光顾各种消费场所时，他们实际是在进行另一种劳动，即使是去"休闲"、去"度假"，同样也是在勤苦劳作，甚至连看电视都是在工作。按照加拿大批判学者D.斯迈思（Dalllas W. Smythe）的理论，观众看电视的时候，其实是在为广告主"打工"，因为，电视台已经把他们成批打包卖给了广告主，而他们的工作就是看电视。"所有这些以及与新消费手段相关联的更多的现象都是'工作'，并且资本主义必须使我们保持如此，从而使消费大众不去思考任何从长远来看类似某种社会革命的东西。"②于是，马克思主义所言的"异化"、西方马克思主义所论的"物化"，在当今消费社会达到空前的程度：

> 在消费社会中，一切都已商品化，我们处于由商品所构成的系统中。在这个系统中，人也处于异化和物化的生存状态，因为不是我们在使用和主宰着这个物的系统，而是该物的系统在支配和控制着我们，我们通过消费而被整合进系统之中，成为系统的组成部分之一。可以说，鲍德里亚的消费社会理论把马克思主义的异化理论推向了极端，在消费系统中，主体已经完全被物的世界吞没，已经消亡。③

马克思说得更好，可谓一语中的："物的世界增值同人的世界的贬值成正比。"（《1844年经济学哲学手稿》）

---

① 〔美〕乔治·瑞泽尔：《后现代社会理论》，谢立中等译，123页，北京，华夏出版社，2003。
② 〔美〕乔治·瑞泽尔：《后现代社会理论》，谢立中等译，310页，北京，华夏出版社，2003。
③ 俞吾金等：《现代性现象学：与西方马克思主义者的对话》，252页，上海，上海人民出版社，2002。

四

消费社会的征候之一，就是大众传播的发达，如电视图像与广告画面的汹涌泛滥。鲍德里亚指出，在消费社会这个符码系统的形成过程中，大众传播媒介发挥着关键性作用，其中电视与广告的联盟几乎构成消费社会的强大驱动器。"电视不仅被用来为消费社会中所有的诱惑做广告，而且还用一系列内容广泛、戏剧性地改变着人们生活的那些图像轰击人们。随着电视而来的是信息的爆炸，尽管这常常是以信息娱乐的形式出现的。更一般地说，信息技术正在随着家庭计算机的普及而增长和爆炸。那些发源于电视、家庭计算机和其他地方的表面上自由漂浮着的图像，正在变得无所不在并且对人们拥有着巨大的吸引力和权力。"①

当鲍德里亚的思想由早期的消费社会批判，进入后期以仿真秩序（simulation order）为轴心的一系列论述时，或者说，当其思考的焦点由现代性转向后现代性之际，他对大众传播问题也就越来越关注，对电视、广告、新闻以及其他符号的本体论意义就越来越重视。与此同时，符号的本体论意味在其理论体系中，也就愈加强烈、愈加明确、愈加深刻。如果说与各种物品相联系的符号与符码系统是一种特殊的社会控制体系，那么由此而来的更为一般的符号与符码网络就是一种普遍的社会控制机制。他的"模拟与仿真"理论，实际上就是一种涉及普遍控制的符号本体论。"这种抽象的符码是一种比剥削性的资本主义经济体系更为有效的统治方式。它也更为精巧，并且具有更加极权主义的意味。对符号和符码的控制具有比资本主义条件下对劳动能力的控制更为激进的涵义。这是因为，姑且不谈其他理由，我们所有的思想和行动都受到符号和符码而不是与我们的劳动能力相联系的那些因素的影响。"②

在他看来，过去时代的符号都与物品相联系，符号是真实的"表征"，而如今这种联系已经断裂，符号不再标示任何现实，而成为"没有本源、没有所指、没有根基"的拟像。换言之，我们拥有的只是"能指的游戏……

---

① 〔美〕乔治·瑞泽尔：《后现代社会理论》，谢立中等译，49页，北京，华夏出版社，2003。
② 〔美〕乔治·瑞泽尔：《后现代社会理论》，谢立中等译，128页，北京，华夏出版社，2003。

在那里，符码不再指向任何主观或客观的'现实'，而只是指向它自身的逻辑"①。与符号相关的只是其他符号，它们的意义只存在于相互之间的关系上："这就是说它参照的并非某些真实的物品、某个真实的世界或某个参照物，而是让一个符号参照另一个符号、一件物品参照另一件物品、一个消费者参照另一个消费者。"②不妨想想网络链接以及方兴未艾的元宇宙。

对于这样的一种状态，无论是马克思还是索绪尔都未曾预见。所以，他们始终在符号与现实之间存在一种辩证法的前提下进行思考。然而，对鲍德里亚来说，这种辩证法现在已经成为碎片，"现实已经死亡"，存在的只是符号甚至只是符号的能指而已。譬如，与马克思主义的见解不同，货币与劳动力现在是作为符号而不是作为物质的现实来流动。再以时尚为例，它不生产任何东西，而只是再生产花样翻新的符号，这些时尚符号犹如病毒和癌症一般扩散，并对所有的人形成强有力的控制。他在1976年就此曾写道：

> 不存在着颠覆时尚的可能，因为没有与它相抵牾的参照系统（它就是它自身的参照系统）。我们无法逃离时尚（因为时尚本身使对时尚的拒绝具有了时尚的特征——蓝色牛仔裤就是这方面的一个历史案例）……一个人绝无可能逃离符码的现实原则。甚至在反抗内容之时，人们也是在越来越接近于按照符码的逻辑行事。③

在《模拟与仿真》(Simulacra and Simulations) 以及后期的其他著作中，鲍德里亚从符号的本体论上进一步思考了当代社会的符号秩序，从而把如今的现实归结为一种由符码和模型所构造的"超现实"或"超真实"(hyperreality)。所谓仿真并不是对真实的仿照，模拟也不是对真实的模仿，相反，真实倒是由仿真与模拟所构造，在模拟的背后并不存在什么"现实"或"真实"。换言之，模拟就是现实，仿真就是真实，除了模拟与仿真，不再有超越它的另外一个真实世界。"我们的城市建设要依靠一系列的规划、

---

① 〔美〕乔治·瑞泽尔：《后现代社会理论》，谢立中等译，128页，北京，华夏出版社，2003。
② 〔法〕波德里亚：《消费社会》，刘成富、全志钢译，135页，南京，南京大学出版社，2000。
③ 〔美〕乔治·瑞泽尔：《后现代社会理论》，谢立中等译，131页，北京，华夏出版社，2003。

模型；我们的家庭布置要根据一定的样板；甚至于我们的人际关系也要根据大众传媒所提供给我们的一些模型……除了这个已经被构造出来的仿真的世界之外，我们不再拥有别的世界。"①在模拟与仿真的世界中，主体与客体、表征与实在、图像与真界等界限变得日趋模糊，甚至完全消除，以至于似乎一切都成为模拟，一切都成为仿真，我们简直就生活在一个模拟的时代、"一个仿真的时代"。他举了许多这方面的例子。比如，对伊拉克的海湾战争，就是一场对美国与苏联之间从未发生的核战争的模拟。再如，在迪斯尼乐园里，人们宁愿乘坐模拟的潜水艇，去观看同样是模拟的海底世界，也不肯去看就在不远处的"真实"的水族馆，尽管水族馆本身又是对海洋的一种模拟。正如美国传播学者斯蒂芬·李特约翰概括的：

> 当今，我们生活在一个"仿真"（simulation）的时代。在此，符号不再指代——而是创造了——我们的现实状况。仿真决定了人类的身份（我们是谁）和行动（我们做什么）。我们的体验不再借助于外部工具来得以再现，符号建立起我们的体验。迪斯尼乐园便是我们这个"仿真"时代的缩影。所谓"主题公园"不过是由符号构建出来的幻象。真实的人或事物——海盗、边疆和各种动物等——可以在任何时间、任何地点进行复制。新媒介（例如网络）用仿真对我们进行"狂轰滥炸"。事实上，它主宰了我们的社会，创造了我们所处的世界。人们不再依赖于真实的人际传播和交流，而是被新媒介所主宰。媒介信息构成了我们所相信的所谓"真实"的体验，但实际上，它与万事万物的自然秩序相去甚远。这就导致了一种鲍德里亚所谓的"夸张到令人憎恶的程度的生命形式"（obscenely exaggerated forms of life）的出现。我们把它视为真实的体验，但实际上它不过是在媒介制造出的仿真的范围内的体验。②

既然不再有任何真实或现实，而只有模拟与仿真，那么符号自然也就

---

① 俞吾金等：《现代性现象学：与西方马克思主义者的对话》，273页，上海，上海人民出版社，2002。
② 〔美〕斯蒂芬·李特约翰：《人类传播理论》，史安斌译，357页，北京，清华大学出版社，2004。

不再代表任何东西。结果，模拟就"绝对地消除了意义的存在"①。比如，鲍德里亚举例说，"洛杉矶以及环绕着它的美国都不再是现实的，而只是一种超现实和模拟而已"②。所谓超现实，与柏拉图那个著名的"洞穴比喻"暗暗相合，又与麦克卢汉的媒介观遥遥相应。按照柏拉图的那个比喻，人们是看不到真实的世界的，因为真实的世界都在他们的背后，他们看到的只是真实世界的影子，而这些影子是由一种"中介"或"媒介"（比喻里所说的火光）投射到他们面前的，他们已经习焉不察地就将这些影子当作实在本身。同样，在超现实中，现实已经被另外一种看似真实的"现实"所取代，这就是"模拟"或"仿真"。比如，民意测验就构造了一种超现实：

> 法国经济是如何繁荣的？法国存在种族主义吗？种族主义是好是坏？谁是当代最伟大的作家？匈牙利在欧洲还是在波利尼西亚？世界政治家中谁最性感？对于当代人，现实已越来越成为无人光顾的大陆，而且，它不受欢迎也是有道理的，这样，民意测验的结果就变成了一种更高的现实，或者说，它们变成了真实。③

用鲍德里亚最喜欢的比喻来说，民意测验这种超现实就成为"感染着所有社会实体的白血病"。

进而言之，超现实甚至是一种比现实更现实的现实，即比真更真、比善更善、比美更美的东西。鲍德里亚常举的一个例子就是色情文学，它"比性更具性征……超性征"。迪斯尼乐园也常被他用作例证，它比"外面"世界更加干净，比"现实"中人更为友好，等等。而美国更是一个典型的超现实，正如他在《美国》一书里描述的："美国的吸引力就在于，即使在电影院之外，整个国家也如同电影中反映的一样。你经过的荒原如同你在西部电影中看到的一样，城市也是一幅布满招牌和电影俗套的巨大银幕。"④依据社会学家乔治·瑞泽尔的概括，美国拥有鲍德里亚归诸当代世界的所有特征：

---

① 〔美〕乔治·瑞泽尔：《后现代社会理论》，谢立中等译，133页，北京，华夏出版社，2003。
② 〔美〕乔治·瑞泽尔：《后现代社会理论》，谢立中等译，133页，北京，华夏出版社，2003。
③ 〔捷〕米兰·昆德拉：《不朽》，宁敏译，113页，北京，作家出版社，1991。
④ 〔美〕约翰·R.霍尔、玛丽·乔·尼兹：《文化：社会学的视野》，周晓虹、徐彬译，385页，北京，商务印书馆，2002。

"它是超现实的"（Baudrillard，1986 年／1989 年：28）；

它是"完美的模拟物"（Baudrillard，1986 年／1989 年：28）；

它拥有像罗纳德·里根的微笑那样的一些无深度、空泛的情感；

它是一个由各种表面上看是"以心中的屏幕发明出来的"那些浅薄的图像所组成的世界（Baudrillard，1986 年／1989 年：55），在那里"生活就是电影院"（Baudrillard，1986 年／1989 年：101）；

像迪斯尼乐园和电视之类的"权威"事物（Kroker，1985）；

它拥有一些去中心化了的城市，在那里我们可以"将全部生活视为一个露天汽车电影院"（Baudrillard，1986 年／1989 年：66）；

它以缺乏差别作为自己的一个特征（迈克尔·杰克逊的双性别再次被用来作为一个例子）；

它是一个矫揉造作的世界，在那里审美的和较高的价值都已经消失；

它是一个充满了无意义运动的世界，人们在美国的快车道上来来往往，"不从任何地方来，也不到任何地方去"（Baudrillard，1986 年／1989 年：125）。①

这一典型的超现实图景，是图像的一系列发展过程的结局。按照鲍德里亚的分析，图像经历了如下四个发展阶段：

1. 它是对某种基本真实的反映。
2. 它掩盖和篡改某种基本真实。
3. 它掩盖某种基本真实的缺场。
4. 它与任何真实都没有联系，它纯粹是自身的拟象。②

而在图像的这个发展过程中，媒体始终扮演着至关重要的角色，其中影视媒体又堪称主角。正是由于媒体特别是影视媒体日复一日、无休无止的"传播"，信息的洪水才滚滚滔滔、漫天横流，图像的繁殖才铺天盖地、

---

① 〔美〕乔治·瑞泽尔：《后现代社会理论》，谢立中等译，148 页，北京，华夏出版社，2003。
② 汪民安等主编：《后现代性的哲学话语——从福柯到赛义德》，333 页，杭州，浙江人民出版社，2000。

飞速疯长，符号的能指才无边无际、随意漂游，一句话，仿真与超现实才成为可能。"大众传媒现象一直备受鲍德里亚的关注，有些学者甚至认为鲍德里亚的贡献就在于他很好地说明了大众传媒对我们的生活的影响和改变。关于大众传媒与该仿真秩序的关系，鲍德里亚指出大众传媒是最重要的仿真机器。它不断地再生产出大量的形象、符号和符码，而它们又在我们的日常生活中发挥了关键性的作用，构造出了一个自律的'超真实'的世界，在这个意义上，我们可以说，大众传媒的时代就是仿真的时代。"①

按照鲍德里亚的说法，仿真得力于电子图像的"内爆"（implosion）。20世纪60年代以来，消费社会的兴起、信息革命的发生、后现代的凸显等动向，无一不同这个时期勃然而兴的电视、通信卫星、计算机终端、国际互联网等传播技术的革命性变革密切相关，正是这一系列涉及图像及其传播的科技爆炸，造成了信息大幅度的超量增殖，导致了影像大规模的极度蔓延，从而使超现实似乎越来越取代现实而成为现代人的真切境遇：

> 在博得里亚（即鲍德里亚——引者注）看来，"电视即是世界"（同理，今天可以说"脸书就是世界""抖音就是世界"等——引者注）——一个模拟将社会行为分解为不断闪现的形象的"超真实"世界。现实和意义融为一体。三里岛的核灾难除了其电视画面之外，没有什么"核心"现实。该电视报道具有"凌驾于那次核泄漏事件之上的……地位，而那次核泄漏事件本身在某种意义上却停留在……想象之中"……至于纳粹德国对犹太人的种族灭绝，"严格说来，正是《大屠杀》这部电视片构成了确定的大屠杀事件"……而且，博得里亚——在一个著名的、惊人的预言中——提出，不可能有什么"真正的"海湾战争，因为它已经提前以模拟方式被展现出来。②

这个时代的特征，用他的话来概括就是"传播的迷狂"。时尚翻新、广告泛滥、民意测验、公民投票，等等，均属传播的迷狂。至于如今网络

---

① 俞吾金等：《现代性现象学：与西方马克思主义者的对话》，274页，上海，上海人民出版社，2002。
② 〔英〕约翰·塔洛克：《电视受众研究——文化理论与方法》，严忠志译，33页，北京，商务印书馆，2004。

手机等数字化终端及其能指嬉戏、符码狂欢、图像泛滥、信息汹涌,更构成亿万人感同身受的"模拟与仿真",作家张炜形象地称之为"集体性的精神恍惚"。这种恍惚或迷狂来自过度化的增生系统,它导致"信息肿胀症",模拟与仿真就是过度肥胖,"肥胖症既不再有任何意义也不再有任何方向,它不去任何地方,也不再与运动有任何关系:它是对运动的迷狂"①。英国谢菲尔德大学社会学学者尼克·史蒂文森说得好:"文化的过剩生产,意味着被生产出的信息量超出了主体的阐释能力。客体已使主体灭绝。如果我们想象一下一个人坐在一间酒吧间里,周围是一台台电视机、广告牌、全球性的报刊和收音机喋喋不休的声音,那么我们便能理会鲍德里亚的话的某些意味。这个人啜饮着啤酒,注意到媒介技术的永久的电刑,而任何媒介都不会引起他的全神贯注。这位饮酒者冷漠的玩世不恭已成为一个习惯。"②

无论是迷狂的传播,还是仿真的时代,都得力于电子图像的"内爆"(implosion)。与鲍德里亚类似的法国批判学者、西方马克思主义代表布尔迪厄(Pierre Bourdieu),在其《关于电视》(1996年)的演讲里就说道:

> 电视穿针引线,自称只是一个录制工具,但却成为了一个制造现实的工具。如今,人们越来越走向一个个由电视来描绘并规定社会生活的天地。电视成了进入社会或政治生活的主宰。假设我今天想获得在50岁退休的权利。若在几年前,我也许会组织 次游行示威,人们会举着标语牌,去游行,去国家教育部;可在今日,必须找——我并没有怎么夸大事实——一个能干的通讯(应指传播——引者注)顾问。根据媒介的需要,得采取一些令你吃惊的手段,如化妆、戴面具等,通过电视,可以获得某种效果,也许不亚于一次有5万人参加的大游行所起的效果。③

有一幅生动有趣的漫画,形象地表现了电子图像对现代人生存状态的

---

① 〔美〕乔治·瑞泽尔:《后现代社会理论》,谢立中等译,143页,北京,华夏出版社,2003。
② 〔英〕尼克·史蒂文森:《认识媒介文化》,王文斌译,246页,北京,商务印书馆,2001。
③ 〔法〕皮埃尔·布尔迪厄:《关于电视》,许钧译,20页,沈阳,辽宁教育出版社,2000。

意义。画面是一家人围坐在电视机前,呆呆地看着屏幕,上面显示着一棵树,树梢上挂着一轮弯月,而透过他们身旁的窗外望出去,恰恰是同一棵树、同一轮弯月。这幅漫画,传神地勾勒了仿真与超现实的理论内涵。哲学家贝克莱曾经提出一个著名的命题——存在就是被感知,如今这个命题已经改为——存在就是被拍摄。对此,美国作家阿瑟·A.伯格在阐释后现代主义的小说《一个后现代主义者的谋杀》里做了通俗的解说:

> 我们已经发展成为一个神秘中心的或者视觉中心的社会,被人看见比存在更重要、比参与社会更重要、比和别人一起做事更重要。我们知道人们往往愿意在电视上(如今多了手机屏幕——引者注)看到那些如果他们往窗外望去可以亲眼看见的东西。一支游行队伍沿着你住的街道走过,你是看窗外真正的游行还是看电视上的游行?这种仿真,这种构成图像的跳动的小点对我们大多数人来说比真的东西有更大的真实性。如果你看真的游行,你就听不到专家告诉你如何认识这一游行的评论。这些评论向你提供了背景信息,还有各种各样的特写镜头和令人激动的摄像,使游行具有一种足可以乱真的生动活力。真实和影像合而为一,它强迫我们去思考这再现的东西和真实或原有的东西。①

捷克著名作家米兰·昆德拉在小说《不朽》里,曾比照"意识形态"这个概念而发明了一个亦庄亦谐的名词——"意象形态",用以概括当今这样一个视觉化、图像化、充满类象的超现实社会:

> 意识形态再有力,总敌不过现实。但正是在这个意义上,意象形态却超越了它:意象形态比现实更强,从各方面说,它都早已不是我祖母那个时代的样子。她生活在摩拉维亚的一个村庄里,她的一切认识都来源于生活经验:面包怎么烤的,房子怎么造的,怎么杀猪,怎么熏肉,被褥用什么做成,牧师和学校教师对世界的看法;她每天都

---

① 〔美〕阿瑟·A.伯格:《一个后现代主义者的谋杀》,洪洁译,170页,桂林,广西师范大学出版社,2001。

见到全村的人,她知道过去十年中乡间一共发生多少起谋杀案;可以这么说,她对现实有一种亲身的把握,如果全家人揭不开锅,有人却想骗她说摩拉维亚的农业蒸蒸日上,那是绝对办不到的。而在巴黎,我们邻居在办公室工作,他每天面对一个同事坐上八小时,然后开车回家,打开电视,当他听见播音员说最近一次民意测验显示,大多数人认为他们的国家是全欧最安全的(我最近读到这样一篇报道),他喜不自胜而打开一瓶香槟,实不知就在这一天,他这条街上发生了三起盗案两起谋杀。①

总之,鲍德里亚的符号本体论,揭示了"从一种资本主义-生产主义的社会转向了一种现在以总体控制为目标的新资本主义的、控制论的秩序"②。而这种秩序,实际上就是一种由传播符号所控制的格局。因此,鲍德里亚的符号本体论在使人们认识当代资本主义特质的同时,也提供了理解符号及其意义的新的思想与视角。

当然,不可否认的是,鲍德里亚的后现代理论在阐释资本主义矛盾的同时,由于过于专注符号的本体意义,将符码孤立化、实体化、具体化,从而不自觉地隐含着否定客观实在的倾向,结果在"漏洞百出"(从经验实证的角度看)的论述中留下一个最大的漏洞。以研究后现代著称的另一位名家齐格蒙特·鲍曼(Zygmunt Bauman),就曾对此做过富有代表性的批评:

> 对于大多数人来说,他们的大部分生活绝不是模拟。对于他们来说,现实仍如其过去所是的那样一如既往:坚韧、稳固、抗拒、严酷。在他们沉迷于(电视机前)品味各种映像之前,他们还是需要让自己的牙齿沉浸在一些真正的面包之中。③

无独有偶,作家韩少功也在探索语言符号奥秘的名著《马桥词典》里提到类似观点,其实也是朴素的唯物论思想:

---

① 〔捷〕米兰·昆德拉:《不朽》,宁敏译,112~113页,北京,作家出版社,1991。
② 〔美〕乔治·瑞泽尔:《后现代社会理论》,谢立中等译,135页,北京,华夏出版社,2003。
③ 〔美〕乔治·瑞泽尔:《后现代社会理论》,谢立中等译,346页,北京,华夏出版社,2003。

不管我是多么喜欢小说的这种形式，小说毕竟是小说，只是小说。人类已经有了无数美丽的小说，但世界上各种战争说打就还是要打。读过陀思妥耶夫斯基的纳粹照样杀人，读过曹雪芹和鲁迅的奸商照样行骗。小说的作用是不应该过于夸大。

更进一步说，不仅是小说，所有的语言也不过是语言，不过是一些描述事实的符号，就像钟表只是描述时间的符号。不管钟表是如何塑造了我们对时间的感觉，塑造了我们所能了解到的时间，但钟表依然不是时间。即使所有的钟表砸碎了，即使所有的计时工具都砸碎了，时间仍然会照样进行。因此我们应该说，所有的语言也是严格意义下的"白话"，作用也不应该过于夸大。（《马桥词典·白话》）

不过，与此同时也应该看到，鲍德里亚以及西方马克思主义者，在展开各自的理论体系与学术思想之际，往往抱持着一番无以名状的良苦用心。简言之，无论他们的思路多么千差万别，其出发点与目的地归根结底都在于对资本主义的批判，其中自然包括对传播问题的批判。就此而言，他们与马克思主义的批判精神是一脉相承的，而差异仅仅在于他们面对的现实境况发生了巨大变化。随着资本主义的意识形态越来越以各种隐秘形式进行全方位渗透，随着葛兰西所论的"文化领导权"及詹明信所言的"文化逻辑"越来越成为触目所见的寻常事实，特别是随着所谓资本主义的"全球化"进程，资本主义似乎越来越具有无可置疑的天然性与合理性，从而使一切对它的反思与批判不得不先从看似虚飘的意识形态着眼，而不像马克思当年那样从现实可见的经济基础入手。这样一来，就不得不常常涉及符号、象征、表象等内容，不得不从本体论上对它们进行剖析、反思与批判。也就是说，有关符号本体论的一切探讨，实际上关系到对当代社会的思虑。张旭东先生在《詹明信再解读》一文的末尾，对此做了耐人寻味的阐述：

西方马克思主义知识分子的批判矛头，最终是无处不在的资本。资本主义的强大在于其巨大的生产能力和灵活性，这种生产能力和灵活性不但显示在商品上，而且显示在文化、符号、表象、欲望等诸领域里。所以，西方马克思主义知识分子对资本的分析和批判，必须先突破资本的种种自我表象、自我认识和自我辩护，才能触及资本本身的问题。西方马克思主义始终在同资本主义产生的形形色色的表象或意识形态作斗争，这种斗争几乎消耗了他们所有的精力。这往往给非西方世界知识分子留下了这样的疑问：我们能够从他们的否定和批判中引申出建设性的思想纲领吗？这个问题值得我们深思。但与此同时，我们不应该低估西方批判知识分子在其自身特定的历史条件下进行的艰苦的理论工作。这种工作在一个缺乏历史远景的时代保持了思想的活力和尊严，也为在不同的生活世界中展开的历史性思考提供了参照和启示。①

最后，需要补充的是，有关符号本体论的思考与研究，在整个人文社会科学的千沟万壑之间，可谓星罗棋布，不绝如缕。詹明信、鲍德里亚等，只是距我们较近的峰峦而已。比如，美国史学家丹尼尔·布尔斯廷（Daniel J. Boorstin）在其《意象》（Images，1962）一书里，对"假作真时真亦假"的现象就做过精辟的论述。再如，法国人类学家马赛尔·莫斯（Marcel Mauss）及其论述原始社会人际交往的名著《论馈赠》，也直接影响了鲍德里亚的符号思想。至于鲍德里亚的符号政治经济学，更是在核心思路上受惠于麦克卢汉的媒介观，尤其是麦克卢汉"媒介即信息"的命题。在《消费社会》一书中，他曾对麦克卢汉的这一著名命题做过通透的阐释，从而也为自己的思想体系提供了背景线索：

> 内容在大部分时间里向我们隐瞒了媒介的真实功能。它冒充信息，而其时真正的信息，是在人类关系的深层发生了（等级的、范例的、习性的）结构改变，在它看来，那明确的话语也许只是内涵。粗略地说，铁路带来的"信息"，并非它运送的煤炭或旅客，而是一种世界观、一种新的结合状态，等等。电视带来的"信息"，并非它传送的画面，而是它造成的新的关系和感知模式、家庭和集团传统结构的改变。谈得更远一些，在电视和当代大众传媒的情形中，被接受、吸收、"消费"

---

① 张旭东：《詹明信再解读》，载《读书》，2002（2）。

的，与其说是某个场景，不如说是所有场景的潜在性。①

有鉴于此，有人甚至干脆将鲍德里亚称为"法国的麦克卢汉"②。

所以，在这篇结语里，我们只是试图拎出一条粗略的符号本体论的嬗变轨迹，借以彰显一种脉络与动向及其对传播学研究的意义。如果说符号的工具论既是传播学经验学派的工具，又是批判学派的利器的话，那么符号的本体论则显然属于批判学派的"专利"。用美国厄湾加州大学（UC Irvine）教授、批判理论研究所所长马克·波斯特的话说，本体论的符号学"使得批判理论能够让人们理解表意方式内在的支配性"③，而不只是理解那些外在的表意讯息，恰似麦克卢汉将人们的视线从媒介外在的信息内容，转向内在的本体意义一样。从这一点上讲——还以波斯特的概括为准：

> （鲍德里亚）发展了批判理论，使之远远超越了生产方式的边界而进入了一片更加肥沃的理论土壤；人们可以在这片沃土中追寻技术与文化关系问题的答案。④

---

① 〔法〕波德里亚：《消费社会》，刘成富、全志钢译，132页，南京，南京大学出版社，2000。
② 〔英〕尼克·史蒂文森：《认识媒介文化》，王文斌译，247页，北京，商务印书馆，2001。
③ 〔美〕马克·波斯特：《第二媒介时代》，范静晔译，158页，南京，南京大学出版社，2000。
④ 〔美〕马克·波斯特：《第二媒介时代》，范静晔译，158页，南京，南京大学出版社，2000。

参 考 文 献

第一章

1. 〔美〕莫里斯:《指号、语言和行为》,罗兰等译,上海,上海人民出版社,1989。
2. 李幼蒸:《理论符号学导论》,北京,社会科学文献出版社,1999。
3. 〔英〕特伦斯·霍克斯:《结构主义和符号学》,瞿铁鹏译,上海,上海译文出版社,1987。
4. 〔日〕竹内郁郎:《大众传播社会学》,张国良译,上海,复旦大学出版社,1989。
5. 〔苏〕潘诺夫:《信号·符号·语言》,王仲宣等译,北京,生活·读书·新知三联书店,1991。
6. 〔德〕卡西尔:《人论》,甘阳译,上海,上海译文出版社,1985。
7. 〔美〕萨姆瓦等:《跨文化传通》,陈南等译,北京,生活·读书·新知三联书店,1988。
8. 〔美〕米德:《心灵、自我与社会》,赵月瑟译,上海,上海世纪出版股份有限公司,2005。
9. T.O'Sullivan et al., *Key Concepts in Communication and Cultural Studies*. New York: Routledge, 1994.

第二章

1. 〔瑞士〕费尔迪南·德·索绪尔:《普通语言学教程》,高名凯译,北京,商务印书馆,1980。
2. 〔美〕罗曼·雅各布森:《雅各布森文集》,钱军、王力译注,长沙,湖南教育出版社,2001。
3. 〔瑞士〕皮亚杰:《结构主义》,倪连生等译,北京,商务印书馆,1984。
4. 〔美〕爱德华·萨丕尔:《语言论——言语研究导论》,陆卓元译,北京,商务印书馆,1985。
5. 〔美〕本杰明·李·沃尔夫:《论语言、思维和现实——沃尔夫文集》,高一虹等译,长沙,湖南教育出版社,2001。
6. 〔德〕赫尔德:《论语言的起源》,姚小平译,北京,商务印书馆,1998。

7. 〔德〕威廉·冯·洪堡特:《论人类语言结构的差异及其对人类精神发展的影响》,姚小平译,北京,商务印书馆,1998。
8. 刘润清:《西方语言学流派》,北京,外语教学与研究出版社,1995。
9. 陈原:《社会语言学》,上海,学林出版社,1983。
10. 赵世开:《现代语言学》,北京,知识出版社,1983。

第三章

1. 〔法〕罗兰·巴尔特:《符号学原理》,王东亮等译,北京,生活·读书·新知三联书店,1999。
2. 〔英〕约翰·斯特罗克编:《结构主义以来》,渠东等译,沈阳,辽宁教育出版社,1998。
3. 〔英〕埃德蒙·利奇:《文化与交流》,郭凡、邹和译,上海,上海人民出版社,2000。
4. 〔法〕列维-斯特劳斯:《野性的思维》,李幼蒸译,北京,商务印书馆,1987。
5. 〔法〕A.J.格雷马斯:《结构语义学:方法研究》,吴泓缈译,北京,生活·读书·新知三联书店,1999。
6. 陆扬:《德里达——解构之维》,武汉,华中师范大学出版社,1996。
7. 王一川:《语言乌托邦——20世纪西方语言论美学探究》,昆明,云南人民出版社,1994。
8. 罗钢:《叙事学导论》,昆明,云南人民出版社,1994。
9. 盛宁:《人文困惑与反思——西方后现代主义思潮批判》,北京,生活·读书·新知三联书店,1997。
10. 耿占春:《隐喻》,开封,河南大学出版社,2007。

第四章

1. 涂纪亮主编:《语言哲学名著选辑(英美部分)》,北京,生活·读书·新知三联书店,1988。
2. 〔德〕弗雷格:《弗雷格哲学论著选辑》,王路译,北京,商务印书馆,1994。
3. 〔英〕维特根斯坦:《哲学研究》,陈嘉映译,上海,上海人民出版社,2001。
4. 〔奥〕维特根斯坦:《逻辑哲学论》,郭英译,北京,商务印书馆,1962。
5. 〔美〕M.怀特:《分析的时代》,杜任之主译,北京,商务印书馆,1981。
6. 〔美〕A.P.马蒂尼奇编:《语言哲学》,牟博等译,北京,商务印书馆,1998。
7. 〔德〕哈贝马斯:《交往与社会进化》,张博树译,重庆,重庆出版社,1989。
8. 王路:《走进分析时代》,北京,生活·读书·新知三联书店,1999。
9. 徐友渔等:《语言与哲学》,北京,生活·读书·新知三联书店,1996。
10. 徐友渔:《"哥白尼式"的革命——哲学中的语言转向》,北京,生活·读书·新知三联书店,1994。

第五章

1. 洪汉鼎主编：《理解与解释——诠释学经典文选》，北京，东方出版社，2001。
2. ［德］伽达默尔：《哲学解释学》，夏镇平等译，上海，上海译文出版社，1994。
3. ［德］伽达默尔：《真理与方法》，洪汉鼎译，上海，上海译文出版社，1999。
4. ［美］肯尼斯·博克等：《当代西方修辞学：演讲与话语批评》，常昌富等译，北京，中国社会科学出版社，1998。
5. ［意］艾柯等：《诠释与过度诠释》，王宇根译，北京，生活·读书·新知三联书店，1997。
6. ［美］特雷西：《诠释学·宗教·希望——多元性和含混性》，冯川译，上海，上海三联书店，1998。
7. ［德］恩斯特·卡西尔：《语言与神话》，于晓等译，北京，生活·读书·新知三联书店，1988。
8. ［法］保罗·利科主编：《哲学主要趋向》，李幼蒸译，北京，商务印书馆，1988。
9. 王岳川：《现象学与解释学文论》，济南，山东教育出版社，1999。
10. 王逢振等编：《最新西方文论选》，桂林，漓江出版社，1991。

第六章

1. 钱中文主编：《巴赫金全集》，石家庄，河北教育出版社，1998。
2. ［意］安东尼奥·葛兰西：《狱中札记》，曹雷雨等译，北京，中国社会科学出版社，2000。
3. ［法］米歇尔·福柯：《知识考古学》，谢强等译，北京，生活·读书·新知三联书店，1998。
4. ［法］米歇尔·福柯：《规训与惩罚》，刘北成等译，北京，生活·读书·新知三联书店，1999。
5. ［法］米歇尔·福柯：《词与物——人文科学考古学》，钱翰译，上海，上海三联书店，2001。
6. ［法］米歇尔·福柯：《性经验史》，佘碧平译，上海，上海人民出版社，2000。
7. ［荷］冯·戴伊克：《话语 心理 社会》，施旭等编译，北京，中华书局，1993。
8. ［法］布尔迪厄：《关于电视》，许均译，沈阳，辽宁教育出版社，2000。
9. ［法］阿尔都塞：《哲学与政治：阿尔都塞读本》，陈越编译，长春，吉林人民出版社，2004。
10. 赵一凡：《西方文论讲稿：从胡塞尔到德里达》《西方文论讲稿续编：从卢卡奇到萨义德》，北京，生活·读书·新知三联书店，2007、2009。

结语

1. ［美］弗雷德里克·詹姆逊：《文化转向》，胡亚敏等译，北京，中国社会科学出版社，2000。

2. 〔美〕罗伯特·C.艾伦编:《重组话语频道》,麦永雄等译,北京,中国社会科学出版社,2000。
3. 〔美〕马克·波斯特:《信息方式》,范敬晔译,北京,商务印书馆,2000。
4. 罗钢、刘象愚主编:《文化研究读本》,北京,中国社会科学出版社,2000。
5. 〔法〕波德里亚:《消费社会》,刘成富、全志钢译,南京,南京大学出版社,2000。
6. 〔澳〕约翰·多克:《后现代主义与大众文化》,吴松江、张飞天译,沈阳,辽宁教育出版社,2001。
7. 俞吾金等:《现代性现象学:与西方马克思主义者的对话》,上海,上海人民出版社,2002。
8. 〔英〕尼克·史蒂文森:《认识媒介文化》,王文斌译,北京,商务印书馆,2001。
9. 〔美〕约翰·R.霍尔、玛丽·乔·尼兹:《文化:社会学的视野》,周晓虹、徐斌译,北京,商务印书馆,2002。
10. 〔美〕乔治·瑞泽尔:《后现代社会理论》,谢立中等译,北京,华夏出版社,2003。

后 记

本书是拙著《符号透视：传播内容的本体诠释》的重印本，原书由复旦大学出版社2003年付梓，此次再版更名为《传播符号论》。

1995年，笔者负笈京华，师从方汉奇先生攻读博士学位。一次，学长张国良教授来京公干，约请郭庆光教授和我在燕山大酒店聚谈。当时他是复旦大学新闻学院副院长，郭老师是中国人民大学新闻学院副院长兼我们这一级博士生班主任。那日，在酒店大堂里，一杯清茶，一缕雅乐，我们畅叙幽情，谈及传播研究状况时，都有一个共同感受，借用肯尼迪就职演说的话——火炬已经传到新一代手中。面临世纪之交，身处而立之年，大家觉得理当在前辈开辟的学科基础上，将我国传播学从总体上再推进一步。一番海阔天空的畅谈，不觉说到以拉斯韦尔的五大分析为纲，集中梳理并系统论述传播学科的基础理论与核心内容，既荟萃既往精华，又拓展未来思路。不久，张老师即以此为题，申报了国家哲学社会科学"九五"规划重点项目。

起初，自己只是坐而论道，纸上谈兵，并未想到实施，更没想到参与。故当国良兄告我立项消息并诚邀共襄此举时，一时颇有"自投罗网""请君入瓮"之概，同时深心也不无"蠢蠢欲动"。于是，在他的邀约下，硬着头皮承接了相应于"内容分析"的这部《传播符号论》。同时，按照他的擘画，黄旦教授负责"控制分析"，张咏华教授负责"媒介分析"，郭庆光教授负责"受众分析"，他自己负责"效果分析"。由此形成2002年陆续面世的"新世纪传播学研究丛书"，《符号透视：传播内容的本体诠释》也忝列其中。

坦率说，在寥寥无几的著述中，本书是自己不愿提及、一度也不愿面对的。因为1988年博士毕业后，即着手传播符号论的研究与撰述。但由于刚刚调任中国青年政治学院新闻与传播系主任，往往忙完一天的公私杂务，夜深人静时才能安坐电脑前，铺开一桌文献资料，思考艰深的符号问题。记忆尤深的一幕是，常常困得眼睛半睁半闭，手下还在敲着键盘。其间，由于庆光兄的美意，还主编了一部《大众传播学》——后获教育部高校优秀教材二等奖，左冲右突之状不难想象。传播符号论便在如此身心俱疲下草成，难免心有余而力不足，包括精力与才力。国良兄不以为意，依然安排出版，让人感念之余不禁汗颜。

如今，传播符号研究已是春草绿色，春水绿波，且不论2012年在千年故都南京召开的"国际符号学大会"，仅举四川大学以赵毅衡教授为带头人的学术团队，就令人欣然。同样，多少欣慰的是，本书虽然粗浅，现在看来尚有一定价值，至少大体实现了最初的设想——集中梳理并系统论述传播学科的基础理论与核心内容。所以，不揣谫陋，修订再版。修订工作，主要涉及三点：一是技术性差错；二是不尽严谨的文字以及不尽准确的表述；三是适当增删部分内容。

原书责编章永宏先生与本书责编纪海虹女士，均为拙著付出心血，感念之意尽在心中。今年也是清华新闻学院建院十周年，谨以此著聊表芹意。

李彬

2012年4月于清华